엄마 아빠랑
함께 쓴 일기

엄마 아빠랑 함께 쓴 일기

치악초등학교 2학년 1반 아이와 부모님 글
주순영 엮음

보리

머리말
"우리 아빠가 일기 썼어요. 보실래요?"

출근하면서 학교 주차장에 차를 대려고 하는데, 우리 반 근구, 가누, 한준이가 보여요. 내가 차를 대는 곳 둘레에 숨어 있다가 차에서 내리니 폴짝 튀어나와요.

"선생님, 안녕하세요? 야, 선생님 오셨다!"

내 인사는 받지도 않고 소리를 지르며 우르르 교실로 올라가요. 2층 복도 끝이 우리 반이에요. 복도 신발장 근처에선 또 다른 녀석들이 날 기다리고 있네요. 민성이, 경훈이, 건이, 연호가 아예 바깥 신발을 들고 당장이라도 달려 나갈 듯 서 있어요.

"선생님, 놀러 나가도 돼요?"

"어, 안녕! 그래, 운동장에서 좀 놀다 와."

"야, 선생님이 나가 놀으래!"

누군가 교실 뒷문을 열고 냅다 소리 지르자 교실 안에 있던 아이들이 기다렸다는 듯 우르르 몰려나와요. 노는 데 빠지지 않는 수진이, 지현이, 은영이도 서둘러 나와요.

"얘들아, 제발 뛰지 말고 천천히! 아님 다시 들어오게 할 거야. 복도에서 뛰지 말고!"

내 소리는 귀에 들어오지 않아요. 복도 창문으로 내다보니 발 빠른 녀석들은 벌써 운동장에 가 있어요.

교실 문을 열고 들어갔어요.

"선아야, 너는 왜 안 나가?"

"그냥요. 교실에 있을래요."

오늘은 운동장에서 뛰어노는 게 영 내키지 않나 봐요. 책 읽는 아이, 동무들과 이야기하는 아이 몇몇이 있어요. 그 가운데 공책을 제 얼굴 높이까지 올리고는 열심히 읽는 오현이가 보여요.

'뭘 저렇게 열심히 읽지? 오, 일기장이구나. 오늘 오현이가 써 온 날인가 보다.'

내 책상은 아주 넓어요. 컴퓨터를 올려놓은 업무용 책상이 하나 있고 그 옆에 2미터가 넘는 기다란 책상이 하나 더 붙어 있어요. 처음엔 이 책상이 너무 넓지 않을까 했어요. 아이들 책상 8개 정도 붙여 놓은 크기거든요. 애들 보기 민망하기도 했는데 내가 정리 정돈을 잘 못 해서 그런지 이 넓은 책상이 깔끔하게 치워져 있는 날이 없어요. 아이들 학습지, 글쓰기 공책, 일기장, 안내장, 뭐 이런 것들이 언제나 수북이 쌓여 있어요. 오늘 아침에도 여전히 아이들이 내어놓은 일기장이 쓰러질 듯 수북이 쌓여 있어요. 가방을 내려놓기도 전에 늘 부모님이 쓰신 모둠일기장에 눈이 먼저 가요. 얼핏 봤을 때 다른 아이 공책이 맨 위에 있었는데 자리에 앉아 일기를 보려는데 어느새 오현이 공책이 맨 위에 있어요. 오현이가 얼른 공책을 갖다 놓은 거예요. 얼른 읽어 보라고. 큭큭, 속으로 웃었어요. 아마 갑자기 바쁜 일이 있어 내가 잠시 자리를 비우면 다른 아이 공책이 맨 위에 올라 있을 거고 다시 와 보면 또 다른 아이 일기장이 올라와 있을지도 모르겠어요. 이런 일이 자주 있었거든요.

부모님이 아이들 공책에 함께 일기를 쓰면서 아이들은 참 좋아했어요. 교실 문을 열고 들어오면서,

"선생님, 오늘 우리 아빠가 일기 썼어요. 보실래요?"

아주 급해요 그냥. 자리에 앉지도 않은 채 가방을 열고 자랑스럽게 일기장을 척 꺼내 놓아요. 안 봐 주면 삐칠 것 같아요.

"선생님, 오늘은 엄마가 바쁘다고 모둠일기 패스하셨어요."

기운 없는 목소리예요.

"괜찮아. 다음에 써 주셔도 돼."

아이들은 부모님이 자기랑 똑같이 하는 일이 있어 좋은가 봐요. 부모님에게 시키니까 얼마나 좋아요. 못 한다고 하면 "나도 그럼 이제부터 엄마 하라는 거 안 해도 돼?" 하고 큰소리칠 수 있어요. 부모님들은 어쩌지 못하는 맘으로, 혹은 기꺼이 마음을 내어서 아이와 같이 글을 썼어요. 주마다 다시 돌아오는 일기장. 다른 아이와 부모님이 쓴 글을 읽어 보면서 어떤 생각을 하셨을까요?

그 내용들이 여기에 실렸어요. 아이들과 부모님들이 정성스레 써 보낸 글을 읽을 생각에 아침마다 마음이 들떴어요. 출근하는 마음이 늘 설레었어요. 그 설렘은 모둠일기를 읽으면서 감동과 고마움으로 바뀌어요. 이야기 나누고 싶고 만나고 싶어져요. 아이와 부모님과 선생님이 모둠일기장을 다리 삼아 서로의 진심에 가까이 다가가고 만나고 싶은 마음이 생기는 교실. 행복한 삼각관계예요. 그렇게 행복한 하루하루를 보낼 수 있게 해 주신 우리 아이들과 부모님들께 감사를 드려요. 함께 나누려는 귀한 마음들이 모여서 된 거예요. 또 이렇게 책으로 엮어 주신 분들께도 진심으로 고마운 마음을 전합니다.

더위가 한풀 꺾이고 오늘은 바람이 불어요. 이 책이 지치고 힘든 우리네 교육 현장에 불어온 한 줄기 바람이면 좋겠어요.

2012. 7. 12. 주순영

차례

머리말 "우리 아빠가 일기 썼어요. 보실래요?" 4

십수 년 만에 일기를 쓴다 6~7월 일기

모둠일기를 시작하며 14

6월 20일(월) 처음 모둠일기를 쓴다 16

6월 21일(화) 화내지 않고 혼내지 않을게 29

6월 22일(수) 아무쪼록 예쁘게 읽어 주세요 40

6월 23일(목) 지현 어머니, 시원한 차 한잔해요 47

6월 24일(금) 달팽이를 키우고 싶다 55

6월 25일(토) 사랑한다, 내 동생! 65

6월 27일(월) 어른들이라고 다 옳겠니 68

선생님 일기 모둠일기, 이렇게 시작됐어요 80

6월 28일(화) 오늘도 달해한테 화를 냈다 82

6월 29일(수)	지혜와 함께 빵을 만들어 보았다	92
6월 30일(목)	우리 아빠는 일기 쓰기 싫은가 봐	101
7월 1일(금)	언제쯤 'ㅎ'과 이별할 수 있을까요?	110
7월 4일(월)	내가 아무래도 천재를 낳았나 보다	121
7월 5일(화)	쌍둥이들 하늘 산책 시켜 줘야겠다	131
7월 6일(수)	웬수 같은 술은 먹어 치워야 한다	139
7월 7일(목)	왜 엄마를 자주 못 보는 걸까	146
7월 8일(금)	같이 때리라고 가르쳐야 하는지	154
7월 11일(월)	사랑합니다, 나의 순애 씨	163
선생님 일기	"이젠 그냥 한준이로 불러. 김한준!"	174
7월 12일(화)	아직은 연필을 썼으면 해	176
7월 13일(수)	할머니와 나는 쌩쌩 신나게 달렸다	185
7월 16일(토)	술을 줄이는 것이 첫 번째 숙제	193
선생님 일기	8월 27일 토요일, 교실 청소 하던 날	195

글과 함께
마음도 주고받았다 9월 일기

2학기 모둠일기를 다시 시작하며　200

9월 5일(월)　할 수 있을 만큼 효도할 거다　203

9월 6일(화)　교감 선생님께서 탁구를 알려 주셨다　214

9월 7일(수)　갑자기 친구들이 나를 멀리한다　222

9월 8일(목)　놀이터에 아이들이 없다　229

9월 9일(금)　약 먹이는 걸로 고생해 보질 않았다　235

9월 11일(일)　오늘은 행복한 날　238

9월 13일(화)　다음에 꼭 쓸게, 미안……　240

9월 14일(수)　엄마를 많이 보아서 좋은 날　243

9월 15일(목)　언제든 부르면 너한테 가지　249

9월 16일(금)　예전엔 참 잘 웃고 살았는데……　257

9월 19일(월)　웬일이니 귀신이니 장난이니?　262

선생님 일기　'모둠회 일기'의 주인공, 선아 아버지　268

9월 20일(화) 엄마가 염색을 했다　270

9월 23일(금) 바람아, 가지 마라!　276

9월 25일(일) 차라리 내가 아프고 말지　281

9월 26일(월) 웬만해선 휴가를 쓸 수 없다　285

9월 27일(화) 넌 친절하고 멋진 아이란다　292

9월 28일(수) 사랑합니다, 선생님　299

9월 29일(목) 나뭇잎에 이슬이 있다　308

9월 30일(금) 몇 번을 썼나 시웠나 하시만　312

모둠일기 문집을 읽고 나서　316

맺음말 아이와 부모의 아픔이 만나는 길, '삶을 가꾸는 글쓰기'　321

| 일러두기 |

- 이 책은 2011년, 원주시 치악초등학교 2학년 1반에서 함께한 '학부모 모둠일기' 사례를 엮은 것입니다.
- 아이와 부모님이 일기장에 쓴 글이 때로 표준 말법에 맞지 않더라도 되도록 그대로 싣고자 했습니다.
- 보통은 아이 일기, 부모님 일기, 선생님 댓글 차례로 이어지는데, 그 가운데서 건너뛰거나 다음 날로 넘어간 경우도 있습니다.

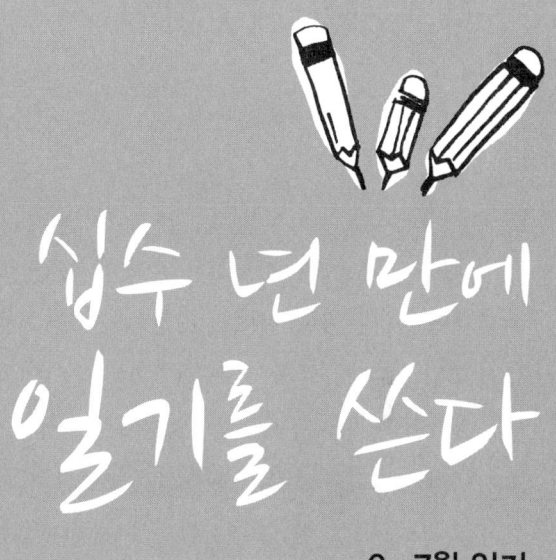

십수 년 만에 일기를 쓴다

6~7월 일기

모둠일기를 시작하며
학부모님들께 보낸 글

  6월은 넘치도록 아름답고 푸르고 향기롭습니다.
  자연을 닮은 우리 아이들도 하루가 다르게 몸과 마음이 쑥쑥 여물어 가고 있습니다.
  지난번 학부모 공개수업 때 많이들 오셔서 아이들을 격려해 주시고 저에게도 신뢰의 마음 보내 주셔서 고맙습니다. 이제는 학부모님들과도 제법 익숙해진 듯합니다. 전화로, 직접 만남으로 대부분 뵙게 되어 낯선 분들은 없어요. 이런 따뜻한 만남을 더 깊이 이어 가려고 학부모님들과 '모둠일기'를 쓰려고 합니다. 15여 년 전 치악초등학교에서 1학년 학부모님들과 썼던 일기장을 아직도 소중하게 간직하고 있네요. 아이들을 키우면서 고민 많이 되시지요. 같이 나누었으면 합니다. 교육에 대한 관심과 아이에 대한 사랑을 글로써 조금 더 깊이 나누어 보려고요. 아이가 먼저 모둠일기장에 쓰고 부모님이 이어서 쓰시면 됩니다. 아이는 부모님을 생각하고, 부모님은 아이와 다른 부모님들의 생각을 이해하고 나누는 자리입니다. 너무 잘 쓰려고 욕심내지 마시고요. 부담도 갖지 않으셨으면 좋겠어요. 있는 그대로 '툭' 던지듯이 그렇게 써 나가면 좋겠습니다. 우리 아이들이 날마다 쓰는 일기처럼요.

담임 주순영 올림

모둠일기 이렇게 씁니다

1. 모둠의 동무들이 한 일기장에 하루씩 돌아가면서 씁니다.
   (일주일에 한 번. 모둠일기 쓰는 날에는 개인 일기장엔 쓰지 않는다.)

2. 아이가 쓰는 날에는 부모님도 씁니다.

3. 내용은 어떤 것도 다 됩니다.
   (들려주는 이야기, 살아가는 이야기, 담임이나 아이에게 하고 싶은 이야기……)

4. 형식은 자유롭게 연필 가는 대로 씁니다.
   (편지, 시, 산문……)

5. 7월 둘째 주까지만 씁니다. 한 사람 앞에 네 번쯤 돌아오지 싶습니다.

-함께해 주셔서 고맙습니다-

여섯 모둠 소개

오색별 - 손연호 김경훈 서민지 김근구 채유정

꽃잎 - 박지현 원태호 한규민 강하늘 권오현 최은총

달과 별 - 정수진 김유민·김유빈 김지혜 유건 임하진 김한준(백요한)

무지개꽃 - 박민성 강민정 탁선아 김민기 엄재민

색깔 마을 - 김한준(백요한) 박달해 김유민 최유나 최은총

여름 날씨 - 박가누 이수빈 주은영 조휘수 진우현

● 중간에 모둠이 합쳐지면서 자리를 옮긴 아이들이 있기 때문에, 겹치는 이름이 있다.

6월 20일(월)
처음 모둠일기를 쓴다

손연호

날씨: 반팔 티도 안 더워!
처음 쓰는 모둠일기

처음 모둠일기를 쓴다. 우리 팀 이름은 오색별이고 구호는 선생님이 다시 정하라 하셨다. 쓰는 차례는 월(연호) 화(경훈) 수(민지) 목(근구) 금(유정)이다. 그래서 내가 오늘 쓰는 것이다. 뭐라고 쓸지, 다른 친구들은 어떻게 쓸까 궁금하다.

손연호 어머니

날씨: 더위 참는 연습이 필요해.
아들을 생각하며

엄마는 연호에게 정말 미안한 게 있지. 연호가 4살 때 엄마가 고모네 가게에서 처음 일을 했어. 아침 일찍 가게로 나와 밥해 먹여 어린이집 보내고 저녁 바쁜 시간에 집이 아닌 가게서 널 맞이했고 밤늦게나 집에 돌아왔지. 밥도 제대로 못 해 먹이고 잠도 늦게 자서 늘 피곤했을 거야. 그때 연호는 과자도 잘 안 먹고 아이스크림도 하나를 다 먹지 못했는데, 갑자기 일에 빼앗긴 엄마 때문에 많이 힘들어했어. 연호가 배고플 때 엄마는 손님 밥해 주느라 연호를 숱하게 굶겼어. 그래서 떼쓰는 연호를 달래면서 과자를 사 주게 되었고 연호는 밥보다 과자를 더 좋아하게 되었고 슈퍼 가는 재미도 알게 되었어. 그리고 주방 옆 골방에서 혼자 놀아야 했던 너에게 친구가 된 것은 티브이와 게임뿐이었어. 고모네 가게라 눈치 보면서 연호를 그렇게 놔두는 것이 너무 마음 아팠어. 정말 미안해. 그리고 또 많이 아파서 입원한 적이 있었는데 그때도 엄만 일만 했어. 그때 왜 연호 옆에 있겠다고 고모에게 말도 못 했는지…….

　그렇게 5년을 지냈구나. 그래도 이제는 과자보단 밥을 더 잘 먹는 연호가 너무 좋아. 요즘은 고모 집은 아니지만 밤늦게까지 일하는 엄마 때문에 연호가 많이 힘든 거 알아. 미안해. 그래도 일해야 하는 엄마를 이해해 주니 정말 고맙다. 그리고 학교생활 잘하는 연호가 정말 자랑스럽다. 우리 서로에게 힘이 되어서 살자. 사랑해.

　✦ 연호 어머니! 이렇게 어려움을 겪으시면서 연호를 키우셨군요. 존경스럽습니다. 그래도 연호가 얼마나 반듯하고 지혜롭게 자랐는지 그저 기특하고 대견합니다. 정도 많고 엄마 힘든 거 다 헤아릴 줄 알고. 충분히 자랑스러워하셔도 되겠습니다.

정수진

날씨: 땀이 많이 나고 나무가 뜨끈뜨끈
모둠일기 이름과 구호 정하기

학교에서 모둠일기를 쓴다. 그래서 선생님이 대표를 뽑아 주셨다. 바로 나를 뽑아 주셨다. 나는 유빈, 달해, 하진, 지혜를 불렀다. 그런데 쌤이 유건과 달해를 바꿨다. 그래서 모두 여자 3, 남자 2가 되었다. 우린 모둠 이름을 정하기로 했다. 유빈은 '돌아가는 5명의 일기'라고, 난 '하늘의 꿈'이라고 했다. 추천을 했는데, 하늘의 꿈을 뽑은 사람이 더 많았다. 그런데 난 달과 별로 바꿨다. 그런데도 추천이 달과 별이 많아서 이름은 그것으로 정하고, 쌤이 구호를 정하라 해서 정했다. 유건은 열린태권도 인사 노래로 하자고 했다. 그렇지만 애들도 거의 반대를 했다. 난 "달과 별 파이팅!"으로 하고 싶은데 쌤이 안 된다 하셔서 "달과 별 힘내자 아자 아자 파이팅!"으로 했다. 오늘은 재밌었지만 살짝 힘들었다.

정수진 어머니

날씨: 폭염주의보가 내린 가운데 올 들어 처음으로 사무실에 에어컨을
켜게 한 아주 따끈따끈한 날이었다.

퇴근하자마자 수진이가 모둠일기를 써야 한다고 하길래 "그래, 알았어, 걱정 마. 써 줄게."라고 순순히 대답을 하였지만 이렇게 빨리 차례가 올지는 몰랐다. 그것도 첫 번째로. 무슨 내용을 써야 할지, 첫 번째라는 것에 대한 부담감도 조금 있었는데 수진이는 그런 내 마음도 아랑곳없이

그저 빨리 써 달라고 재촉만 한다. 대표라고 나름 으쓱해지면서 말이다.

아무리 재촉을 해도 설거지, 반찬 준비 등 분주한 저녁 시간을 보내고 쉴 틈도 없이 큰아이(고2)를 데리러 나갔다. 원여고 가는 길에 체육관을 지나게 되어 한 시간 일찍 나가서 수진이가 요즘 한창 재미 붙이고 타는 킥보드를 신나게 탈 수 있게 체육관을 걸어 다녔다. 이제 제법 속도도 내고 브레이크도 잡고 마음대로 킥보드를 다루고 있는 수진이를 보니 대견하기도 했다. 수진이가 타고 있는 킥보드는 큰아이가 7살 적에 사 준 건데, 큰아이도 아주 신나게, 다치지도 않고 잘 탔던 것이라 바퀴가 조금 닳기는 했어도 우리 아이들에게는 다른 무엇과도 바꿀 수 없는 소중한 놀이 기구로서 이다음에 크면 두고두고 떠올릴 수 있는 좋은 추억거리가 될 것 같다. 그리고 보니 인라인스케이트도 언니가 타던 것을 물려받아 따뚜공연장에 가면 아주 폼나게 잘 타고 있다. 10시가 지나 나오는 언니 마중을, 수진이는 싫어하는 내색도 없이 따라나서서는 뭐가 그리 신나는지 지칠 줄 모르고 씽씽 킥보드를 타고 이리저리 잘도 돌아다닌다.

집에 와서 씻고 나니 어느덧 시간이 훌쩍 지나고, 선생님께서 주신 책을 읽다 보니 시간 가는 줄도 모르게 아이들과 부모님들의 이야기 속에 푹 빠져들곤 했다. 그중에 호준 아빠 이야기에서는 눈물이 앞을 가리기도 했다. 수진이가 "엄마, 그 책은 참고만 하라고 주신 거거든요. 그러니 그만 읽고 빨리 써 주세요."라고 하더니 기다리다 지쳐서 어느새 옆에서 잠이 들어 버렸다.

6월 달, 시차출퇴근 신청해 놓고는 8시까지 겨우겨우 가느라 아침이면 뛰느라 정신없었는데 내일 아침부터는 뛰지 않고 여유 있게 걸어갈 수 있게 미리미리 준비 좀 해야겠다. 오늘 아침 8시 2분에 도착하여 5시 퇴근하기가 왠지 꺼림칙하여 6시에 퇴근하였는데, 처음 계획대로 일찍 가고 1시간 일찍 퇴근하여 도서관에 가서 졸지 말고 공부 열심히 하고 와야겠다. 큰애 공부할 때 같이 공부한다고 해 놓고선 맨날 먼저 잤다. 책만 보면 잠이 오니 이거 원, 체면이 말이 아니다. 아이들이 "엄마는 책이 수면제여."라고 놀린다.

이런 식으로 쓰다 보면 끝이 안 날 것 같다. 두서없는 글 마무리해야겠다. 이런 시간을 갖고 보니 마치 내 일기 쓰는 기분이고 이 노트가 내 것인 양 나도 모르게 마음이 편해짐을 느낀다. 모둠일기 덕분에 색다른 기회도 갖게 되어 앞으로 써 내려갈 각각의 이야기들도 기대가 된다. 이런 좋은 시간을 가질 수 있게 해 주신 선생님께 감사드린다. 이런 기회를 통해 아이들과 부모님, 그리고 선생님과도 한결 더 가까워지는 계기가 될 것이라 믿어 의심치 않으며……

이 모둠일기가 마무리될 때쯤이면, 아이들의 이름이 자연스레 나오고 그 가족이 떠올려질 것 같다. 달과 별처럼.

★ 수진 어머니! 수고하셨구요, 정말 고맙습니다. 이렇게 귀한 글 써 주셔서. 다음 차례로 쓰시는 분 살짝 부담되지는 않을는지……. 수진이도 서너 장씩 일기를 쓰더니 그 어머니에 그 딸이었군요. 밤늦은 시각까지 읽고 또 쓰셨군요. 저녁으로 수진이가 언니 마중 나가면서 밤바람도 쏘이고 엄마와 같이 동무하면서 지내는 시간이 참 좋아 보였어요. 수진 언니도 공부에 지쳐 나왔을 때 따뜻하게 맞아 주는 식구들이 있어 행복할 것 같아요. 이렇게 가족이란 이름으로 만난 서로의 인연! 이것보다 소중한 게 있을까 싶어요.

박지현

날씨: 찜통 속

민솔이와 놀았어요

오늘 너무 덥고 심심했다. 그래서 민솔이를 부르기로 했다. 민솔이에게 막 이렇게 문자를 보냈다.

'민솔아 나 심심해~♥ 우리 집에 놀러 와~♥' 하면서 문자를 보냈다.

문자 보내고 있었는데 누가 '똑똑' 하고 막 문을 두드렸다. 근데 민솔이여서 "어서 와! 민솔아, 우리 같이 놀자!" 하면서 막 수다도 떨고 수수께끼도 풀었다. 근데 점수가 똑같았다.

첫 번째 100점, 민솔이도 100점.

두 번째 80점, 민솔이도 80점.

이렇게 똑같은 수수께끼 점수가 나왔다. 수수께끼할 때 베껴서 보고 막 그러면서 하여서 100점인 것이고 또 80점은 내가 2개를 몰라서이다.

5시가 돼서 민솔이는 갔다. 그래서 이렇게 생각했다.

'민솔이도 집에 가서 맛있는 저녁 먹겠지?' 하고 말이다.

박지현 어머니

모둠일기를 시작한다는 말에 순간 좋기도 했지만, 막상 또 일등으로 쓸려고 하니 어떤 말로 시작을 해야 할지요.

지금은 밤 9시 30분이 조금 넘은 시간, 아이들이 둘 다 고요한 꿈나라로 간 시간이지요. 물론 저의 사랑하는 랑군님 여봉봉 님은 동해에 떨어져 지내구요. 주말부부로 지낸 지 이제 두 달이 조금 넘었는데 떨어져 있어 보지 않아 항상 보고 싶고, 그립고, 걱정도 많이 되네요. 여봉봉 님이 또 주말이 되어야만 볼 수 있으니 아이들도 저도 아빠가 무척이나 그립습니다. 같이 있을 때는 몰랐는데 빈자리가 이렇게 큰 것 같아요. 가끔 잠이 안 와서 맥주도 한잔씩 생각나기도 하고, 앙 정말루~ 오늘은 아이 아빠 생각이 더 많이 나는 밤이네요. 어젠 아이들과 냇가에 갔다가 다슬기를 잡으러 갔는데 헛수고만 하고 용수골로 차를 돌려서 맛나는 닭백숙을 먹고 물장난도 치고 그 결과 얼마 되지 않은 저의 사랑스런 신발이 떨어져 버렸답니다. 즐거운 주말도 가고 이제 또 일주일 동안 아이들과 전쟁을 해야 할 생각을 하니, 하하하! 날도 덥고 짜증도 많이 나겠죠?

지금 이런저런 이야기를 쓰다 보니 벌써 한 장을 다 넘겨 버렸네요. 앞으로 이 글을 쓰면서 항상 아이들을 더 사랑하고 아이 아빠인 우리 여봉봉도 좀 더 존경하고 사랑해야 할 것 같아요. 무슨 말인지 저희 딸 지현이가 웃겠네요. "엄마, 무슨 말을 썼는지 하나도 모르겠어!" 하고 말이죠. 아무튼 제가 일등으로 시작했지만 이 글을 쓰시는 모둠 가족 분들 이해해 주세요. 글재주가 너무 없어서요.

오늘은 정말 가장 더운 폭염주의보가 내려졌다고 했는데 이제 냉방시대(?) 시기가 오는데 2학년 1반 친구들, 가족 분들, 그리고 존경하고 너무 감사드리는 주순영 선생님 모두들 건강 챙기세요. 그럼 저도 이만 예쁜 강아지들 옆에서 잠을 청해야겠어요. 담주에 또 뵙겠습니다.

★ 지현 어머니! 지현 아빠랑 떨어져 지내면서 더 애틋함과 소중함을 느끼게 되셨군요. (아, 나도 좀 떨어져서 지내 보고 싶당!) 처음 지현 아빠가 동해로 가게 되셨을 때 지현이가 아빠를 무척 그리워했는데 이제 어느 정도

익숙해지셨지요? 전학 가는 거 아닌가 싶었거든요. 모둠일기 처음 쓰게 되셨는데 이렇게 소중한 글 지면에 채워 주셔서 고마워요. 이 일기를 통해 서로의 생각을 나누는 귀한 자리가 되리라 믿어요. 그런데 왜 '여봉봉'인가요? (궁금)

백요한

날씨: 더움
용서해 주세요

오늘 태권도 끝나고 공부방 늦게 갔다고 엉덩이를 때렸다. 난 아퍼서 울었다. 난 이렇게 말했다. "용서해 주세요." 말했다. 아빠가 용서했다. 난 오늘 좋지 않다.

백요한 어머니

매일 아이에게 일기를 쓰라고 버릇처럼 말하지만 정작 오랜만에 직접 글을 쓰려고 하니 많이 어설픈 것 같다.

도전

눈이 부시도록 뜨거운 햇살이 온몸을 달아오르게 한다. 펜을 놓은 지 16년 만에 새로운 마음으로 무엇을 배우려고 하니 생각보다 쉽지는 않다고 생각한다. 지금 나보다 좀 더 나은 내가 될 수 있게 조금 더 자신 있는 엄마가 되기 위해 컴퓨터를 배우기 시작한 지가 한 달이 되어 가고 있다. 오늘도 바쁘게 이것저것 볼일 다 보고 정해진 시간에 맞춰 공부하러 갔다. 20대도 아닌 30대에 다시 배우려고 하니 어렵고 힘들지만 좌절할 수 없는 이유는 사랑하는 아들과 앞으로 행복해질 나의 가족을 위해서인 것 같다. 그리고 또 올해 나의 목표이기도 하다.

✹ 요한 어머니! 컴퓨터 배우기 시작하셨군요. 참 잘하셨어요. 무엇이든 나이와 관계없이 배우면 사람은 성장해 가는 것 같아요. 이제 한 달 되셨다고 하니 올해 말쯤이면 웬만한 컴퓨터 관련 일은 척척 해낼 수 있을 거예요. 열심히 배우는 요한 엄마 모습 보면서 요한이도 힘내어 열심히 공부하겠죠?

박가누

날씨: 해가 쨍쨍
보충수업

오늘부터 현대학원에서 영어 끝나고 40분 동안 남아서 공부를 해야 한다. 그래서 태권도에서는 6시 30분까지 남아 있어야 한다. 하지만 시험이 끝나면 보충도 안 하고 조금만 더 있으면 방학이다. 그래서 나는 얼른 시험이 끝나고 방학이 되었으면 좋겠다.

✹ 벌써 학원은 시험 기간으로 들어갔군!

박가누 어머니

가누 엄마 신은선이라고 합니다. 첫 모둠일기 주인공이 되었네요. 묘한 설렘으로 제 평범한 이야기를 할까 합니다.

오늘은 무척 더운 하루였죠. 다들 잘 보내셨는지……. 저는 한낮에는 차가운 계곡물에 풍덩 빠져 버리고 싶었답니다. 우리 아이들 역시 더위로 많이 힘이 들었겠죠. 게다가 아이들 기말시험이 다가오고 있네요. 학원에서는 평상시보다 좀 더 보충 학습을 시킬 모양이네요. 귀가 시간 늦어진다고 연락이 왔어요. 아이가 안쓰럽네요.

가누는 저에게 첫아이예요. 현재는 둘째를 임신 중이고요. 십 년 정도 터울이 생겼네요. 처음 가누를 키우며 느꼈던 감정들을 새록새록 떠올리게 되는 요즘이랍니다. 손가락, 발가락, 눈, 코, 입. 너무나 건강하게 내게 와 주었던 가누가 얼마나 감사하고 신기했던지……. 순간순간 가슴이 뻐근하게 벅찼던 그때를 다시 경험하고 있는 요즘. 갈수록 가누에게 욕심을 부리고 있는 마음을 다시 다잡으려 하고 있어요. 받아 오는 시험 성적이 가누의 모습 전부가 아니라는 명확한 사실. 아이는 그 존재 자체로 귀하며, 신비스럽고, 존중받아야 됨을 누군들 부정하겠어요. 시간이 많이 흘러도 가누가 부모님을 떠올렸을 때 언제나 자기를 믿어 주고, 응원하고, 지지해 주는 사람으로 기억되고 싶어요. 그래서 절망스런 순간에도, 포기하고 싶을 때도 다시 용기와 희망을 찾아낼 줄 아는 힘이 되어 주고 싶답니다. 우리 다 같이 노력해요.

이번 기말고사 성적이 기대 이하라도 웃으며 대할 수 있길 바라며 마칩니다. 너무 길었네요. 즐거운 한 주 되세요.

✤ 가누 어머니! 고맙습니다. 지난 토요일 가누 아빠랑 같이 오셔서 교실 정리 정돈도 해 주시고 이 얘기 저 얘기 나누는 가운데 참 좋았습니다. 가누 동생이 배 속에 있단 것도 알게 되었고. 정말 축하드려요. 소중하지 않은 목숨이 어디 있을까요. 귀한 생명 또 선물로 받으신 가누 어머니, 하루하루 기쁨과 행복으로 가득 차시길 빕니다.

박민성

날씨: 무지 맑음
제목 뭘로 하지?

내 생일 전날이다. 미리 생일 선물을 사기로 했다. (도착) 장난감 있는 데에 레고가 있었다. 나는 레고를 보다가 캠핑카와 닌자 레고가 있기에 생각했다. 뭘 사지? 나는 닌자 레고를 사려다가 캠핑카를 샀다. 나는 너무 고르기가 힘들었다.

박민성 어머니

날씨: 정신줄 놓은 더운 날씨

찜통 같은 더위가 계속이다. 원주로 이사를 와서 처음 맞이하는 아들의 생일이 내일. 맘 같아선 크게 파티를 해 주고 싶으나 사정상 그냥 조용히 민성에게 선물로 대신하기로 했다. 다행히 순순히 응해 주는 민성이를 보면서 미안하고, 고맙고, 은근히 대견. 이제는 이곳 생활에 적응을 잘해 주는 듯해서 안심이다. 에너지가 넘 충전되어 있어 어딜 가서도 꼭 사건 사고가 터져 걱정이긴 했지만 그것 또한 내 아들의 장점으로 좋게 보려 한다. 항상 최고의 사람이 되기보다는 최선을 다하는 멋진 남자로 민성이가 자랐으면 싶다. 요즘은 은근슬쩍 반항을 시도하는 것 같다. 말대꾸하는 민성이를 볼 때 '흐미~ 좀 있음 대드는 것도 시간문제군!' 하는 생각이 밀려온다. 벌써 그런 녀석을 볼 때 울컥 치밀지만 현명한 엄마의 모습을 지니고자 나의 뇌를 이리저리 굴리고 있다. 조금씩 밀리고 있음을 느낀다!

오늘도 아이들에게 빈틈을 마구마구 보였다. 하긴 너무 완벽한 부모이기보다 조금 부족해도 인간미 있는 부모의 모습이 아이들에게 더 낫지 않을까 싶다. 엄마의 고질병인 건망증 때문에 민성이의 생일 미역국을 건너뛸 뻔했다. 부랴부랴 미역 불리고 아침을 준비해야겠다. 이 녀석! 내가 저 낳느라 얼마나 힘들었는데……. 내가 부모라는 게 되어 보니 우리 부모님이 어떠한 마음으로 돌봐 주었는지 새삼 느끼게 되었다. 잘해 주지 못해 미안하고 알아서 잘 커 주니 고맙고. 여러 가지 마음들이 가슴 켠켠에 아린 맘으로 자리 잡는다.

민성아! 너 할 일 잘 챙기며, 누나에게 까불지 말고, 밥도 잘 먹고 살 좀 찌자! 한 살 더 챙겨 먹으니 더 의젓해지리라 믿는다. 얼른 맛난 미역국을 끓여야겠다.

★ 민성 어머니! 늘 시원시원하고 명쾌하게 말씀하시더니 모둠일기도 첫 번째 쓰시는 건데 테이프를 잘 잘라 주셔서 고마워요. 민성이가 그러잖아도 생일을 손꼽아 기다려 왔는데 오늘이 되었네요. 생일 초대 안 해도 부모님 말씀 잘 헤아려 받아들이고 나름의 방식으로 맞이하는 민성이

가 기특합니다.

✿ 그죠? 생일 전날 이마트에 데리고 갔네요. 생일 선물 비용을 4만 원 안에서 해결하라고 했더니 워낙 레고 값이 많이 비싸서 정말로 자기가 갖고 싶어 하는 것으로 선택을 못 했지요. 그래도 저 스스로 이해를 하더군요. 고민고민 끝에 금액 안에서 레고를 골라서 집에 오자마자 얼마나 열심히 조립을 하던지……. 지금도 선택하지 못했던 레고의 아쉬움을 뒤로하면서 작품을 만들어 놓고 있네요. 조만간 착한 일 한 대가로 하나를 선물해 주려 합니다. 요즘은 학교에서 별 탈 없이 잘 지내고 있는지~ 사실 제가 민성이더러 학교는 배움의 장소이기에 앞서 놀러 가는 곳이라고 알려 줍니다. 친구들과의 교류가 제일 중요하다고 생각되거든요. 부디 교우 관계가 원만할 수 있게 잘 이끌어 주세요. (민성 엄마)

6월 21일(화)
화내지 않고 혼내지 않을게

김경훈

날씨: 와우!
모둠일기

　오늘 내가 모둠일기를 쓸 차례다. 내일은 민지고 그다음에는 근구가 써야 된다. 그다음에는 유정이다. 어제는 연호였다. 나는 모둠일기를 처음 쓴다. 느낌은 재미있다. 나는 모둠일기는 좋다.

김경훈 어머니

날씨: 너무 더워서 아이스크림만 먹고 싶은 날
엄마는 늦잠꾸러기

　경훈아! 엄마는 왜 이렇게 아침잠이 많을까? 경훈이랑 같이 일어나서

부랴부랴 밥해 주느라 세수도 못 하고 눈꼽 낀 눈으로 괜히 너한테 "빨리빨리 해!" 하고 큰소리나 치구. 그치? 미안해용. 아들…….

그래도 엄마는 병원에서 잘나가는 간호사야. 병원에 가면 긴장이 돼서, 경훈이한테는 미안하지만 솔직히 집이나 너희들 생각도 안 하고 일만 한단다. 그런 긴장감이 풀리면서 아침까지 늦잠 지는 거 같다. 엄마는 일도 열심히 하고 가정일도 잘하는 워킹 엄마가 되고 싶은데 아무래도 다 잘할 수는 없는 것 같애. 가끔씩 엄마는 너희들을 보면서 많은 생각을 했어. 엄마 욕심에 너희들을 너무 힘들게 하는 것 같아서 말야. 더군다나 우리 집 반장인 경훈이가 엄마한테 울면서 화낼 때 엄마가 너한테 잘못을 많이 한 거 같아서 경훈이와 소희를 위해서 한 가지만 생각하려고 해. 아침에도 일찍 일어나서 맛있는 밥과 경훈이가 좋아하는 된장찌개 끓여 놓고 경훈이 깨워 줄게. 학교 갔다 오면 맛있는 간식 만들어 주고 때로는 경훈이 친구 초대해서 함께 놀도록 해 주고 말야. 너희와 함께할 수 있는 시간을 만들고 너희의 진심에 좀 더 다가가는 의리 있는 엄마가 되도록 노력할게. 그리고, 같이 공부하자. 화내지 않고 혼내지 않을게. 함께 공부하면서 의논하면서 하는 건 괜찮을 거야. 우리 천천히 차분하게 함께 시작하자. 알았지? 엄마가 너무 진지해지면 재미없어져서 안 돼. 하여튼 잘하자. 엄마는 항상 마음속으로 "난 항상 준비되어 있는 사람이야. 그리고, 나는 엄마야."라고 주문을 외는 것처럼 다짐을 한단다. 그러면 힘이 나거든. 늦잠꾸러기 엄마이지만 하루하루 열심히 살려고 해. 경훈이한테도 엄마의 사랑을 뽕뽕뽕 보여 줄게. 힘내, 아들.

♣ 경훈 어머니! 직장 다니면서 엄마 노릇도 잘하고 싶어 하는 우리네 모습입니다. 고민하시는 흔적이 고스란히 느껴집니다. 저 역시 제가 하고

있는 일에 최선을 다하며 보람을 느끼고 싶고 아이들에게도 좋은 엄마이고 싶어요. 그런데 현실은 녹록치 않습니다. 어느 일보다 부모 노릇 제대로 하는 게 가장 힘들고 어려운 일인 듯해요. 노력하려는 엄마 글 읽으면서 경훈이가 마음이 푸근해졌지 싶어요. 힘도 난 것 같아요. 오늘 수업 태도가 아주 좋았거든요.

✿ 우리 집도 아침이면 전쟁이죠. 늘 조용하고 상냥하게 대할 수 있을 거 같은 아들에게 아침이면 "빨리 해, 연호야!"를 몇 번씩 반복해요. 더구나 연호는 엄마의 늦은 귀가로 인해 잠자는 시간이 많이 늦어요. 일찍 자야 11시 전이 되거든요. 늘 잠이 부족한 연호가 안타까워요. (연호 엄마)

이수빈

날씨: 해가 쨍쨍

잠자리를 봤다

나는 오늘 놀이터에서 잠자리를 봤다. 현소명도 놀다가 봤다. 어떻게 봤냐면 내가 "잠자리다."라고 했다. 현소명도 "어! 그러게?" 근데 경비 아저씨도 "어디 잠자리 있어?"라고 말하셨다. 현소명이 "저기요, 잠자리 있잖아요."

이수빈 어머니

안녕하세요. 수빈이 엄마 안은희입니다. 오늘 날씨가 정말 더웠죠? 햇살이 따끔따끔하던데요. 이런 날은 치악산 아래에서 계곡물에 발 담고 쉬고 싶다는 생각이 간절하더라고요.

수빈이가 벌써 2학년의 중간을 마무리해야 하는 시간이네요. 기말고사 일정도 나왔고 여름방학도 얼마 있으면 하겠네요. 이번 방학에는 수빈이가 어떻게 시간을 보낼지 벌써 신경이 쓰입니다. 시난 겨울방학에는 집에서 티브이만 보고 있었거든요. 그때 살도 많이 찌고, 눈도 나빠지고, 아이가 티브이에 너무 빠져 버려 속상했거든요. 생각은 많은데…… 정리도 안 되고 아직 결정도 내리지 못해 머리만 어지럽네요. 좋은 생각 있으시면 알려 주세요. 꼭 참고하도록 하겠습니다.

수빈이를 위한 계획도 중요하지만, 제 자신을 위한 계획도 생각해야 할까 봐요. 요즘 들어 자꾸 자기 자신에게 불만도 많고 한심하기도 하더라고요. 좀 더 자신감을 가질 수 있도록 나를 위한 시간을 가지려고요. 그래서 요즘 책을 많이 읽고 있는데…… 책을 읽는 시간만큼 수빈이의 불만이 커져 가네요. 수빈이는 엄마랑 밖에서 놀고 싶어 하거든요. 이제 마무리를 해야겠네요. 좀 정신없이 써서 창피하네요. 모두 행복한 여름이 되길 바랍니다.

참! 가누 어머님, 임신 축하드려요~

✤ 수빈 어머니께. 수빈이가 1학년 겨울방학을 그렇게 보냈군요. 이번 여름방학은 무척 길거든요. 정말 계획을 잘 세워서 수빈이 몸과 마음과 지혜가 크게 성장할 수 있기를 바래 봅니다. 수빈 어머니도 하실 수 있는 것, 해 보고 싶은 일들 있으면 과감하게 저질러 시작해 보세요. 마음으로 응원할게요.

원태호

날씨: 해가 쨍쨍, 날씨가 찜통

컴교실에서 배고픈 애벌레 만들기

오늘은 컴교실 가는 날이라서 컴교실에 갔다. 가서 못 만든 애벌레를 만들었다. 한 마리는 애벌레 엄마를 만들었고 또 한 마리는 아기 애벌레를 만들었다. 그중에 말풍선이 어딨는지 까먹어서 권혁상한테 여쭈어 보았다.

"야, 말풍선이 어디에 있더라?"

"아, 그거 그리기에 있어."

그래서 가르쳐 줘서 고맙다고 했다. 그리고 배경을 애벌레가 나뭇잎에서 살아서 색깔을 초록색으로 하고 풀잎은 클립아트에 검색으로 해서 했고 페이지 설정 F4 용지를 잊고 안 할 뻔했다. 복잡하고 어렵긴 했지만 정말 아주 재미있었다.

원태호 어머니

퇴근을 하고 집에 왔는데 태호가 현관으로 달려 나와 울먹이며 엄마의 일기를 써야 한다면서 일기장을 한 권 주는 것이다.

난 순간 피곤한 마음에 짜증을 낸 기억이 난다. 일기장을 열어 보니 지현이 어머니 일기가 눈에 들어왔다. 무척 글을 잘 쓰시는구나…….

난 글을 못 써서 일기 쓰는 것도 싫어했는데, 그래서 태호도 날 닮아 일기 쓰기를 싫어하는 것 같다. 그런데 나보고 일기를 쓰라니 어떡하지?

태호 아빠는 옆에서 "지현이 어머니는 작가 하셔도 되겠다. 근데 태호 엄마는 글도 잘 못 쓰는데 어떡할래?" 하면서 나에게 겁을 준다. 지현이 어머니! 기가 죽어서 더 못 쓰겠어요. 태호 아빠와 난 맞벌이 부부다. 그래서 서로 바쁘단 핑계로 아이들에게 소홀할 때가 많았다. 어떨 땐 준비물 서로 안 챙겼다고 다툴 때도 있었다. 내가 직장인이 된 지도 벌써 일 년이 넘어간다. 첨엔 알바로 시작한 일이 지금은 정사원이 되어 근무 기간이 길어지면서 아이들에게 소홀해지고 가정에도 약간은 무심해지기 시작했다. 아이들에게 정말 미안하다. 농협 마트에서 캐셔 일을 하는 난 전화도 잘 못 받는다.

어젠 태호가 그림 그리기 대회에서 상을 받았던 모양인데 나에게 몇 번이고 전화를 했는데도 내가 안 받으니까 결국엔 실망을 하고 아빠에게 전화를 걸었다. "태호야, 정말 미안해. 엄마에게 제일 먼저 자랑하고 싶었나 본데 엄마가 전화를 안 받아 줘서 실망했지?" 우리 태호가 집에서 매일같이 그림 그리기를 즐겨 하더니 상까지 받아서 우리를 기쁘게 해 주는구나. 아빠가 더 기뻐하는 것 같다. 오랜만에 태호 덕분에 집안 분위기가 좋아졌다. 내일은 태호 누나가 수련회를 간다. 아침부터 바쁠 것 같다. 도시락도 싸야 하고 준비할 것도 많을 텐데……. 여러 가지 걱정이 밀려와 잠이 오질 않는다. 지금은 아이들이 어려서 이것저것 문제가 많겠지만 우리 아이들 중학교, 고등학교 때를 생각해서 이겨 낼 생각이다. 그땐 일이 꼭 필요할 때니까. 그리고 지금도 일하는 게 참 재미있고 보람도 느낀다. 그러니까 애들아, 항상 건강하게만 자라 다오. 지금은 힘이 들어도 앞으로는 좋은 날이 오겠지.

뭘 쓸까 고민도 많이 했는데 쓰다 보니 두 페이지나 썼네요. 선생님께도 한 말씀 드릴게요. 우리 장난꾸러기들 가르치시느라 고생이 많으시네요. 선생님도 가정에 들어가시면 또 가사일에 힘드시겠죠? 우리 여자들끼리 파이팅해요. 힘내시구요.

✸ 태호 어머니께! 태호가 일기 쓰기 싫어하나요? 태호 일기 참 좋은데. 글씨도 반듯하고 내용도 순수하고 착한 아이 마음이 그대로 드러나 참 이쁘거든요. 태호 어머니 글도 참 좋네요. 태호가 엄마한테 상 받은 거 자랑하고 싶어 했던 그 마음이 이어지지 않아 속상했겠네요. 만나서 많이 칭찬해 주셨지요? 부모 노릇, 직장 일, 주부로서 집안일 모두 열심히 해내시는 우리네 어머니들, 존경스럽습니다.

김유빈

날씨: 땀이 송글송글
모둠일기장을 안 가져왔다

오늘 학교 서랍에 모르고 모둠일기를 두고 왔다. 나는 그래서 조금 울었다. 그런데 갑자기 아빠가 회사 퇴근을 하고 와서 "야, 학교로 가 보자."라고 해서 아빠 차를 타고 학교로 가 보았다. 그런데 문이 다 잠겨 있었다. 그래서 1학년 교실 쪽 문으로 가 보았는데 문 잠겨 있었다. 그래서 아빠 차를 탔는데 아빠가 "남자는 우는 거 아니야, 알겠어?"라고 말해서 나는 "네."라고 대답하고 아빠 차를 타고 집으로 와서 그냥 종이에 썼다. 다음에는 꼭 잘 챙겨 와야겠다.

✸ 유빈이가 얼마나 걱정이 많았을까?

김유빈 아버지

날씨: 미쳤음!
모둠일기

늦은 퇴근 준비 중. 울리는 핸드폰 소리, 띠디딩 띠디딩……. 대상(유빈 애칭)이었다. 아빠랑 함께 모둠일기를 써야 한단다. 쩝. 아들 녀석 목소리는 마냥 들떠 있고 내 머릿속은 멍해지고……. 중학교였나? 고등학교? 일기를 써 본 게 언제인지 기억조차 가물가물하다. 뭘 써야 하나, 어떻게 써야 하나 고민고민하면서 집에 도착, 그런데 아들 녀석이 울고 있다. 본능적으로 찾게 되는 울 공주(유민 애칭), 그런데 여유만만. 그럼 일단 둘이 싸우지는 않았다는 얘기다. (둘이 싸우고 나면 우리 딸은 내 등장과 함께 울음보가 터지므로.) 일단 이유를 물어보니 유민이가 술술 브리핑을 해 준다. 모둠일기장 놓고 왔다고 울고, 할머니께 학교 갔다 오자고 졸랐다가 협상이 결렬되어 속상해서 운단다. 이 녀석 외형적 모습뿐만 아니라 기억 메모리도 날 닮아 가고 있다. 그래도 닮으면 좋은 장점도 많은 아빠건만……. 암튼 이럴 땐 우리 아버지가 나에게 해 주신 대로 하면 상황 종료다. 찾든 못 찾든 데리고 가 보는 거다. 자신이 스스로 미련이 없어져야 하므로…….

결과는 지금처럼 예쁜(아직 보지는 못했음) 모둠일기장 대신 하얀 A4 위에 십수 년 만에 처음으로 일기를 쓰고 있다. 그런데 어색하면서도 감회가 새롭다. 일기……. 큰 건 아니지만 어릴 적 소중했던 물건 하나를 찾은 느낌이랄까? 아무튼 가끔은 이런 시간도 가져 볼 만하다는 생각을 해 본다. 그리고 아들, "절대 울지 않기! 사랑해!" 일기 마무리하려는데 유민이가 나오길래 무심코 물어봤다. "공주, 공주는 모둠일기 언제야?"

"아빠, 난 내일." 헉!

★ 유빈 아빠! 이 멋진 글씨와 내용. 쌍둥이 아빠라는 지위를 이용하셔서 자주 선보이셔야겠네요. 고맙기도 하고 죄송스럽기도 합니다. 늘 생각하는 거지만 글씨체가 참 이쁘고 반듯해서 부럽습니다. 유민이, 유빈이 늘 챙겨 주시고 자상한 아빠 노릇 하시는 거 보면서 참으로 존경스럽습니다. 고맙습니다.

박달해

날씨: 해가 쨍쨍

나는 저녁밥을 먹고 수박을 먹었다. 먹고 나서 팔이 찐덕거렸다. 그래서 세수를 하고 팔을 씻었다. 지금의 기분이 너무 좋다.

박달해 어머니

사랑하는 달해야!

엄마가 아침에 달해한테 막 화내고 때린 거 미안해. 이러지 말아야지 하면서도 나도 모르게 달해한테 화낸 거 같아. 혹 엄마의 이런 행동으로 달해가 상처 받지 않았을지 걱정도 되고. 그렇다고 엄마가 달해 미워서 그러는 거 아닌 거 알지? 맨날 너가 언니라고 하늘이에게 양보만 하구……. 너두 아직은 애기인데 하늘이가 어리다고 내가 너무 하늘이만

감싸고돌았던 거 같아서 달해한테 너무 미안해. 그동안 엄마한테 서운했던 거 많았을 거라 생각하고 앞으로 엄마가 달해한테 더 잘할게. 항상 하늘이 잘 돌봐 주어서 고맙구. 우리 달해 정말 많이 사랑해. 엄마 마음 알지?

🌸 아침부터 그런 일이 있어서 하루 내내 언짢으셨겠어요. 달해가 동생 챙기면서 정말로 여러 가지로 힘든 일이 생기는 거 같아요. 달해 어머니, 달해를 잘 헤아려 주시고 보듬어 주세요. 특히 하늘이가 달해 친구들한테 하는 행동 때문에……. 양육법에 보면 동생보다 위의 아이를 더 잘 챙기고 배려해 줘야 한다고 하더라구요. 아직은 2학년인데, 부모 몫을 나누어 동생 돌보느라 힘든 일이 나름 많을 거예요. 격려해 주세요.

강민정

날씨: 따뜻한 날씨
내 생일 파티를 했다

오늘 내 생일 파티라서 학교 끝나고 피아노에 갔는데 선생님이 생일 축하한다고 꼭 안아 주셨다. 나는 기분이 좋았다. 그리고 내 생일날에 새로 피아노 선생님이 오신 거다. 또 학원에 갔는데 또 생일 축하한다고 하셨다. 태권도에서는 운동 끝나고 시간이 있어서 생일 파티를 했다. 난 오늘 기분이 좋았다. 엄마 미용실에는 유치원 때 내 반 선생님이 오셨다. 그런데 난 원래 7월 20일 날 내 생일이지만 오늘로 해도 되는지 물어봤는데 엄마 아빠가 된다고 하셔서 오늘 생일로 했다. 왜냐하면 내 생일이 음력 6월 21일이기 때문에 난 오늘이 내 생일인 줄 알았다. 그래도 기분은 아주 좋았다.

강민정 어머니

날씨: 무지 더운 날씨
민정이의 생일 해프닝

으…… 하하하. 민정아 너의 생일은 음력 6월 21일이라고 말했었잖아. 우리 민정이가 학교나 학원에서 친구들이 생일 파티 하는 것이 많이 부러웠나 보구나. 어찌됐건 생일 축하 잘 받았다니 엄마도 축하하고 너의 진짜 음력 생일은 친구들을 초대해서 즐겁게 생일 파티를 하자꾸나. 항상 씩씩하고 건강하게 잘 커 주는 우리 딸 민정아! 엄마가 표현이 서툴러서 민정이에게 다정하게 말 건네 주지 못해서 미안한데 우리 딸은 그런 것을 아는지 늘 엄마를 이해해 주지. 정말 고마워. 그리고 엄마가 너에게 사랑한다는 말을 잘 못 하지? 그렇지만 정말정말 사랑한단다. 앞으론 사랑 표현도 많이 하도록 노력할게. 이 세상에서 민정이는 엄마에게 소중한 보물이야. 민정아! 많이 사랑한다.

✦ 민정 어머니! 민정이가 양력 생일에 축하를 잔뜩 받았네요. 다가오는 진짜 생일에는 민정이가 더 행복한 날을 맞이할 것 같아요. 바쁜 일 하시면서도 민정이에게 사랑과 관심 모자라지 않게 하려고 애쓰시는 모습, 늘 보입니다. 그 사랑, 민정이가 받아먹고 쑥쑥 크네요.

6월 22일(수)
아무쪼록 예쁘게 읽어 주세요

　김유민

날씨: 땀이 주르륵!
"에잉, 실망했어!"

　오늘 글쓰기 시간에 공개수업을 한다고 해서 기분이 엄청 좋았다. 그리고 선생님이 놀고 오라고 하셨다. 놀고 공부 시간이 됐다. 공부를 하는데 엄마들이 두 분밖에 안 와서 실망했다. 다음에는 많이 왔으면 좋겠다.

　김유민 아버지

날씨: 장마 시작
모둠일기(2)

　집에 들어서자마자 우리 딸이 내미는 모둠일기장. 아빠의 애타는 속은 아는지 모르는지 앞에서 싱글벙글하고 있다. 일기 쓰는 순서를 보니 화요일, 수요일은 야간 스케줄은 당분간 접어야 할 듯싶다. 쌍둥이 학부형의 특권(?)이라고 생각하고 마음을 비운다. 그래도 일기 부담감 때문에 오후 스케줄 일찍 정리하고 오랜만에 이른 귀가를 했다. 덕분에 쌍둥이들하고 저녁도 먹고 좋아하는 운동도 하고 잠자기 위해 펼쳐 보던 책도 맑은 정신으로 수십 페이지나 읽어 내는 놀라운 수확도 거두었다. 사실 이런 일들이 2년 전만 해도 늘 하던 일상생활에 불과했는데…….

2년이란 시간 동안 참 많은 변화들이 생겼음을 새삼 느낀다. 그래도 낯선 환경 속에서도 씩씩하게 예쁘게 커 주는 쌍둥이들에게 감사할 뿐이다. 그리고 사랑하는 민이 빈이, 영원한 아빠의 비타민들.

"강한 사람보다는 용기 있는 사람이, 똑똑한 사람보다는 지혜로운 사람이 되길 바란다. 사랑해."

✤ 참으로 기분이 좋아지는 유민 아빠 글입니다. 모든 아빠들이 유민 아빠처럼 아이들과 일상을 함께 나누려고 하고 이렇듯 관심을 갖는다면 불행한 아이는 없을 거란 생각이 드네요. 유민이, 유빈인 착하고 지혜롭게 잘 자랄 수밖에 없겠네요. 고맙습니다.

서민지

날씨: 비가 조금씩 옴
처음 쓰는 모둠일기

오늘 내가 모둠일기를 쓸 차례다. 월요일에는 연호, 화요일에는 경훈이, 수요일에는 나다. 그리고 목요일 금요일에는 근구, 유정이다. 나는 근데 모둠일기를 처음 써 본다. 그런데 하면 할수록 재미있어진다. 그래서 나는 모둠일기가 재미있고 모둠일기를 계속 썼으면 좋겠다.

서민지 할머니

날씨: 비가 내림
의료원

오늘 제천서 원주로 와서 집에 들렀다가 김밥하고 떡볶이를 사 가지고 병원에 갔다 왔다. 민지 아빠가 다리를 다쳐서 병원에 입원하고 있었다. 너무 많이 다쳐서 고생을 많이 하고 있었다. 병원에서 밥을 먹고 민지랑 걸어서 집에 와서 빨래하고 청소하고 민지가 일기를 써야 한다고 해서 써 주었다. 오랜만에 쓰니 손이 말을 잘 안 들었다.

✤ 민지 할머니께! 이렇게 손녀딸 일기장에 할머니의 귀한 글 볼 수 있게 해 주셔서 고맙습니다. 민지 아빠가 다쳐서 민지 할머니 손길이 많이 필요한 것 같아요. 민지랑 줄넘기하러도 다니시고 집안일도 하시고 아이들도 돌보시고 정말 수고가 많으시네요. 이렇게 일기까지 써 주셔서 너무도 송구스럽고 고맙습니다. 살아가는 평범한 일상을 이렇게 담담하게 적어 주셔서……

✿ 안녕하세요. 저는 경훈이 엄마예요. 할머님께서 가족들 챙기시느라 힘드실 텐데 일기까지 쓰시는 모습에 정말 감동받았습니다. 민지 할머님, 건강하세요.

주은영

날씨: 비 조금
언니가 때린 날

오늘 집에서 의자 달려 있는 것 있는데 그걸로 언니가 내 머리 때렸다. 아팠다. 그리고 나서 목욕하려고 했는데 이제는 꼬집었다. 그래서 나는 울었다. 그리고 목욕하고 있는데 빨리 안 해서 엄마가 때밀이로, 언니가 가만히 안 있어서 엄마가 언니를 때렸다. 그래서 언니는 울었다. 언니가 때려서 아팠다. 그리고 엄마가 언니를 때려서 아팠겠다.

주은영 아버지

안녕하세요. 저는 은영이 아빠입니다. 오늘 날씨가 오전에 흐리다가 오후에 비가 옵니다. 날씨가 너무 더워 하루가 힘드네요.

은영이가 벌써 2학년 1학기가 끝나 가네요. 우리 은영이가 요즘은 공부를 잘하는지 궁금하군요. 그리고 선생님 말씀은 잘 듣는지 궁금하군요. 저희는 바빠서 학교 모임에 참석치 못해서 학교 사정을 잘 모릅니다. 그러니 선생님께 저희 은영이를 잘 부탁드립니다.

✭ 은영 아버지께. 더운 날씨에 일하시느라 많이 힘드시지요? 다행히 어제, 오늘은 시원한 빗줄기가 더위를 식혀 주네요. 은영인 조용한 편이지만 무엇이든 뒤처지지 않고 열심히 하려고 노력한답니다. 최선을 다하는 게 보기 좋아요. 학교 일에 참석치 않으셔도 이렇게 모둠일기로 참여해

주시고 좋은 의견 보내 주세요.

한규민

날씨: 흐리고 비가 옴
정환이네 집

오늘은 큰이모 집에 가서 저녁을 먹었다. 엄마랑 나는 삼겹살과 상추를 사서 갔다. 삼겹살을 먹고 정환이랑 지수 누나랑 게임을 했다. 그래서 내가 이겼다. (정환이는 2반이고 사촌 동생이다.) 정환이는 명륜3차에 산다.

한규민 어머니

한동안 찌는 듯한 더위가 기승을 부리더니 오늘부터 장마가 시작되긴 하나 봅니다. 한차례 쏟아지던 빗줄기가 지금은 잠시 숨어 버렸네요. 저 역시 이런 글이 낯설어 어떻게 써야 할지 막막하네요. 더욱이 앞의 두 어머니들께서 너무 잘 쓰셔서요. 아무쪼록 예쁘게 읽어 주세요.

오늘은 규민이 이야기를 조금 해 볼까 합니다. 우리 아이는 공부를 잘하지는 못합니다. 한글도 겨우 떼고 입학을 했으니까요. 맞벌이하다 보니 바쁘단 핑계로 잘 챙기지도 못하고 공부를 봐주지도 못했으니까 제 탓이겠죠? 그래도 규민이는 씩씩합니다. 때론 어른스럽기도 하고 때론 아기 같기도 합니다. 여느 아이들처럼 떼를 쓰지도 않습니다. 가끔씩 제게 "엄마! 사랑해요!"라며 속삭여 주기도 합니다. 물론 뽀뽀는 기본이지요. 사내 녀석이라 조금 징그럽기도 하지만 그래도 제 눈엔 세상에서 젤루 멋진 아이입니다! 아빠는 이런 아들에게 질투(?)를 느끼나 봅니다. 규민이 뽀뽀를 받기 위해 온갖 노력을 하는데도 규민인 요지부동입니다. 넘어가지 않습니다. 아빠는 좋아하고 엄마는 사랑한답니다. 귀엽지요? 잠든 규민이 얼굴을 봅니다. 정말 예쁘네요. 이렇게 사랑스럽고 예쁜 아들을 가진 저는 참 행복한 엄마인가 봅니다. 물론 모든 엄마들이 다 그렇겠지만요. 볼품없는 글 읽어 주셔서 감사합니다. 선생님! 더운 날씨에 아이들과 많이 힘드시죠? 그래도 건강 잘 챙기시고요. 선생님이 건강하셔야 저희 아이들도 잘 자랄 수 있으니까요. 2학년 1반 파이팅!

✿ 규민 어머니! 규민이가 참 순진하고 착하지요? 아직은 부족한 것이 있지만 모든 게 다 완벽하고 좋을 순 없지요. 그래도 그 부족함을 알고 열심히 노력하고 묵묵히 노력하는 규민이가 대견합니다. 지금 조금 늦돼 보이지만 꾸준히 한 걸음 한 걸음 나아가노라면 훌륭한 모습으로 성장할 거라 여깁니다. 규민이 조금만 더 공부 봐주시면 큰 발전 있을 거예요.

김지혜

날씨: 더움
채민이 언니와 문제집을 푼 날

오늘 학교를 끝나고 집으로 돌아와서 문제집을 풀고 아빠가 밥 먹으라고 해서 밥을 먹고 또 채민이 언니와 같이 풀고 엄마가 와서 채민이 언니는 가고 나는 책을 보고 또 문제집을 풀었다. 그때 하진이가 같이 놀자고 해서 알았다고 하고 자전거를 타고 하진이네 집으로 갔는데 아무도 없어서 다시 집으로 가서 우리 집에도 없어서 그냥 책을 또 봤다.

✭ 지혜가 문제집을 사서 풀기 시작하네. 열심히 해.

김지혜 어머니

날씨: 흐림
마음속에서 말하고 싶은 이야기

안녕하세요, 선생님. 전 지혜 엄마예요. 전 중국에서 왔어요. 저희 지혜가 말썽꾸러기죠. 아이가 공부에 관심이 없어서 참 걱정이랍니다. 다행인 건 선생님이 많이 관심을 가져 주셔서 너무 고맙습니다. 제가 바람이 있다면 우리 지혜가 성적이 오르는 것입니다. 저도 가정에서 노력할 겁니다. 선생님께 부탁드립니다. 공부 면에서 더 엄격하게 해 주시고 더 관심 주세요. 늘 건강하시고 행복하세요.

지혜 엄마 올림.

✭ 지혜 어머니! 고맙습니다. 지혜를 집에서도 관심 갖고 잘 챙겨 주신다면 하루하루 달라질 거예요. 너무 기초가 부족하여 어려운 점이 많지만 학교와 가정에서 함께 지혜를 보듬어 안아 관심을 쏟는다면 충분히 잘해 낼 수 있으리라 믿어요. 머리가 나쁜 건 아니거든요. 지혜 어머니, 우리 함께 해 나가요. 힘내서!

6월 23일(목)
지현 어머니, 시원한 차 한잔해요

강하늘

날씨: 비가 주룩주룩
제빵 했다

학교가 끝나고 제빵실에 갔다. 지현이가 안 왔다. 전화도 했는데 전원이 꺼져 있었다. 오늘은 미니 앙금빵을 만들었다. 찹쌀떡이랑 완전 비슷했다. 아몬드도 넣었다. 지현이한테 전화가 왔다. 지현이는 깜빡하고 안 왔다고 했다.
나는 빵이 맛이 없었다.

강하늘 어머니

며칠 동안 날이 더워 올여름 어떻게 지내나 걱정했는데 비가 오니 살

것 같네요. 생각지도 않았던 일기를 쓰려니, 음…….

하늘이에게 일기 안 쓴다고 잔소리했는데 이젠 하늘이에게 잔소릴 듣네요. 일기 빨리 쓰라고……. 하늘이의 마음을 조금은 알 것 같네요. 머릿속으로 생각이 많은데 손끝에서 써지지 않는 이유는 뭘까요? 예전엔 일기도 많이 썼는데 언제부턴가 잇고 살게 되네요.

저희가 원주에 이사 온 지 3년하고 한 달 정도 되었네요. 저희가 살던 곳은 대관령이었거든요. 그곳엔 초등학교는 좋은데 중학교, 고등학교가 별로 좋지 않아 큰아이 중학교 문제로 아빠만 두고 저희는 원주로 이사를 나왔어요. 잘한 선택인지 모르지만 아직까지는 아이들이 잘해 주고 있어서 참 고맙죠. 엄마 혼자서 아빠 몫까지 하려니 힘들기도 하지만 혼자서 일주일을 보낼 울 자기를 생각하면 '그래도 난 애들이랑 같이 있어 행복하지.'라고 생각하고 삽니다. 앞에서 지현 어머님 일기 쓰신 거 보고 많이 힘드시겠구나 생각했어요. 저도 처음 1년은 많이 힘들더라고요. 그런데 시간이 가면 갈수록 익숙해지더니 지금은 많이 편해요(비밀이에요). 일주일에 한 번 보면 더 좋더라고요. 싸울 일도 없고요. 지현 어머니, 시간 되면 시원한 차 한잔해요.

♣ 하늘 어머니! 원주 온 지 3년 되신다구요. 이제는 원주 생활에 완전히 익숙해지셨겠네요. 하늘이 아빠가 혼자 외로우실 것 같아요. 그래도 멀지 않은 곳에 계시니 다행이네요. 지현 어머니랑 만날 약속 잡으셔야겠어요. 서로 처지가 비슷해서 살아가는 이야기를 나누시면 통하는 게 많지 싶어요. 하늘이, 지현이도 같이 제빵 다니면서 친한 사이니까 더 좋지 않나요?

> 조휘수

날씨: 비 엄청 퍼붓다.

가누와 같은 의견

나도 가누와 같은 의견이다. 빨리 여름방학이 됐으면 좋겠다. 공부할 때면 갑자기 쉬고 싶다. '빨리 여름방학이 왔으면 좋겠다.'가 아닌, 빨리 여름방학이 왔으면 좋다.

"빨리 와라! 좀!"

✭ 조금만 기다려!

> 조휘수 아버지

6월의 날씨치곤 무척이나 더웠는데 하루 종일 내린 세찬 빗줄기로 인해 시원한 하루네요.

안녕하세요. 조휘수의 아빠 조봉준입니다. 저는 글솜씨가 없어 학교 다닐 때 혼이 나도 일기, 독후감은 안 썼는데 우리 휘수로 인해 이런 일기를 다 써 보게 되네요.

저희도 바쁘게 생활하다 보니 학교의 행사, 모임에는 참석을 잘 못 합니다. 죄송스럽게 생각하고요. 휘수가 학교생활을 잘하는지 궁금하네요. 휘수는 어릴 때(6~7세)부터 등산을 많이 데리고 다녔어요. 7~8시간 정도의 산행은 거뜬히 잘 다녀요. 공부도 잘하면 좋겠지만, 그것보다는 정서적으로 건강하고 씩씩하게 친구들과 원만한 학교생활을 하기를 바랍니다.

이제 여름방학도 얼마 남지 않았군요. 올여름은 휘수와 캠핑을 많이 다니며, 우리 강산의 아름다움을 많이많이 보여 주려 해요.

선생님, 우리 휘수가 친구들과 어울려 즐거운 학교생활을 할 수 있도록 부탁드립니다.

✤ 휘수 아버지께! 저도 아이들 덕분에 이렇게 아버지, 어머니 들의 글을 볼 수 있어서 더없는 영광으로 생각하고 있어요. 고맙습니다. 휘수가 그렇게 어렸을 때부터 산을 다녔군요. 정말 대단하네요. 우린 보통 너무 어리다고, 아이라서 못할 거라 여기고 아이들을 제재시키는 것들이 많은데……. 아이는 어른의 축소판이 아니라 완전한 또 다른 인격체라는 것. 휘수는 학교생활 잘하고 있어요. 재미있는 녀석이랍니다.

유건

날씨: 장맛비
모둠일기

난 오늘 저녁에 엄마한테 모둠일기를 써야 된다고 하였다. 그래서 엄마는 "알았어."라고 하였다. 처음 쓰는 모둠일기다. 그래서 나와 엄마는 즐겁게 모둠일기를 썼다. 생각보다 재미있었다. 또 힘들긴 했지만 즐거웠다. 또 내 차례가 돼서 모둠일기를 쓰고 싶다.

유건 어머니

늦게 일을 끝내고 집에 왔다. 밤 8시. 늘 늦게 집에 오면 꿀강아지(건이 또 다른 이름)가 엄마를 기다려 준다. 건이는 늘 혼자 있는 시간이 많다. 샤워하고 공부하고 일기 쓰고 엄마가 챙겨 줘야 하는 아직 어린아이다. 항상 미안한 마음이다. 요즘 조금 걱정을 했다. 잘하고 있는 줄 알았는데 학교생활에서 잘못하고 있다는 선생님 말씀을 이모가 듣고 전해 줬다. 큰 걱정은 하지 않기로 했다. 아들, 꿀강아지가 잘할 거라고 엄마랑 약속했다. 엄마는 아들을 믿거든.

지금 시간 11시, 창 너머로 비가 많이 내린다. 내일은 쉬는 날. 비가 많이 와서 하루 쉴려구 한다. 새벽 2시면 시장에 나가야 한다. 장을 끝내고 집에 오면 아침 8시다. 엄마 없는 새벽에 건이는 혼자 잠을 잔다. 아침 7시에 전화로 깨워 준다. 일어나서 씻고 밥 먹을 준비를 하고 있다. 가끔 학교 늦게 가는 건이는 엄마 땜입니다. 쌤, 예쁘게 봐주세요.

선생님, 친구들! 우리 건이 씩씩하고 대견하게 잘하고 있죠? 엄마 아들 사랑해! 앞으로도 기대할게. 모둠일기 힘들다. 건, 엄마는 다시 쓰고 싶지 않거든. 크크크.

✦ 건이 어머니! 오늘 모처럼 쉬는 날이겠네요. 집에서 쉬는 날이래도 온전히 휴식하기 힘드실 거예요. 미뤄 둔 집안일이 널려 있으면 그걸 또 외면하지 못하고……. 새벽 2시에 나가서 8시에야 들어오시다니, 정말 힘들고 피곤하시겠어요. 우리 건이도 엄마처럼 열심히 학교생활 잘해야 할 텐데. 건이가 엄마의 믿음대로 잘해 나가리라 믿어요.

최유나

날씨: 비가 주룩주룩

오늘은 내 차례, 엄마 써 주세요

오늘 모둠일기가 누굴까? 설렌다. 오늘 요일을 확인해 보니 오늘은 목요일이다. 난 신이 났다. 왜냐하면 목요일은 내가 모둠일기를 쓰는 날이기 때문이다. 모둠일기 쓰는 게 왜 좋냐면 매일 엄마 아빠는 나에게만 일기 쓰라고 잔소리를 하면서도 엄마 아빠께선 일기를 쓰신 적이 없기 때문이다. 그에 비롯해 오늘은 드디어 엄마 아빠 두 분 중에 한 분이 일기를 써 주시는 날이기 때문이다. 난 온종일 엄마에게 "엄마, 일기 오늘 꼭 써 줘야 돼, 알았지?" 엄마가 하는 말, "아~ 뭐, 알았다고, 도대체 몇 번을 말하는 거야!"라고 했다. 오늘은 두세 번밖에 안 했다. 왜 그런지 대충 짐작이 되었다. 그 이유는 월요일에 "엄마, 목요일에 꼭~ 써 줘."라고 해 놓고선 화요일에도 수요일에도 계속해서 목요일에 일기 써 달라고 했기 때문이다. 하지만 지금도 마음은 쿵딱쿵딱콩콩콩 계속 뛰고 있다. 아직 엄마께서 써 주실지 안 써 주실지 모르기 때문이다. 엄마께서 '에이, 쓰기 싫다.'라고 한 것 같기 때문이다.

'엄마, 써 주세요. 제가 이 순간을 얼마나 기다렸는데, 흑흑흑.'

최유나 어머니

유나야, 모둠일기 그렇게 좋아하니? 월요일부터 계속 "엄마, 우리 목요일이 모둠일기 쓰는 차례야."라고 매일매일 하루에 몇 번도 말하고 오늘도 일기 쓸 때까지 계속 말했어요. 유나의 기대에 보답할 수 있게 엄마도 열심히 할 거예요. 일기 쓰면서 사전을 보고 한국말 공부하고 있어요.

✽ 아~ 유나 어머니! 글씨 참 깨끗해요. 한글 참 잘 쓰시네요. 유나가 모둠일기 쓰는 차례 기다리면서 엄마한테 무척이나 보챘군요. 은근히 부담되셨겠어요. 이렇게 써 주시니 참 고맙습니다. 유나도 좋아했지요? 다음번에도 유나 엄마 글 기대할게요. 아, 참! 유나 아빠 차례인가요? 후후.

김민기

날씨: 바람이 토네이도처럼 붊
나의 고통

오늘은 발이 엄청 아팠다. 기둥 모서리에 찧어서이다. 영어 학원에선 양말을 벗고 있어서 더욱 아팠다. 양말을 신어도 아팠다. 하지만 지금은 아프지 않다. 엄마가 그러시는데 이걸 그냥 납두면 곪는다고 하신다. 나는 곪지 말게 잘 납도야지.

김민기 어머니

장마가 시작되었다. 아침에 비가 많이 오면 학교에 어떻게 가냐며 은근히 차를 태워다 달라는 무언의 몸짓을 마구마구 해 대고 있는 우리 민기. 다행히도 비가 그치고 민기는 군말 없이 학교에 걸어서 가야 했다.

사실 비가 많이 오면 데려다 줄까도 생각해 봤는데 학교가 코앞인 데다 대다수는 걸어서 등교를 할 텐데 물 튀기면서 데려다 주는 것도 모양새가 영 이상할 것 같고 귀찮아서도 그렇다. 엄마의 이 귀차니즘으로 인해 우리 민기가 피해가 이만저만이 아니다. 물론, 아이는 스스로 자기 할 일은 자기가 할 줄 알아야 한다는 얄팍한 소신을 앞세우며 민기에게 많은 짐을 지우고도 있다. 둘째임에도 불구하고 아저씨 같은 포스가 불쑥불쑥 나타나기도 한다. 이제는 엄마한테 잔소리도 제법 하고 바른말도 제법 해서 가끔씩 당황스럽기도 하다. 엄마는 점점 생각의 폭이 줄어들기만 하는데 점점 어른스러워지는 민기가 대견기도 하지만 "저거저거저거 쯤 있으면 문 닫고 들어가서 말도 안 하는 거 아니야?"라는 걱정도 해 본다. 오늘도 어김없이 학교에서 있었던 일, 누나에게 질세라 쫑알쫑알 따라다니면서 얘기해 주는 민기에게 귀를 쫑긋쫑긋 세우고 경청해야겠다. 이렇게 민기 관심 받을 날도 얼마 안 남았으니…….

♣ 민기 어머니! 잘하셨어요. 학교 가까운데 그 정도쯤이야 당연히 걸어 다녀야죠. 비 오는 날 우산 쓰고 걸어 다니는 경험도 소중하거든요. 차 타고 다니면 못 보고 못 느낄 여러 가지 것들……. 민기는 학교에서 있었던 일을 집에 와서 이야기하는군요. 학교에서 있었던 일을 알고 싶어서 물어 봐도 통 말하지 않아 속상하다는 부모님들이 계셨는데……. 민기 이야기할 때 잘 들어 주시고 잘 받아 주세요.

6월 24일(금)
달팽이를 키우고 싶다

> 진우현

날씨: 비 오는 날
형아 집에서 잔 날

　밤에 형아 집에서 잤다. 숙제하고 게임한다고 했다. 나는 모르는 것이 있을 때 형아한테 물어보았다. 형아가 알기 쉽게 말해 주었다. 빨리 해서 게임을 했다. 기분 좋았다.

　✭ 역시 형이 있어서 도움 받으니 좋구나.

> 진우현 어머니

　안녕하세요. 진우현 엄마 함지영입니다. 우현이 덕분에 오랜만에 글도 써 보네요. 비가 많이 안 와서 주말농장으로 빌려 놓은 밭의 야채들이 시들시들해 걱정이 많았는데 어제 오늘, 너무 넘치게 비가 와 주네요. 언제나 적절히 딱 알맞을 만큼 얻기는 정말 힘든가 봐요. 비가 안 와도, 비가 너무 와도 걱정거리가 되네요.

작년에 우현이가 일본에서 초등학교 입학했을 땐 한국에서 우현일 키우게 될 거라는 생각은 못 해 봤어요. 거기서 태어나서 유치원도 다니고, 저희 가족 모두 일본 영주권도 받고 사업도 그곳에서 해서 큰 이변이 없는 한 초등, 중등, 고등학교는 그곳에서 보낼 거란 생각을 했었는데……. 유치원이랑은 달리 초등학교는 우리 우현이에게 불리한 상황이 많이 생기더라고요. 아빠 엄마도 모두 한국 사람이라 아이에게 완전한 일본 문화를 느끼게 해 주지도 못하고, 그렇다고 완전한 한국 사람도 아니고……. 아이의 정체성에 혼란이 생기고……. 저도 본인 나라에서 당연하게 누려야 할 정서와 환경을 제가, 아니 저희가 아이의 의견에 관계없이 차단시키는 것 같아서 힘들지만 아빠랑 떨어져 살아도 한국에서 학교를 다니게 할 결심을 했답니다. 첨엔 한글도 전혀 모르고, 다른 친구들보다 모르는 게 많아 책 한 권 모두 읽어 주는 것만으로도 기뻐했는데, 요즘은 다른 친구들과 큰 차이 안 나게 열심히 학교생활을 해 주는 우리 우현이가 너무 대견스럽고 감사하네요. 더군다나 올 초에 일본에 큰 지진이 있고 나서는 아이를 데리고 한국으로 들어온 저희를 일본 친구들은 모두 부러워하고요. 앞으로 아이에게 더 많은 여행을 시켜 주고 많은 사람을 만나게 해 주고 많은 책을 읽게 해 주고 싶어요. 아직까진 일본 책도 읽고 일본 영화도 저와 함께 보기도 해서 다행이지만, 점점 언어를 잊지 않도록 많이 돌봐 주고 싶네요. 아빠랑 떨어져 있는 시간을 우현이가 커서 '그래도 엄마 아빠가 나를 위해 최선의 선택을 했었다'고 생각할 수 있게 저희 부부 열심히 노력하려고요. 후회하지 않을 만큼 순간순간 우현일 사랑하면서 열심히 살겠습니다. 그래서 학교생활은 선생님만 믿고 맡기겠습니다. 엄마보다 선생님을 무서워하는 게 아직까진 참 다행이에요.

항상 따뜻하고 강인한 담임 선생님으로 아이 곁에 있어 주세요. 감사하고 감사합니다. 너무 기네요~

♣ 우현 어머니! 여러 가지 어려운 선택의 갈림길에서 나름 최선이라 여기는 지점을 택하셨으리라 믿어요. 아이들은 스폰지처럼 쑥쑥 금방 빨아들이지요. 다행이네요. 우현이가 금방 적응을 하고 또 다른 아이 못지않게 잘해 나가는 모습이 대견스러울 것 같아요. 지금의 우리 아이들에게 꼭 필요한 것은 돌봄의 손길에서 책을 읽게 하고 여행을 함께하고 세상의 경험을 두루 하게 하는 것, 그것이지 싶어요. 우현 어머니 바람처럼요.

임하진

날씨: 장맛비가 주룩주룩 내린다.
모둠일기

나는 처음으로 모둠일기에 일기를 쓴다. 월요일 날은 수진이, 화요일은 유빈이, 수요일은 지혜, 목요일은 유건, 금요일은 나다. 맨 마지막이지만 하루마다 기다리고 기다리니 내 차례. 근데 오늘 내가 쓰는 날이니 내가 왠지 마지막이 아닌 것 같다. 왜냐면 내가 첫 번째고 다음 사람이 두 번째고 그다음 사람이 세 번째인 것 같다. 그리고 나는 너무 좋다.

친구들의 일기도 볼 수 있고 내 일기도 보여 줄 수 있어 너무 좋다. 그리고 빨리빨리 다음에도 내 차례가 빨리 오면 정말정말 좋겠다.

임하진 어머니

학교에서 모둠일기를 쓰는데 금요일이 자기 차례이니 엄마가 일기 써 줘야 한다고 "써 줄 거지? 응?" 몇 번이나 되묻고 확인하는 하진이. "알았으니까 걱정하지 말고 가서 너 할 일 해!"라고 말했는데, 막상 순서가 되고 쓰려고 하니 뭘 어떻게 써야 할지 부담스럽다. 일기라.

일단 나의 일상은 세 아이들 때문에 조용할 날이 없는 듯하다. 원래 나는 조용히 내게 주어진 일 하는 걸 좋아하는데……. 아이가 셋이다 보니 어쩔 수 없음에도 불구하고 포기가 안 되는지 조용한 내 시간을 꿈꾼다. 그나마 큰아이가 내 성격을 닮아서인지 엄마를 배려해서인지 그나마 조용한 편이다. 퇴근하자마자 아이들은 내게 할 말이 많은 탓에 현관문을 열자마자 주르륵 달려와 한쪽에선 내 옷을 부여잡고 "엄마, 언니가~" 또 한쪽에선 "엄마, 있잖아요~" 그리고 뒤에서 또 한 명이 내 뒤를 툭툭 치며 "엄마~ 엄마." 에휴, 생각만 해도 정신이 없다.

"그래, 알았어. 알았어. 일단 조용히 좀 하고. 엄마 옷부터 갈아입고 한 사람씩 얘기해!"

그래도 끝까지 따라 들어와 쫑알쫑알 할 말 다 하는 하진이. 그런 모습에 웃음이 나오다가도 너무 시끄럽단 생각에 "좀 조용히 해! 나중에 시간 준다고 했잖아." 또 큰소리를 냈다. 맘 상한 하진이가 보란 듯이 문을 쾅 닫으며 방으로 들어가고, 난 일단 시끄러운 소리에서 벗어나 저녁 준비를 하며 큰아이가 수련회 다녀온 이야기를 들어 주고 궁금했던 일도 물어보고 막내가 학교에서 친구랑 싸운 일, 선생님께 야단맞은 일, 누나들과 놀던 일 등등 얘기를 하다 보니 하진이가 문을 살짝 열고 나를 살폈다. 문을 쾅 닫는 걸 싫어하는 걸 알기 때문에 저도 맘이 상해 그러다가도 미안한 생각이 들어서일까? 그 모습이 귀여워 또 한번 웃음이 났다. 내 웃음에 맘이 놓였는지 저도 나와 친구들과 있었던 일들을 한참 얘기하더니 또 모둠일기가 생각났다. 일기장을 가지고 와서 보여 주며 "엄마, 이거. 이게 우리 모둠일기장인데 제목이 '달과 별'이야. 내가 여기 쓰면 엄마가 다음 장에 써 주면 돼."

이렇게 한바탕 이야기를 끝내고 나니 저녁을 먹으면서 또다시 시끄러워졌다. "이거 내 꺼야!" "싫어, 내가 먹을 거야." "왜 누나 먼저 주는데!" 또 한번 "조용히 하고 밥 먹어!" 소리쳐야 했다. 그래도 아이들은 내 말에 아랑곳 않고 자기들의 주장을 펼치며 밥이 입으로 들어가는지 코로 들어가는지 정신없이 저녁을 먹었다. 그리고 아이들은 얼마 후에 있을 기말고사 준비로 큰 상을 하나 펼쳐서 셋이 앉아 공부를 하고 나는 설거지와 청소를 했다. 그 와중에도 아이들은 모르는 문제를 알려 달라고 하면서 하진이는 "왜 언니 먼저 가르쳐 주는데……." 막내는 "나는 왜 빨리 안 가르쳐 주는데……." 찡얼거리며 나를 정신없게 만들었다. 그뿐만이 아니다. 우리 집은 컴퓨터할 때도 텔레비전 볼 때도 서로 의견이 달라 싸우고 가위바위보로 순서를 정해야 한다. 그렇게 시간은 흘러가고 아이들은 잠자리에 들었다.

이제야 조용해진 내 시간. 아이들이 학교에서 단체로 야단맞은 이야기를 할 때마다 생각하는 것이지만 '난 내 자식인 이 세 아이를 데리고도 이렇게 정신이 없는데 그렇게 많은 아이들과 생활하시는 선생님들은 얼마나 힘드실까?' 이렇게 정신없고 힘들어도 그 아이들 때문에 웃을 일도 많고 희망도 배가 되는 거라며 얘기해 주시는 분들의 말에 나는 위안을 받는다. 선생님! 많이 힘드시죠? 선생님의 마음을 조금이나마 이해하는 저의 마음으로 위안이 되셨으면 좋겠네요.

✤ 아, 하진 어머니! 눈앞에 그려져요. 서빈이, 하진이, 서진이 셋이 엄마 손길, 눈길을 기다리며 달라붙어 어찌해 보려 하고 엄마는 정신없이 바빠 허둥대면서도 하나하나 일 처리해 가는. 얼마나 힘드실까요? 집안일에, 직장 일에, 엄마 노릇에……. 대체 하진 엄마, 아니 이 땅의 모든 엄마들이 숨통을 트며 자신만의 시간을 잠시라도 가지며 살 수 있는 때가 언제쯤일는지.

권오현

날씨: 아이고, 비 온다.
내 생일

나는 내 생일이 얼마 남은지도 몰랐다. 오늘이 6월 24일, 내일이 25일 내 생일이다. 엄마는 생일 선물이 없다고 한다. 얼마나 기다린 생일인데 앞날이 깜깜하다. 아빠만의 돈으로도 충분하다. 아빠는 툭하면 나한테 승질을 낸다. 나는 운이 없다. 할머니는 나와 사이가 좋은데 엄마는 혼만 내고 울게 만든다. 생일 선물을 나는 받고 싶다. 엄마와 아빠는 싫고 할머니는 좋다.

권오현 어머니

비가 많이 내리는 날이다. 아침부터 오후에 있을 수업 준비에, 또 교회 행사 일에 분주하다. 오늘은 춘천에 수업이 있는 날이라 운전하고 가는 일이 더 신경이 쓰인다. 11시쯤 교회에서 생일잔치 준비와 여름 성경학교 준비를 하면서 같이 봉사하는 집사님들과 즐거운 시간을 가졌다. 오늘처럼 비 오는 날에 칼국수를 맛나게 먹고 춘천으로 가는 중에 오현이에게 전화가 왔다. 내일이 생일이라 친구들이 내일은 못 와서 오늘 미리 왔다는 것이다. 순간 당황스러웠다. 집에 먹을거리가 똑 떨어졌기 때문이다. "녀석, 미리 얘기 좀 해 줄 것이지……." 하필 이럴 때 먹을 것이 없다니……. 오현이에게 순간 미안한 마음이 들었지만 시간에 쫓기다 보니 그냥 춘천으로 향하는 수밖에 없었다. 오현이와 합의를 보고 춘천으로 향하는 차 속에서 많은 생각이 떠올랐다. 이제 제법 컸다고 엄마를 이해해 주고 자신의 일을 조금씩 잘해 가는 아이들이 고맙게 느껴졌다. "어느새 이렇게 컸구나." 기특한 녀석들…….

아이들에게 고맙고 감사한 마음이 생겼다. 이대로 잘 커 주었으면 좋겠다. 오현아. 너의 모습을 볼 때마다 기특하고 대견스럽고……. 때론 너무 떼쓰고 고집 피울 때도 있지만……. 그래도 너의 모습 하나하나 사랑스럽다. 사랑한다, 우리 오현이!

✤ 오현 어머니! 오현이가 생일을 무척이나 많이, 손꼽아, 애타게 기다려 왔어요. 다행히(?) 자전거를 선물로 받아서 기분이 좋은 거 같아요. 아이들 커 가는 모습을 보면 기특하고 대견스럽지요? 부모들의 기쁨인 듯합니다.

> 김근구

날씨: 장마가 온다.
처음 하는 모둠일기

처음으로 모둠일기를 한다. 모둠일기는 내가 쓸 차례다. 월요일은 손연호, 화요일은 경훈이, 수요일은 민지, 목요일은 나, 금요일은 유정이다. 모둠일기를 쓰니 친구들의 일기를 볼 수 있어서 기분이 좋다.

> 김근구 어머니

날씨: 장맛비가 오락가락하며 내리지만 시원하지 않아 선풍기가 하루 종일
     일하던 날
근구

근구가 발가락을 다쳐 반 깁스를 한 지 며칠 되었다. 아침 학교 갈 때 가방을 2층 복도까지 가져다주고 점심 먹기 바쁘게 근구를 데리러 간다. 그런데 끝나면 1층 복도에서 기다리라고 이야기했는데 근구가 어디에도 없었다. 여기저기를 맘 졸이며 찾았고 유건이를 만났다. 건이 말이 아까 집으로 갔단다. 우리 근구는 혼자서 집으로 갔고, 난 헐레벌떡 비를 헤치며 집으로 뛰었다. 다행히 2층 할머니 댁에서 젖은 머리를 수건으로 닦으며 간식을 기다리고 있었다. 혼자 절뚝이며 왔을 근구가 안쓰러웠지만 내 맘속엔 기다리라고 이야기한 것을 귀담아듣지 않은 근구가 괘씸했다. 간식을 먹으며 즐겁게 웃고 있는 근구의 모습을 보고 다시 한번 만나기로 한 장소에서 기다릴 것을 다짐 받고 내 맘을 돌렸다. 오늘은 바

쁘고 맘속도 어지러운 하루였다.

✤ 근구 어머니께! 길이 서로 어긋났군요. 다행히 근구가 할머니 댁에 가서 있었으니 마음이 놓이셨겠어요. 비 오는데 다리도 불편했을 근구가 힘들었지 싶어요. 그래도 아무렇지 않게 할머니 댁에 있는 근구 모습 보니 반가우셨지요?
✿ 경훈 엄마예요. 근구 다리는 괜찮아졌나요? 근구가 힘들 텐데도 잘 견디네요. 저하고 경훈이하고도 이상하게 길이 빗나간 적이 참 많아요. 짜식들, 엄마 속을 어떻게 알겠어요.

엄재민

날씨: 계속 바람 불고 비가 내림
벽에 붙은 달팽이

내 방 베란다에 달팽이가 붙어 있다. 엄마는 자꾸 쓰레기라고 하셨는데 자세히 보시더니 놀라셨다. 이번에 거북이 말고 달팽이도 키우자고 했다. 아빠랑 잡아 오기로 한 건데 엄마가 싫어하신다. 먹어도 상추밖에 안 먹는데. 달팽이는 왜 비를 좋아할까 궁금하다. 달팽이를 키우고 싶다.

엄재민 어머니

티브이에서 장마라더니 아침부터 계속 비가 내린다. 얼마 만에 써 보는 일기인지~ 맨날 가계부랑 할 일 등만 놓칠세라 쓰곤 했는데 모둠일기 덕에 생각하는 시간을 갖게 되었다. 금요일이라 회사 일, 이사, 아이들 일로 괜히 쫓기며 보내느라 둘째 올 시간에 겨우 마쳐서 급히 집에 와 보니 재민이가 나에게 전화도 않고 동생을 마중 나와 있었다. 동생 우산까지 챙겨서 또 감동의 물결~ 아가씨랑 또 재민이 자랑 겸 한참을 통화했다. 내 맘속엔 항상 학교생활이 염려가 많이 되는데 요즘은 형아, 동생이 잘도 칭찬받을 행동을 한다. 우리 강아지들 넘 고마워요. 그리고 아까 엄마가 소리 질러서 미안~

내일은 즐거운 토요일, 동생네가 놀러 온다. 조카와 우리 아이들이 또 얼마나 즐거울지 기대된다.

✦ 재민 어머니! 아이들은 믿는 만큼 그 역할을, 아니 그 이상을 해내는 것 같아요. 재민이가 동생 정말 잘 챙겨 주고 이해하는 마음도 넓은 것 같아요. 참 듬직하고 대견하겠어요. 역시나 사촌들과 재미있는 시간을 보냈더라구요(재민 일기에). 부모들은 아이들에게 자리만 마련해 주면 되지 싶어요.

6월 25일(토)
사랑한다, 내 동생!

최은총

날씨: 장마
조개

오늘 엄마가 맛있는 조개를 사 왔다. 나는 너무 기뻐서 환호성을 질렀다. 그리고 엄마가 조개를 구워 주셨다. 그리고 엄마, 누나, 내가 조개를 먹었다. 난 너무 맛있었다. 난 또 먹고 싶다.

최은총 누나

아침에 일어나서 은총이가 나한테 내민 처음 보는 공책 한 권……. 무엇인지 물어보니 자기네 반 모둠일기라고 한다. 일기 안 쓴 지 진짜 오래됐는데 나보고 쓰라니……. 에궁~ 누난 어떻게 써야 되는지도 잘 모르는데! 빨리 쓰라고 재촉 좀 하지 마. 여러 사람이 써서 어떻게 해야 될지 모르겠단 말이야! 엄마한테 물어보니 너에게 하고 싶은 말 쓰는 거래. 진작 좀 알려 주지. 누나가 힘들게 고민했잖아. 담엔 잘 알려 줬으면 해.

은총아, 누나는 은총이가 써 주는 편지를 받아 봤어. 그땐 정말 고맙고 예뻐 보였지. 근데 편지 내용이 "누나, 내 사과 왜 안 받아 줘?"라고 했지. 누나가 그만한 이유가 있어서 그런 거야. 그리고 받아 줄 땐 받아 주잖아. 안 그래? 누나는 그렇게 생각해. 은총이도 좀 더 생각해서 말해 줬으면 해. 그렇다고 은총이가 잘못한 것도 아니야. 그러니까 너무 기죽지 말고 누나가 말은 이렇게 해도 은총이 엄청 많이 사랑해. 알지? 사랑한다, 내 동생 최은총!

✤ 은총이 누나가 모둠일기를 썼네. 은총이가 누나에게 바라는 것은 은총이랑 잘 놀아 달라는 것, 사과하면 곧 받아 달라는 것. 그런 것들이야. 은총이가 마음이 많이 여리잖아. 눈물도 많고. 누나가 은총이 마음 잘 헤아려 주면 좋겠어. 누나는 몇 학년? 이름은?

채유정

날씨: 흐리고 비 온다.
피아노에서 칭찬받았다

오늘 피아노 학원에서 플루트를 했는데 자리만 배우고 그래서 불어서 소리가 많이 좋았다. 선생님께서 플루트 잘한다고 하셨다. 나는 좋았다. 플루트 조금 힘들지만 계속하니까 쉽다. 계속하니까 재미있다.

> 채유정 어머니

날씨: 그냥 있어도 자꾸 눈물이 나오는 날씨
유정아, 미안해 그리고 사랑해

엄마가 우리 유정이 첫아이라서인지 기대감이 너무너무 커서인지 유정이가 조금만 실수하고 공부하는 데 집중하지 않고, 물어보면 "몰라." 하고 생각조차 하지 않고 말을 들으면, 이상하게 엄마가 감정을 조절 못하고 예쁜 유정이한테 지나치게 화내면서 소리를 크게 내는데 정말 미안해! 엄마가 예쁜 우리 딸에게 그러지 말자 생각을 하는데 이상하게도 공부하는 시간에만 그렇게 엄마의 모습이 변하는지 정말 미안해. 그렇지만 예쁜 우리 딸도 조금만 더 집중 좀 하고 생각하면서 말해 줬으면 해. 엄마도 예쁜 우리 딸한테 화 안 내고 좋은 엄마가 되도록 열심히 노력하고 유정한테도 더 신경을 쓸게.

－예쁜 우리 딸 유정을 사랑하는 엄마가 미안한 마음을 전하는 글

✤ 유정 어머니! 유정이한테 그렇게 대하셨군요. 그래도 유정인 잘 참아 내면서 착하게 견디어 온 듯합니다. 교육은 '기다림'이래요. 다그치지 말고 지금 당장 변화를 확인하려 들지 말고 믿어 주고 기다려 주면 어느 사이에 아이들은 제 빛을 발하더라구요. 사랑하는 우리 아이들에게 든든한 버팀목이 되어 주는 우리 어른들이 되었으면 좋겠어요.

✿ 경훈 엄마예요. 저도 경훈이한테 항상 미안해해요. 혼내고 나서 나중에 사랑한다고 얘기한답니다. 변덕쟁이 엄마를 경훈이가 용서해 주는 것 같아요. 저도 기다림으로 우리 아들을 바라보려구요. 든든한 엄마가 되도록 노력할 거예요.

6월 27일(월)
어른들이라고 다 옳겠니

박지현

날씨: 바람 불어 날아간다.
필통이 없어졌다

오늘 막 필통을 찾았다. 그림을 그릴려고 그랬는데 없어졌다. 그래서 내 방을 그냥 다 뒤져 봤다. 그런데도 없어서 엄마한테 계속 물어보았다. "엄마, 필통 어디에 있어?" 엄마가 하는 말, "모르지! 니 꺼니까 니가 찾아야지?" 하면서 계속계속 엄마는 컴만 하고 있다. 그래서 일기는 어떻게 썼냐면 집에 굴러다니는 지우개, 연필로 썼다. 근데 필통을 못 찾았다. 그런데 동생이 "크크~" 하고 키득거리면서 웃었다. 나는 화가 났다. 그래서 "야. 너 내 필통 어디다 놨어?" 하면서 막 그랬더니 동생이 "거실에 있어." 하고 말하였다. 그래서 겨우겨우 필통을 찾았다. 내가 "휴~ 다행이다~ 영영 못 찾는 줄 알았네." 하고 말했다.

> 박지현 어머니

오늘 아침은 바람이 무지 차가웠어요. 그래서 아이들을 긴팔, 긴 바지를 입혀서 보내고 저의 일과를 시작했습니다.

비가 오니 앞집 아주머니와 또 4층 아주머니와 함께 따뜻한 설탕커피와 어젯밤에 처음 시도해 본 약밥도 곁들이며, 무진장 수다를 떨었답니다. 하하하……. 처음 만든 약밥도 자랑할 겸 차 한잔을 하며, 여자 셋만 모여도 접시 깨진다고, 저흰 이런저런 얘기를 하다 보니 아줌마들 공통 화제인 시댁 식구들, 살짝 귀가 가려울 정도 '흉'이죠 뭐…….

비가 와서 아이들 올 시간에 맞춰서 우산도 가지고 가고, 오늘 하루는 청소, 빨래도 하기 싫은 하루였어요. 낮잠을 지현이와 한숨 자고, 작은 아이가 어린이집에서 돌아와 소화가 안 된다기에 소아과에 갔는데, 장이 좀 안 좋다고 해서 엑스레이를 찍었더니, 아이 배 속에 역시나 헉 '거시기'가 꽉 차서, 욱~ 간호사 언니 관장약 한번 쏴 주시고~ 그러다 보니 6시가 넘었네요. 오늘 일과를 썼네요. 지금 거실에서 기특하게 지현이가 동생 병영이에게 책 읽어 주는 소리가 들리는데, 벌써 이렇게 많이 컸구나. 대견하고 기특한 우리 딸기 공주 지현아~ "사랑해!"

아 참, 선생님 제가 남푠에게 '여봉봉'이라고 부르는 것은 저만의 호칭이랍니당~ 아직 신혼이고 싶은 것이죠 뭐~ 아, 그리고 하늘이 어머님, 감사합니다. 저도 지현이가 하늘이랑 사이좋게 지내는 걸 보니 너무 사랑스럽고 이쁘고 너무 좋아요. 학교에서 지현이 친구들이 먼저 절 보면 "지현이 엄마다!" "안녕하세요." 인사한답니다. 기분이 좋아요. 하늘이 어머님, 정말 날씨가 좋아지고 그러면 진짜루 차 한잔하실 거죠?

전 너무 좋답니다. 저도 고향이 서울이라 원주에서 7년이란 시간이 지났어도 항상 친구, 언니, 모두모두 그립습니다. 좋은 학부모님들 만나게 돼서 너무너무 좋아요.

✹ 지현 어머니! 비 오는 날 이웃끼리 둘러앉아 맛난 것도 먹고 이야기도 나누는 시간을 가질 수 있다니 부럽네요. 아이들 마치는 시간에 우산도 갖다 주는 엄마, 아이들이 참 행복할 것 같아요. 아이들에게 좋은 엄마이고 싶고 남편과도 신혼처럼 살고 싶은 지현 어머니! 밝은 기운 느껴져서 참 좋습니다.

정수진

날씨: 비가 똑똑, 해가 쨍쨍

철봉 돌기

쉬는 시간에 철봉 놀이를 했다. 친구들과 나는 운동장으로 뛰어나갔다. 난 2등 했다. 그런데 지현이가 자기 키보다 2배 큰 곳에서 도는데 지현이 발이 땅에 닿지 않아서 한 번에 돌아서 팔이 아파 보였다. 그래서 지현이에게 물어보니, "아, 하나도 안 아파. 너도 해 봐." 그래서 나도 했다. 그런데 조금 아파서 두 번 하고 말았더니, 이번엔 유나가 자기 키랑 같은 철봉에서 버그를 써서 돌았다. 그래서 나도 버그 써서 여섯 번이나 돌았더니 어지러웠다. 하마터면 살짝 큰 개미를 밟을 뻔했다. 또 박쥐처럼 손을 아예 놓고 다리(종아리) 힘으로만 버티는 박쥐놀이도 했다. 정말 재밌었다.

✤ 아악, 여섯 번이나! 머리가 어질어질. 철봉에서 내려올 때 조심해.

정수진 아버지

모둠일기를 쓰란다. 태풍 메아리도 다 지나갔다고 하는데 웬 벼락인감! 학교 다닐 적 내 숙제보다 좀 더 신경 쓰인다. 오늘은 수진이를 한 대 때리고 두 대 맞고 헤드록 한 번 누르기 한 번 가하고 코알라처럼 매달리기 한 번 당했다. 우리는 이렇게 놀며 산다. 대개는 내가 손해를 본다. 덩치가 크기 때문.

9시 넘어 수진 언니를 데리러 우리 모두는 횡단보도를 건너고 있었다. 갑자기 자가용 한 대가 급하게 섰다. 사람들이 횡단보도를 건너도 잘 서 주질 않는다. 화가 난다. 한마디 하고 싶은데 꾹 참는다. 아이가 옆에 있어 참는다. 가능하면 싸우는 모습을 보여 주기 싫어 참는다. 덕분에 마음의 수양을 하는 건지. 며칠 전에는 아이를 빌미로 돈을 빼 간다는 이상한 전화를 받은 적이 있다. 의연하게 대처를 했지만 기분은 좋지 않았다. 모두들 조심하길 바라며.

어제보다 좀 더 나은 오늘을 바란다면 욕심일까? 어제와 같은 오늘. 어제와 같은 오늘. 그렇게 늘 건강한 우리 모두의 자식들이기를 바라며.

덧붙임: 간만에 쓰는 글이라 꽤나 많이 지웠다 썼다 합니다.

✤ 수진이 아버지도 참여해 주셨네요. 고맙습니다. 아, 덕분에 제가 이런 호사(부모님 글을 볼 수 있는 영광)를 누리며 삽니다. 수진이랑 장난치며 노는 모습이 참 정겹게 느껴지네요. 요즘 아빠들은 정말 아이들하고 잘 놀

아 주는 분들이 많네요. 수진이의 활짝 웃는 모습. 아빠랑 함께 있을 땐 늘 그렇겠지요?

손연호

날씨: 비가 계속 와서 해가 그리워.

컴교실 학부모 공개수업

컴교실 학부모 공개수업을 했다. 엄마가 있으니까, 두근두근거려서 타자를 빨리 쳤더니, 3등을 했다. 어른들이 별로 오지 않았다. 우리 엄마와 어떤 키 큰 아저씨가 왔다. 엄마가 컴교실에 오면 좋으니까 매일 컴교실 학부모 공개수업을 하면 좋겠다.

손연호 어머니

날씨: 바람이 긴 옷을 입게 하네.

밤 산책

밤늦은 저녁밥을 먹고 아무것도 못 하고 앉아 있는 나에게 남편이 밖에 나가 산책하고 커피도 한잔하잔다. 잠시 피곤함을 핑계로 망설이다가 따뚜공연장까지 걸어갔다 와서 늦게 일기를 쓴다.

요즘 부쩍 마음 힘들어하는 남편의 손을 슬쩍 잡으니 속내를 조금 말하기도 한다. 자신감 없는 남편의 마음의 병이 이내 안쓰러워 한번 더 손을 잡아 본다. 내 기분이 살짝 좋아진 것처럼 남편도 좀 나아진 듯하다.

이런 데이트 시간을 종종 가져 봐야겠다. 어느덧 큰 연호는 일기 쓴다며 따라나서질 않는다. 항상 아기일 것 같던 아들이 이젠 제법 의젓함도 보인다. 큰 기대 없이 이렇게 작은 가정사에서 큰 행복 느끼며 살아 보자.

✤ 연호 어머니! 참 좋네요. 늦은 저녁을 먹고 두 분이 여유 있게 산책하면서 이 얘기 저 얘기 나누고……. 삶의 여유와 따스함이 느껴져요. 일상의 작은 행복 같은 이런 소중한 시간들. 놓치지 말고 누렸으면 합니다. 연호는 엄마 아빠 데이트에 눈치껏 빠져 준 게 아닌가 싶네요. 훗!

✿ 경훈 엄마예요. 너무나 부러운 데이트를 하셨네요. 저희 가족은 요즘은 제각각이에요. 애들은 애들끼리 놀고 아빠는 아빠대로 엄마는 엄마대로 지냅니다. 저는 저녁 근무라 아침에만 애들을 만났거든요. 밤에는 애들이 자고 있으니 아침에 만나서 "잘 잤니?" 인사해요. 신랑하고 5분 이상 대화해 보지도 못했구요. 같이 살면서 제각각 보내는 우리 가족이 어느 땐 불쌍해요. 저도 일상의 작은 곳에서 큰 행복을 느끼도록 부지런히 움직여 보고 하려구요. 우리 파이팅해요!

백요한

날씨: 비
자전거

오늘은 자전거 타도 된다. 난 기뻤다. 난 난리났다. 스피드도 빠르게 움직였다. 자전거 키를 들고 재빨리 자전거를 탔다. 갈 때는 좋다. 바람이 세서 그렇다. 오늘은 기뻤다.

백요한 아버지

날씨: 비

한국어 배우기

요한아, 아빠가 중국 사람인데 지금 한국어 공부를 해요. 한국말도 잘 못 하고 글도 잘 못 쓰지만 그런데 열심히 공부해요. 요한도 아빠 공부하는 모습 봐서 공부도 열심히 해!

아빠는 중국에 있을 때 한국에 가면 돈을 많이 벌 수 있다는 이야기를 들었어요. 정작 한국에 와 보니 돈 벌기가 쉽지 않네요. 학력도 경력도 살아온 환경도 중국에 있을 때와는 다르지요. 특별히 한국말 잘되지 않아 요한이 물어보는 말에 대답을 못 해 주었고, 해 주고 싶은 말이 있어도 단어가 입에서만 뱅뱅 맴돌았어요.

요한아! 아빠가 부끄럽지 않은 자랑스러운 아빠가 되고 싶어요. 그래서 아빠가 열심히 한국어를 배워요. 요한은 아빠와 엄마의 꿈이자 희망예요. 사랑하는 나의 아들 요한! 요한아, 밥도 좀 빨리 먹고 건강히 커요. 아빠가 한국어로 일기 잘 못 쓰다. 그래도 용기를 내서 일기 쓰다.

–아빠 김호화

★ 요한 아빠! 좋은 글, 솔직한 마음이 담긴 글 고맙습니다. 이렇게 한글을 잘 쓰시는 걸 보니 한국 사람 다 되셨네요. 글을 이 정도로 쓰시면 말은 훨씬 더 잘하시겠어요. 요한이가 아빠의 모습을 자랑스러워할 것 같아요. 요한이는 중국말, 한국말 둘 다 잘할 수 있는 좋은 점을 갖고 있어 좋겠어요. 열심히 사시는 요한 아빠에게 손뼉을 쳐 드립니다.

| 박가누 |

날씨: 흐리고 비가 조금 오고 바람이 많이 불었다.

모둠일기

오늘은 내가 모둠일기를 써야 한다. 나는 모둠일기가 좋기도 하고 싫기도 하다. 왜냐하면 저번 주에는 쓰고 싶었는데 오늘은 쓰기 싫어서. 그래도 모둠일기는 써야 되니까 오늘도 쓰고 있는 것이다.

✦ 모둠일기든 그냥 일기든 늘 하루에 한 번은 쓰는 거지, 모둠일기라고 특별할 건 없지 않니?

| 박가누 아버지 |

날씨: 흐림 그리고 가끔 가랑비 내림

처음 가누 담임 선생님과 어머님들 뵌 날, 그리고 모둠일기

이 주 전(6월 18일) 토요일, 책상 치우는 일 등 남자가 할 일이 있을 거라며 가누 반 청소를 하러 가잔다. 순간 머릿속에 많은 생각이 교차함을 느꼈다. 아빠가 학교 청소를? 와이프가 임신해서 일을 잘 못 할 거니까 그래, 아빠가 같이 가서 도와주자. 거기까진 좋은데……. 쑥스럽다. 선생님과 어머님들 뵙기가. 첫 만남의 어색함을 어떻게 극복하지? 이런저런 혼란한 마음과는 달리 급히 학교로 향하는 나를 발견하고 교실에 다다랐을 때, 벌써 여러 어머님께서 열심히 청소를 하고 계셨다. 아뿔싸,

늦었다. 어떤 일을 먼저 해야 하지? 정신이 멍했다. 그냥 보이는 대로, 닥치는 대로 해 보자. 그런데 내가 선생님과 어머님들께 제대로 인사는 했나? 복잡한 마음으로 허둥지둥 돕다가 청소가 거의 끝나 갈 즈음에야 마음의 평정을 찾을 수 있었다.

휴! 이제야 선생님의 얼굴도, 어머님들의 얼굴도 볼 수 있는 여유가 생겼는데 청소는 그렇게 끝나 가고 있었다.

청소를 마친 후, 교실에 모여 앉아 어머님들이 간단한 다과회를 가지며 아이들 이야기로 대화의 장을 열었고, 선생님께서 삼척 정라초등학교 재직 시에 하셨던 모둠일기 쓰기를 제안하셨고, 오늘 오신 어머님뿐만 아니라 바쁜 일로 미처 참석하지 못한 부모님들의 동의를 얻어 결정하기로 하셨다. 20여 년의 교직 생활로 다져진 선생님의 깊은 포스(?)와 내 아이만이 아니라 우리들 아이들을 위해 봉사하신다는 어머님들의 마음을 느낄 수 있었던 첫 만남이었다.

올 초까지 우리 부부가 맞벌이를 한다는 이유로 너무 학교에 벽을 쌓고 관심을 덜 두었던 것이 아닌지 반성한다. 괜스레 학급 청소 갔던 글을 써서 바빠서서 오고 싶어도 못 오셨던 다른 부모님들께 폐를 끼쳐 드린 것은 아닌지 조심스럽게 마음에 진심을 담아 내 생각을 전하며 첫 번째 모둠일기를 마감하려 한다.

앞으로도 기회가 되어 학교에 간다면 가누뿐만이 아니라 우리 아이들 모두를 위하는 마음으로 기쁘게 봉사하려 합니다. 올 한 해 선생님과 학부모님들 가정에 좋은 일만 깃들길 기원합니다.

🌸 가누 아버지! 이런 글씨로 가누 엄마에게 편지 많이 쓰셨지요? 정성 가득 담긴 손 글씨를 보니 저절로 감동입니다. 아, 이런 마음으로 그날 청

소하셨구나 마음이 느껴집니다. 가누 엄마랑 두 분이 그렇게 선선히 오셔서 팔 걷어붙이고 청소하고, 차 마실 때도 정말 적극적인 모습으로 함께해 주셔서 고마웠습니다. 가누 아빠의 좋은 기운 덕분에 그날 같이한 분들 모두 기분이 좋았으리라 여깁니다. 고맙습니다. 다음에 또 뵙기를 바랍니다.

박민성

날씨: 비가 한 번 옴
휴대폰이 무섭다

휴대폰은 무섭다. 왜냐면 휴대폰을 잃어버리면 엄마 아빠한테 엄청 혼난다. 내가 경험을 해서 그렇다. 휴대폰을 들고 다니면 잃어버릴까 떨린다.

박민성 어머니

날씨: 엄마 마음에도 비

태풍이 지나도 여전히 꾸물거리는 날씨다. 이틀 전 애들 아빠가 겸사겸사 두 녀석의 휴대폰을 바꾸어 주었다. 어른아이 같은 우리 신랑……. 집에 컴퓨터, 노트북이 있음에도 나 모르게 노트북을 크게 질러 버렸다. 전자 제품만 보면 왜 그리 욕심을 부리는지, 원. 3개월이나 나를 속이고 있으면서 본인도 맘이 얼마나 무거웠을까. 이해해 주려다가도 화가 슬

그머니 솟는다. 그러니 애들 휴대폰도 핑계 삼아 두 개를 동시에 바꾸는 건 무리인 듯한데 해 줬다. 일방적인 애들 아빠의 행동에 가끔씩 가계부에 펑크가 날 때면 많이 속상하다. 그리 바꿔 달라고 노래하던 휴대폰이 생기니 민성이는 너무 행복해한다. 좋아하는 모습을 보면 조금은 이해가 되려 한다. 그치만 앞으로는 조금은 참아 주었음 하는 바람이다.

민성아! 잃어버리면 너 클 때까지는 휴대폰은 당연히 없는 거다! 어휴, 필요악인 휴대폰. 없으니 내가 불편하고 폰에만 매달려 있는 거 보니 압수하고 싶구……. 처음 바뀐 것이니까 익히느라 그런 거라 생각해 주련다. 일주일만 봐주고 계속 폰에만 매달리면 압수를 할까 한다. 괜히 바꾸게 해 줬나 싶은 후회도 밀려온다.

저녁에 민성에게 한 소리 들어서 뜨끔했다. 누나의 잘못과 민성이의 잘못을 들추어서 잘하라고 엄마 딴에는 해 준 말이었는데 지난 과거는 얘기해서는 안 된단다. 참~ 맞는 말이긴 하지만 그래도 순간 멍해졌다. 잔소리도 그때그때 하고 말자 했지만 어디 그리 되남. 민성이도 컸다고 엄마에게 그런 식으로 말대답을 할 때 '어쭈?' 하다가 피식~ 웃음이 나온다. 그래. 어른들이라고 다 옳겠니. 너희들의 시선이 바로 정답인지도 모르지. 그래~ 지난 일에는 우리 잘못에 토 달지 말자. 앞으로는 엄마도 너희도 많이 이야기하고 잘못을 인정하면서 더 좋은 시간을 만들어 나가자꾸나. 에휴~ 이쁜 놈~ 잘 잔다. 부디 학교에서 장난 많이 치지 말고 친구들과 즐거운 시간 보내길 바란다. 중요한 것! 휴대폰 잘 챙기길~ 히히히~

✤ 민성 어머니! 민성이가 휴대폰이 무섭다네요. 갖게 되어 좋은 게 아니라 잃어버리게 될까 봐 두려워하다니……. 녀석, 보기보다 소심한 건가

요? 경험도 있다고 하니까, 뭐. 아무튼 요즘 사회적으로도 최대 이슈 가운데 하나이기도 하지요. 휴대폰 사용으로 교실의 질서가 깨지고……. 부모님들의 지혜로움이 필요한 때죠. 민성 아빠 모습도 그려지네요, 후후. 다음번엔 민성 아빠 글도 한번 기대해 보겠습니다.

모둠일기, 이렇게 시작됐어요

　다섯 명이 한 모둠입니다. 일주일에 한 번씩 정해진 요일에 쓰기로 약속한 사람이 씁니다. 모둠일기 쓰는 날은 개인 일기장에는 안 쓰지요. 그 날은 모둠일기장에 아이도 쓰고 부모님도 씁니다. 6월 20일에 처음 썼어요. 한 달 쓰고 여름방학 지나 개학해서 또 한 달 썼어요.

　처음에는 부모님들과 자연스럽게 가까워지도록 노력했어요. 학부모 총회, 체육대회, 현장체험학습, 학부모 공개수업. 이런 날 놓치지 않고 미리 준비하고 계획했습니다. 학부모 총회 날짜가 잡히기 전에 부모님들께 편지를 썼어요. 나는 어떤 교사인지, 어디서 왔고 몇 살인지, 아이들과 어떻게 지내고 싶은지 부모님이 궁금해할 것은 놓치지 않고 편지에 담았지요. 고이 접어 아이마다 봉투에 넣어 보냈어요.

　역시나 총회 날 부모님들이 많이 오셨더군요. 전체 모임이 끝나고 교실에 오셨을 때 차를 준비하고 편안한 분위기에서 첫 만남이 이어지도록 자리도 신경 썼어요. 우리 반은 5시 다 되어서야 마쳤어요.

　체육대회는 어린이날 기념으로 열렸어요. 이때는 지난번 학부모 총회 때 오시지 못한 또 다른 분들을 만날 수 있는 기회였지요. 아버지들도 많이 오시고 할머니나 할아버지도 오시거든요. 운동장 층층대에 앉아 있으면서 아이들 곁에 찾아오는 부모님들과 일일이 인사 나눴어요. 혹시 지나칠까 봐 "○○야, 엄마 오셨어? 오셨으면 나 어머니께 인사시켜 주라." 하면서 말이죠. 이러다 보니 우리 반 아이들이 서른 명인데 부모님 얼굴을 거의 다 알아요. 아버지 어머니 두 분 다 아는 집도 꽤 여럿이고요. 이렇게 편하게 얼굴 익히고 아이들 문제로 이야기 나누기를 여러 번 하다 보니 모둠일기 얘기를 꺼낼 수 있게 되었어요.

 6월 어느 날, 아버지 두 분, 어머니 네 분이 교실 청소를 하러 오셨어요. 한 학기에 두 번쯤, 시간 되는 부모님들이 교실에 오셔서 미처 손이 안 닿은 구석구석을 닦아 주고 하셨거든요. 그날 요한이네 가누네는 엄마 아빠가 같이 오셨어요. 일을 마치고 둘러앉아 차 마시며 아이들 학교생활에 대해 얘기를 나누었어요. 그 자리에서 모둠일기 얘기, 아주 조심스럽게 꺼냈습니다(물론 이런 분위기라면 할 수 있겠다는 생각이 들긴 했지만요). 그런데 굉장히 긍정적으로 받아들이시는 거예요. 저를 믿어 주셨고 교육에 대한 신념과 의지를 함께 나누고 싶어 하셨어요. 흔쾌히.

 그때 얼마나 기분이 들떴는지 몰라요. 아이들과 부모님들의 동의를 얻고 제가 안내하는 글을 보내고, 그렇게 해 보기로 했어요. 물론 그 자리에 오셨던 분들이 모둠에서 첫 번째로 글을 쓰기로 하셨구요. 이렇게 시작이 된 거예요.

6월 28일(화)
오늘도 달해한테 화를 냈다

원태호

날씨: 아주아주 찜통임
맛있는 삼겹살

오늘 집에서 놀고 있는데 갑자기 엄마가 오셔서 삼겹살을 구워 주셨다. 거기서 쌈장과 버섯과 송이버섯과 파절이와 함께 먹으니 정말 맛이 있고 삼겹살이 아주 찔기지도 않아서 잘 씹혀서 아주아주 맛이 있고 밥과 상추와 쌈장이랑 찍어서 먹으니까 조금 짜기는 하지만 입에서 잘 씹히니 좋고 맛도 너무 좋다. 그래서 다음 주에도 또 먹으면 아주아주 좋겠다.

원태호 어머니

오늘은 아빠가 일기를 써야 한다고 부득부득 우기다 태호가 잠이 들었다. 그런데 아빠는 피곤하다고 나보고 쓰라는데 걱정이 밀려온다.

아침에 눈을 떴을 때 태호의 표정이 상상이 안 간다. 그래서 걱정이다. 오늘은 나도 재고 조사하느라 피곤하고 집안일은 집안일대로 밀려서 피곤하고……. 오늘은 피곤한 하루다. 낼은 다행히 쉬는 날, 아이들과 나들이라도 가려고 벼르고 있었는데, 빗방울이 뚝뚝 떨어지는 게 낼도 하루 종일 날씨가 흐릴 것 같다. 요즘 들어 아이들과 같이 보낸 시간이 별로 없어 아이들에게 항상 미안했는데……. 또 집에서 잠이나 자든지 아니면 아이들과 영화나 보러 가야겠다. 아니면 시내로 쇼핑이라도 갈까? 오늘은 정말 이야깃거리가 없다. 그래서 그만 써야겠다. 우리 태호가 이해가 간다. 일기장을 놓고 고민하는 장난꾸러기 얼굴이 떠올라 웃음만 나온다. 내가 꼭 그 짝이네. 민망……. 다음번엔 꼭 태호 아빠에게 쓰라고 해야지.

♣ 아, 태호 어머니! 태호가 무엇이든 참 열심히 하네요. 지난번 수학 때문에 잠시 힘들어했는데, 그때도 끝까지 남아서 뚜벅뚜벅 해 나가더라구요. 빨리 가는 동무들 부러워하는 법 없이 못 한 것 머리 긁어 가며 해결해 가는 모습이 기특했어요. 다음번에는 태호 아빠 글 기대할게요. 태호가 아빠 글을 무척 기다리더라구요. 저도 물론 그렇구요.

김경훈

날씨: 비가 안 와서 좋다.

물놀이

나는 물놀이가 좋다. 왜냐하면 여름에는 덥고 딱지가 많이 생겨서 물놀이가 좋고 물총으로 싸움을 하고 엄청 큰 물총으로 물총 싸움에서 1위가 되고 신나고 재미있어서 물놀이가 좋다. 나한테 있는 물총은 장착하는 게 다 부러져서 이제 해수욕장에 갈 때만 사야 된다. 해수욕장에 빨리 가고 싶다. 왜냐하면? 해수욕장 갈 때 물총을 살 수 있어서 좋다.

그리고 롯데시네마에서 썬더일레븐 거대한 물총을 보았다. 나는 해수욕장이 좋다. 왜냐하면 물놀이도 하고 모래찜질도 하고 모래성도 만들어서 해수욕장이 좋다. 이래서 나는 물놀이가 좋다.

김경훈 어머니

날씨: 태풍이 온다더니 날만 더욱 더워졌다.

엄마도 물놀이가 좋다

튜브 타고 물속에서 첨벙거리면서 놀고 싶다. 바위 위에서 다이빙도 해 보고 수박도 깨서 먹어 가면서 실컷 놀고 싶다. 겨울에는 온천에서라도 신나게 놀고 싶다. 노는 건 좋다. 특히 여름휴가는 기분만으로도 환상이다. 끝나면 지옥이지만 말이다. 애들 방학하면 바닷가나 수영장에 가야겠다. 그 전에 할 것이 있다. 바로 다이어트! 뱃살 두께만이라도 조금은 줄여야지. 밥은 포기할 수 없고 저녁 이후로 먹지 말아야겠다. 요즘엔 아줌마들도 몸매 따져서 피곤하다. 에스(S)라인은 누가 얘기를 해 가지고 정말⋯⋯. 난 비(B)라인이다. 날씬한 비가 되도록 해야지. 여하튼 시원한 물놀이를 위하여 신나는 방학을 위하여 계획을 짜야겠다. 하지만 기말고사가 있다. 공부는 어떻게 시키냐고용. 놀려고만 하니 오늘은 놀이터가 밉다. 비도 안 오고 애들은 왜 이리 많은 거냐구. 수학 시험지는 40점인데 걱정도 안 하는 저 순진한 표정. 오늘 저녁에 두고 보자. 김. 경. 훈!

✿ 경훈 어머니! 어쩜 이렇게 감동적인 모습을 보여 주셨나요. 모든 분께 일일이 답글을 달아 주시고 이렇게 서로 나누고 헤아려 주는 가운데 진정한 의사 소통이 이루어지리라 믿어요. 귀한 마음 내 주셔서 정말 고맙습니다. 아, 경훈이 정말 무대뽀 정신! 공부 좀 해야 하는데 어찌나 당당한지, 원!

이수빈

날씨: 좀 뜨겁다.
시험지

오늘 학교에서 수학 시험이랑 슬생(슬기로운 생활) 시험을 봤다. 근데 수학 시험이 조금 어려웠는데 슬생 시험은 좀 쉬웠다. 수학 시험 점수가 나왔는데 55점이었다. 슬생은 점수가 안타까웠다. 몇 번은 거꾸로 해서 너무 안타까웠다.

이수빈 어머니

며칠 내내 장맛비가 계속 내리더니 오늘은 햇살이 쨍쨍……. 정말 무더운 하루였어요. 하루 사이에 어쩜 날씨가 그리 정반대인지 놀랍더군요.

오늘 수빈이가 학교에서 수학 테스트를 받았는데……. 점수가 너무 낮아서 솔직히 실망했습니다. 제가 생각하기에는 2학년 과정은 수업 시간에 열심히 공부한 것만이라도 충분하다고 생각했거든요. 그런데 수빈이는 너무 심각한 것 같아요. 혹시 수업 시간에 딴짓을 하는 건지, 이해력이 부족한 건지 걱정이 됩니다. 매일 가정에서 조금씩만 공부시켜도 좋아질 수 있을 텐데……. 솔직히 직장생활하고 와서 수빈이 공부를 도와주기에는 시간도 부족하고 3살(20개월) 된 동생으로 인해 제대로 도와주지도 못합니다. 제 욕심처럼 공부를 하지 못하는 수빈이를 어떻게 지도해야 할까요? 선생님께서 공부 시간에 수빈이가 잘하고 있는지 가끔씩 질문해 주셨으면 좋겠습니다. 다른 아이들도 지도하시느라 힘드시겠지만 조금만 더 신경 써 주세요. 죄송하고, 고맙습니다. 수빈이가 2학기 과정을 좀 더 잘할 수 있도록 선행학습도 방학 계획에 넣어야 할 것 같네요.

무더운 날씨지만 선생님과 2학년 1반 학부모님 그리고 귀여운 울 아이들, 모두 건강하게 이 여름 잘 생활하길 바랍니다.

✤ 수빈 어머니! 이번 수학 단원이 분량이 많고 학습 수준도 아이들에겐 버거운 부분이 있어요. 수빈이만 어려워하는 게 아니에요. 뭘 모르는지 알아봐서 그 모르는 걸 다시 알아 가는 과정이 평가라고 생각해요. 점수에 너무 반응하지 마시고 이번 기회에 확실히 알면 되지요. 미리 선행학습까지 할 필요는 없지 싶어요. 방학 계획을 잘 짜서 의미 있게 보내는 건 좋지만요.

> 김유빈

날씨: 조금씩 떨어지는 비
할아버지 생신

　오늘은 할아버지 생신이다. 나는 태권도를 가기 전에 할아버지가 받을 선물, 할아버지 자화상과 편지를 먼저 썼다. 할머니께서 "유민아, 고모한테 오라고 문자 보내."라고 해서 유민은 얼른 핸드폰으로 고모한테 문자를 보냈다. 그리고 나는 태권도 차를 타려고 내려갔다. 내가 태권도를 갔다 와 보니 집이 조용해서 "다녀왔습니다."라고 크게 말하였다. 그런데도 아무 말도 안 해서 보니 할아버지는 주무시고 계시고 할머니는 나를 놀라게 하려고 부엌에 숨어 있었다. 나는 아빠가 올 때까지 기다렸다. 마침내 아빠가 오른손에 케익을 들고 오셔서 초를 꽂고 불을 켜고 노래를 부른 다음 폭죽을 터뜨린 다음 맛있는 과일 케익을 맛있게 먹었다. 즐거웠다. 벌써 할아버지 생일이 다 되고 시간이 빨리 가는 것 같다. 오늘은 즐거운 날 같다.

> 김유빈 아버지

날씨: 일주일 만에 보는 태양
모둠일기에 대하여

　아버지 생신이라 아무 생각 없이 케익 하나 들고 들어선 순간 눈앞에 떡하니 놓여 있는 모둠일기장. 순간 못된 짓 하다 들킨 아이마냥 가슴이 철렁. 뒤이어 떠오르는 날짜 계산, '벌써야?' 그런데 한숨과 원망도 잠

칸. 첫 페이지를 넘기면서부터 '어라', 웬만한 소설책보다 재밌는 느낌. 순수함 자체인 아이들의 일기도 재밌구 나와 같은 학부모님들의 진솔함이 담겨 있는 살아가는 모습들의 이야기가 나를 모둠일기에 중독시키고 말았다. 일기 하나하나에 달린 선생님의 댓글에서 느껴지는 정성과 진심 어린 격려 또한 나를 감동시키기에 충분했다. 진심으로…….

귀찮은 존재로 다가왔던 모둠일기장. 지금은 아이와 나 그리고 선생님이라는 각각의 영역을 묶어 주는 이런 모둠일기장을 생각해 내신 선생님의 지혜와 열의에 존경과 감사를 전하고 싶다. 다음 차례에는 수십 년 만에 누구 아빠, 누구 학부형이 아닌 '나' 자신에 대한 일기를 써 보는 것도 괜찮을 듯싶다. 생각은 쉽지만 실천하기 어려운 것 중 하나가 일기라 생각하기에.

✹ 유빈 아버지께! 교사도, 아이들도, 학부모도 함께 성장하는 게 진정한 의미의 교육이라 생각해요. 이 모둠일기를 통하여 아이와 부모가 나누고 교사와 학부모가 나누고 교사와 아이, 학부모가 마음의 끈을 단단히 부여잡고 함께 호흡하는 마당이 되면 더 이상의 바람은 없으리라 여겨요. 고맙습니다.

박달해

날씨: 무더움
파랑미술학원

나는 집 앞에서 자전거를 타다가 파랑미술학원에 동생이랑 서현이랑 갔다. 거기에서 구경을 했다. 그리고 선물 2개를 받았다. 난 너무 좋았다. 다 1개씩만 받았는데 난 선물을 2개 받아서 좋다.

박달해 어머니

까맣게 잊고 있었는데 책상에 덩그러니 놓여 있는 '색깔마을'이라고 적혀 있는 노트 하나. 역시나 모둠일기장이었다. 맨날 일기 쓰라고 잔소리하면서도 막상 내가 일기를 쓰려니 일기만큼 힘든 숙제는 없는 거 같다.

오늘도 달해한테 화를 냈다. 안 그래야지 하면서도 달해만 보면 왜 이리 답답하고 짜증이 나는지 모르겠다. 달해도 자기 나름대로 잘하려고 한다고 할 텐데……. 달해가 하고 싶은 말은 참지 말고 다 했으면 좋겠는데 입 다물고 꿍하고 말을 안 해 주니까 또 소리 지르고 화내게 되고 나중에 또다시 후회하게 되고……. 한편으로는 나한테 혼날까 봐 말을 못 하는 건 아닐까 그런 생각도 들어 달해가 가엽게 느껴지기도 하는데 그 마음보다는 짜증이 먼저 앞서서 늘 화만 내는 거 같다.

선생님이 하신 말씀에 동생보다 위의 아이를 더 잘 챙기고 생각하고 배려해 줘야 한다고 하셨는데 지금까지 난 달해보다 하늘이를 더 챙기고 생각하고 항상 하늘이가 먼저였다. 달해한테 늘 미안해하면서도 왜 행동은 반대로만 되는지…….

달해를 탓하기 전에 나부터, 나의 행동 하나하나 고쳐 가야겠다.

★ 달해 어머니! 뭔가가 있어요. 달해가 편안하지 않아 보여요. 마음에

평화로움이 깃들게 해 주세요. 자신 있게 말하고 활짝 핀 얼굴로 소리 내어 웃고 눈 바로 볼 수 있어야 해요. 조급한 마음으로 보채지 말고 기다려 주고 믿어 주는 마음이 필요해요. 알면서도 행하기는 어렵지만 그게 아이와 부모을 위하는 길입니다. 부모와 교사는 수행자입니다.

강민정

날씨: 몸이 탈 거같이 더운 날씨
푸르넷 공부방 선생님이 아이스크림을 주셨다

오늘 푸르넷 공부방에서 공부를 다 하고 예림이, 요한이, 나하고 갈 때 선생님이 주셨다. 아이스크림이 딸기 맛과 사과 맛이 있었다. 그래서 난 뭘 고를지 하다가 사과 맛을 골랐다. 그런데 백요한이 바꾸자고 해서 선생님이 안 된다고 해서 백요한은 할 수 없이 딸기 맛을 가졌다. 예림이도 딸기 맛이다. 그런데 선생님이 떠들지 않는 사람, 집중하는 사람만 주신다고 그래서 떠들지 않아서 그런 건가 보다. 그때 우리가 갈려고 그랬는데 6학년 언니도 끝나서 6학년 언니도 달라고 했는데 선생님은 안 주셨다. 선생님이 왜 6학년 언니한테 아이스크림을 안 주셨을까? 궁금하다.

그래도 선생님이 너무 고마운 생각이 들고 앞으로도 조용히 잘해서 아이스크림을 먹어야지.

강민정 어머니

　사랑하는 민정! 너무하는 것 아닌가? 엄마는 민정이가 꼭 공부를 잘하는 아이가 되기를 바라지는 않지만……. 이 세상에서 꼭 필요로 하는 사람으로 자라 주었으면 좋겠어. 하지만 오늘 수학 시험은 너무한 것 같아. 우리 공주님 더위 드셨나. 더 열심히 해서 기본 원리를 빨리 알았으면 좋겠어. 파이팅! 이렇게 또 엄마 실망 시키면 안 돼.
　사랑한다, 민정아!

　✭ 민정 어머니께. 민정이 어제 수학 시험지 보고 속상하셨군요. 그러지 않아도 민정이가 어제 속상해서 울었어요. 누가 뭐라 하지 않아도 아이들은 이미 먼저 알고 있어요. 그러니 거기에 더해서 교사나 부모가 덧붙여 혼내는 건 조심해야 할 일이지 싶어요. 저 스스로도 알고 있거든요. 못했다는 거. 그래서 속상한 거 다음번에 잘할 수 있도록 힘 주시면 좋겠어요.

6월 29일(수)
지혜와 함께 빵을 만들어 보았다

한규민

날씨: 비가 빠르게 옴
비가 많이 오면 싫음

　오늘 교실에서 수업을 하고 있었는데 비가 빠르게 왔다. 그래서 나는 깜짝 놀랐다. 그래서 나는 깜짝 놀라 가지고 심장이 터질 것 같았다. 그리고 나는 비가 제일 싫다. 그래서 나는 비가 와서 놀지도 못해서 속상하다. 나는 밖에서 놀고 싶은데 자꾸만 비가 와서 속상하다. 내일은 비가 안 왔으면 좋겠다.

한규민 어머니

　아침엔 비가 안 오기에 아이들에게 우산 챙기는 걸 깜박했다. 아니나

다를까 갑자기 비가 쏟아진다. 규민이 수업 끝날 시간이 되어 가는데 일 때문에 갈 수도 없고 점점 초조해진다. 정환 엄마에게 전화를 걸었더니 아이 학원에 있단다. 할 수 없이 비가 그치기를 바래 본다. 그래도 비가 조금은 잦아든다. 3시 정도에 규민에게서 전화가 왔다. 집에 어떻게 왔냐고 물었더니 유빈이가 우산을 씌워 주었단다. 고맙다. 나도 어릴 때 갑자기 비 오는 날 우산이 없어서 비를 맞고 집에 가야 하나 생각할 때 우산 씌워 주던 친구가 생각난다. 그 친구는 나보다 키도 크고 착하고 공부도 잘했는데……. 지금은 어디서 어떻게 살고 있는지 무척 궁금해진다. 별로 쓸 것도 없어서 오늘은 이쯤에서 마무리해야겠다. 규민이에게 만날 일기 좀 잘 쓰라고 잔소리했는데 이젠 내가 잔소리 듣게 생겼다.

✤ 규민 어머니! 어제 방과 후 글쓰기 공부 마치고 집에 갈 무렵 비가 많이 왔지요. 그때 우리 반 유빈이가 규민이랑 우산을 함께 쓰고 갔다고 해요. 씌워 준 유빈이가 참 좋았대요. 규민이가 "고맙다."고 해서요. 참 서로 예쁜 마음들입니다. 깨끗하고 순수한 아이들 마음을 보노라면 제 마음도 맑아지는 것 같아요. 규민인 갑작스런 비에 "심장이 터질 것 같았다."니……. 후후.

서민지

날씨: 비가 안 오다 비가 많이 옴

지현이랑 수빈이랑 같이 우리 집에서 논 날

난 학교가 끝나고 2시에 지현이랑 수빈이랑 나랑 같이 우리 집에서 놀기로 약속을 했다. 그래서 우리 집에서 컴퓨터 게임 '아이 탈출시키기'라는 게임을 했다. 그리고 규칙도 정했다. 무엇이냐면 돌아가면서 아이 탈출시키기 게임을 하는 거다. 먼저 나, 그다음 지현이, 그다음 수빈이다. 근데 하다 보니까 너무 재미가 있었다.

서민지 어머니

날씨: 비가 오다 안 오다
공주 민지에게 미안한 맘

아침에 사무실을 나갔다가 병원에 들러 아빠를 모시고 잠깐 집에 왔다. 민지가 아빠 오는 걸 알았었는지 밖에서 기다리고 있었다. 아빠의 사랑을 듬뿍 받아서인지 민지는 아빠를 엄마보다 더 좋아하는 것 같다. 엄마가 질투하는 건가?

오늘에서야 모둠일기가 있다는 것을 알고 민지한테 너무도 미안했다. 아빠가 병원에 입원을 해서 하나하나 봐주지 못한 것이……. 그래도 투덜대지도 않고 혼자 스스로 하는 민지한테 너무도 고마워.

민지가 2살 때쯤 원주로 이사를 왔다. 어쩔 수 없이 오게 된 원주는 낯설고 힘들었다. 오빠는 애기 때부터 남부럽지 않을 정도로 다 해 주었는데 울 민지는 원주로 오면서 예쁜 옷 하나 사 주지 못하고 여자아이들이 좋아하는 인형 하나 사 주질 못했다. 물질적인 것이 다는 아니지만 그래도 엄마 마음은 그렇지가 않았어. 직장생활도 해 보지 않았던 엄마는 원주 와서 민지가 5살 때쯤 직장생활을 시작하면서 민지에게 신경도 제대로 써 주지 못하고 초등학교 입학하면서도 집에 오면 엄마가 챙겨 주지 못한 것이 너무도 미안하다. 어제도 민지가 엄마한테 전화를 걸어 오빠가 수학 안 가르쳐 준다고 했을 때 엄마가 오빠 바꾸라고 했지. 그런데 '헉', 오빠의 말이 45점이라고……. 순간 엄마가 민지한테 너무도 무관심했구나 하는 걸 깨달았어. 하루 종일 밖에서 일을 하다가 밤늦게 들어와 피곤하면 민지한테 소리 지르고……. 엄마가 챙겨 줘야 하는 건 엄마가 챙겨 줘야 하는데 민지한테만 학교 갈 준비 다 해 놓고 숙제 다 해 놓고 놀으라고 하는 엄마가 너무도 미안해. 이제는 엄마가 피곤해도 민지가 몰라서 물어보고 그러면 예쁜 목소리로 선생님같이 잘 가르쳐 주지는 못하지만 짜증내지 않고 예쁘게 알려 줄게. 알았지? 민지도 학교 갔다 오면 놀지만 말고 문제집도 풀고 책도 읽으세요. 아직까지는 엄마가 학원을 보내 주지 못하니까 약속~

엄마 일기가 너무 길었지. 민지야! 엄마 맘 알지. 얼마나 사랑하는지. 그리고 미안해!

✤ 민지 어머니! 많이 바쁘시지요. 민지 아빠는 언제쯤 퇴원하실는지요. 직장 다니시랴, 병원 다니시랴, 집안일 챙기시랴……. 민지는 내색하지 않나 봐요. 그저 묵묵히 오빠와 잘 지내고 할머니와 이것저것 함께하면서 바쁜 엄마 자리를 투덜대지 않고 잘 견디네요. 공부는 조금만 관심을 기울이면 금방 쫓아가요. 염려 마시고, 마음먹은 대로 잘 챙겨 봐 주세요.

✿ 저는 공부를 안 시키지만 야단은 잘 쳐요. 저를 보는 듯하네요. (연호 엄마)

✿ 동감합니다. 저두 화 잘 내거든요. 학교는 제가 다녀야겠어요. 다시 배우게 말이에요. (경훈 엄마)

김지혜 어머니

날씨: 비 오는 날
빵

오늘은 하루 종일 날씨가 흐렸다는 우리 지혜와 밀린 숙제도 하고 받아쓰기 연습도 했다. 또 심심해하는 지혜와 함께 빵을 만들어 보았다. 지혜가 좋아한다. 종종 만들어야겠다.

✦ 지혜 어머니! 비 오는 날이라 집 안에서 지혜랑 이것저것하셨군요. 공부도 하고 빵도 만들어 먹고. 지혜가 엄마와 함께하는 시간이 행복했겠어요. 일상에서 누리는 이런 작은 평화로움이 있기에 행복하지 싶어요.

주은영

날씨: 비가 줄줄
온몸이 다 물이 되는 느낌

오늘 큰언니가 시립도서관 가자고 해서 갔다. 근데 갑자기 비가 막 세게 쏟아졌다. 그래서 옷이 흠뻑 젖고 몸이 물이 된 것 같다. 그리고 땅은 물이 되고 신발은 물이 들어간 느낌이고 그리고 우산은 구멍이 뚫려서 비가 들어오고 근데 큰언니 우산은 망가졌고 그리고 저기에 있는 슈퍼에서 비를 피했다. 근데 신발에 물을 빼려고 신발 벗고 발을 빼는데 물이 안 들어가 있었다. 근데 양말이 젖었다. 그래서 집에서 목욕했다. 끝.

주은영 아버지

날씨: 흐리고 비

선생님! 주은영 아빠 주기완입니다. 오늘도 장맛비가 계속되고 있네요. 그리고 태풍도 따라온대요. 장마철에는 토사가 물에 불어서 지반이 침하되거나 산사태나 강물이 불어서 위험하므로 여름 장마에 서로가 조심했으면 좋겠습니다.

다름이 아니라 우리 은영이가 어떤 때에는 콧소리를 하고 어떤 때에는 혀 소리를 할 때가 있습니다. 그리고 소리가 잘 들리지 않게 혼잣소리를 합니다. 선생님, 어떻게 하였으면 좋겠습니까? 좋은 조언 부탁드립니다.

✦ 은영 아버지! 반갑습니다. 이렇게 지면으로나마 인사드리게 되어 좋습니다. 비 피해는 없으시지요? 맞아요. 은영이가 목소리가 작고 혀 짧은 소리를 합니다. 자랄수록 좋아지리라 생각해요. 자신 있게 말할 수 있도록 늘 격려해 주시고 전문 기관을 찾아가 검사받아 보는 것도 괜찮지 싶어요.

김유민

날씨: 우두두둑! 우두두둑!
할아버지께 드리는 선물

오늘은 할아버지 생신이다. 생일 파티는 어제 했다. 그리고 생일 선물을 오늘 드릴 거다. 무엇을 드릴까? 망설이다가 생각났다. 바로 연필이다. 연필을 이쁘게 포장해서 할아버지가 오실 때까지 기다렸다. 할아버지가 드디어 오셨다. 나는 할아버지에게 선물을 드렸다. 할아버지는 "두 번이나 선물 줬네."라고 하셨다. 왜냐하면 어제 편지를 드려서 그런 거다. 나는 즐거웠다.

김유민 아버지

날씨: 뉴스가 온통 비 피해 소식
아빠 역할

요즘 새로운 사업 준비로 정말 정신없는 하루하루를 보내고 있다. 그 어떤 시기보다도 내 열정과 에너지를 전부 쏟아부어야 할 중요한 순간 순간들이 흐르고 있다. 이렇게 바쁘다는 핑계로 아이들 공부를 신경 쓰지 못하는 사이 날아온 문자 한 통, "아빠! 수학 시험 65점 받았어요. 죄송해요. 사랑해요."……. 유민이가 먼저 나에게 연막작전을 펴는 거다. 내용과 상관없이 자신의 문자가 어떤 상황에서든 날 웃음 짓게 만든다는 걸 경험으로 아는 거다. 그래도 이 점수는 심하지 않니, 김유민? 체크해 줄 생각으로 집에 들어와 보니 김유빈도 점수가 같다. 역시 "쌍둥이는 통한다."가 증명되는 순간이다. 결국 2시간 동안 열강을 했다. 난 공부를 가르칠 때만큼은 엄청 무서운 아빠가 된다. 산만함, 졸림. 절대 용서하지 않는다. 대신 시간을 절대 길게 하지도 않는다. 아이들도 이제 적응이 돼서 그런지 수업 효과는 확실하다. 그다음 가장 어려운 일이지만 반드시 해야 하는 일이 있다. 공부가 끝남과 동시에 세상에서 가장 친한 친구가 되어 줘야 한다. 30분을 공부했으면 30분 이상 함께 놀아 주어야 한다. 씨름부터 퍼즐, 종이접기 등등…….

사실, 무서운 아빠는 내 역할이 아니었다. 그저 아빠를 이해해 주며 따라와 주는 쌍둥이들이 고맙고 사랑스러울 뿐이다.

✦ 그러게요. 유민이, 유빈이 점수가 같을 때가 많아 참 신기해요. 유민 아빠는 정말 확실하시네요. 가르칠 때와 놀아 줄 때를 명확하게 하시다니……. 한 수 배워야겠습니다. 저는 집에 가서는 아이들하고 놀아 주지도 않고 가르치는 건 더더욱 못하거든요.

탁선아

아빠

오늘은 모둠일기 쓴다. 오늘은 나다. 저번에 엄마가 썼는데 술을 마셔서 이상했다. 오늘은 아빠가 썼다. 아빠는 잘 썼다. 엄마는 장사하니까 앞으로 아빠만 일기 쓰게 할 거다.

탁선아 아버지

6월 29일 물요일

수요일이라 그런지 비 폭탄이 쏟아지고 있는데 선돌이가 모둠일기를 써 달란다. 모둠, 모둠회가 생각나네. 회의 영원한 벗 쐬주도 땡긴다.

30여 년 만에 일기를 쓰네. 나도 연식이 무척 되었구나. 선돌이 시집갈 때쯤이면 나도 노인 연금을 타는구나. 연금 타서 모둠회에 쐬주나 빨자. 결혼을 하고 아기가 안 생겨 포기하고 살다가 예전 우리 나라 평균 수명 나이에 선돌이가 태어났는데 내년이면 선돌이도 두 자릿수 나이가 되네. 열 살 되는 날 축하주 한잔해야겠다. 오늘 낮에는 비 핑계로 감자전에 막걸리가 부어졌다. 내 몸이 제대로 작동을 잘하더니 그 탄력으로 일기를 쓴다. 선돌이한테 대필료 달라고 해서 한잔 더 빨아야겠다. 일기 끝.

✦ 하하하, 선아 아버지. 참 재미있는 분이시네요. 어제 비 오는 날 막걸리 한잔하셨군요. 비 오는 날에는 왠지 술이 당기는 것 같아요. 술 한잔 드시고 글 쓰니 글이 술술 더 잘 나오지요? 선아가 집에서는 선돌이라 불리나 봐요. 선아 아버지의 딸 사랑하는 마음이 듬뿍 묻어납니다. 선아가 이제 아빠한테만 일기 쓰게 할 거라네요. 좋으시겠어요.

6월 30일(목)
우리 아빠는 일기 쓰기 싫은가 봐

강하늘

날씨: 비가 오다 해님이 방긋 웃었다.
엄마와 만든 팥빙수

학교가 끝나고 제빵실에 갔다. 엄마는 1시 조금 넘어서 왔다. 처음엔 과일들을 잘랐다. 바나나, 참외, 방울토마토, 수박도 팥빙수에 넣었다. 과일들을 잘랐다. 수박은 모양으로 잘랐다. 얼음에 과일들을 넣었다. 나는 팥을 안 넣었다. 팥이 싫어서 그랬다. 제빵실에서 엄마와 같이 팥빙수를 먹었다.

강하늘 어머니

오늘은 하늘이가 제과 제빵 공개수업을 했다. 제빵 수업 하는 날엔 아침부터 기분이 좋아 학교를 가곤 했는데 내가 수업을 받아 보니 하늘이의 마음을 조금은 이해할 수 있을 것 같았다.

수업은 참 재미있었다. 선생님이 설명을 하시면 애들은 자신만의 개성을 살려 누구의 간섭 없이 처음부터 끝까지 혼자서 세상에 하나밖에 없는 자신만의 빵을 만들었던 것이다. 나와 같이 무언가를 만들면 이건 이래서 안 되고 저건 저래서 안 되고, 이렇게 하라 저렇게 하라, 짜증 반 성화 반……

하늘이가 제빵을 좋아할 만했다. 공개수업을 보고 나서 제빵 하기를 참 잘했다고……. 나를 많이 생각하게 하고 반성하게 만든 수업이었다.

✱ 딸이랑 함께 음식 만들기를 하셨군요. 하늘이도 참 좋아했겠어요. 정말 선택을 잘 한 것 같아요. 먹을거리를 직접 만들어 보고, 그렇게 만든 음식을 누구와 함께 나누어 먹는다는 것. 귀한 일이지요. 창조적인 일이면서 인간적인 공부네요.

조휘수

날씨: 어젯밤부터 계속 장마답게 비 옴
안경의 범인은?

학교에서 급식을 먹으러 갈 때 안경을 서랍 안에 놓았다. 급식을 먹고 나서 교실에 가서 안경을 찾아보니 없었다. 애들한테 물어보니까 건이가 안경을 쓰다가 어쨌다고 했다. 할머니와 생각하며 의논했다. 건이가 어디 있는 걸 알거나 가져오면 가서 가져오라는 뜻. "선생님! 같이 찾아

주세요!" 그런데 안경을 못 챙기는 걱정을 하는 우리 엄마는 보면 안 되겠다.

> 조휘수 어머니

    모둠일기를 쓰려고 아이가 있는 시어머님 댁에 왔습니다. 모처럼 왔는데 휘수가 초저녁잠을 자고 있네요. 밤엔 못 자고 혼자서 또 새벽까지 공포감에 시달릴 텐데…….
    우리 아이들은 다른 아이들이 쓰지 않는 '엄마 집', '할머니 집'이라는 용어를 씁니다. 제가 3교대를 한 10년 이상 하는 바람에 생후 2~3개월부터 며칠씩 떨어져서 지내고 있습니다. 돌봐 주는 사람도, 잠자리도 주기적으로 바뀌는 바람에 정서적으로 매우 안 좋은 상태에서도 잘 자라고 있습니다. 지금은 주말마다 쉬는데 아빠가 바빠서 '방콕'만 하고 있습니다. 여러 가지 자연적인 체험을 해 주고 싶은데 혼자서는 엄두가 나지 않고 휘수에게 미안할 따름이지요. 집에 있으면 게임 삼매경에 하루 종일 빠져 있는 모습의 휘수! 무언가를 같이 해 주지 못하는 제 자신이 더 한심스럽습니다. 덕분에 시력은 점점 나빠지고, 안경은 아침마다 온 가족이 찾아 헤매고 있습니다.
    찌는 날씨에 땀이 많은 휘수가 안경을 제대로 쓰고 있지 못하고 어디다 두고 왔나 봐요. 내일 못 찾아오면 또 안경점으로 가야겠지요. 칠판은 제대로 보일지 걱정이네요. 요즘엔 요한이랑 가누 이야기를 하지 않는 것을 보면 친구들과 잘 지내고 있나 봐요. 못 쓰는 글씨 끝까지 읽어 주셔서 감사합니다.

✮ 휘수 어머니! 정말 바쁘게 살아오셨고 지금도 그러하시네요. 그런 가운데도 다행히 휘수가 건강하게 잘 자라고 있으니 얼마나 고마운 일인지요. 그래도 여유 있고 유머도 있고 자신감도 있는 휘수가 기특합니다. 염려 안 하셔도 되겠어요. 휘수 안경은 잘 찾았답니다.

김민기

우리 아빠는 일기 쓰기가 싫나 봐

우리 아빠는 일기 쓰기가 싫나 보다. 오늘도 아빠보고 모둠일기를 써 달라고 했지만 아빠는 웃으며 "아빠는 오늘 일 많아서 안 돼." 하며 방으로 들어가 버렸다. 하지만 난 그게 뻥인 거 같았다. 우리 아빠는 정말 일기 쓰기가 싫을까?

김민기 어머니

유월의 마지막 날

벌써 올해의 반이 지나갔다. 눈 깜짝할 새에. 오늘도 시간은 빠르게 지나갔다. 말일이라 세금도 내고 장도 보고 오전 시간을 밖에서 보냈다. 학교 간 지 얼마 안 됐는데 끝났다고 집에 온 민기. 이것저것 챙기고, 학원 보내고 좀 쉴라치면 저녁해야 된다. 저녁 먹고 치우고 애들 챙기고 (숙제, 씻기) 정리하면 11시. 어떻게 직장 다닐 때보다 더 빠르게 시간이 가는 것 같고 더 바쁘다. 옆 동네 친구 얼굴 본 지가 반년. 매주 통화하면서 한결같이 하는 말, “얼굴 한번 보자.” 언제 보게 될까? 그 얼굴.

오늘도 학교 끝나고 집으로 전화한 민기 군. 첫마디, “엄마, 집에 있어?” 친구도 데리고 와서 놀고 싶은데 이놈의 엄마는 매일 바깥나들이. 그간 못 해 본 동네 언니들과의 각종 모임과 학교 행사 참여, 운동 등으로 바쁘게 생활하다 보니 우리 어린 아들은 종종 갈 곳을 잃고 친구 집으로 튀기도 한다. 민기야, 미안. 엄마가 집에만 있음 너무 게으름을 피울 것 같아 이것저것 일을 마구 저질렀단다. 본의 아니게 민기가 피해를 입게 되는구나. 혼자서도 학원 안 늦게 시간 잘 맞추고 집 여기저기서 간식도 잘 챙겨 먹는 민기 덕에 엄마는 걱정 없이 엄마 생활에 여유도 부려 본다. 엄마가 너 좋아하는 간식 많이 사다 놨다. 저녁에 맛난 것도 해 줄게. 내일도 잘 부탁한다~

✱ 민기 어머니! 활동을 많이 하시네요. 할 일이 많다는 건 좋은 일이지 싶어요. 특히나 누구의 엄마가 아니라 오로지 자신이 하고 싶은 일을 하며 산다는 것. 몸도 맘도 건강해지는 지름길이라 여깁니다. 다행히 그런 엄마를 익숙하게 받아들여 민기가 알아서 잘하고 있으니 얼마나 좋아요. 하고 싶은 일 맘껏 하세요.

김근구

날씨: 비가 조금 온다.

시험 공부

시험 공부를 했다. 고치는 것만 한다. 수학, 슬생, 바생(바른 생활)을 했다. 이해는 했는데 많이 틀렸다. 한 4개를 이해를 못 했다. 남은 것은 다 이해했다. 어려웠다.

김근구 어머니

날씨: 근구 데려다 등교시킬 땐 비가 제법 오더니 근구 하교시킬 땐 햇살도
　　　없이 등이 뜨끈뜨끈하던 날

시험 공부

　근구와 시험 공부를 시작한 지 4일째. 문제를 풀면서도 계속해서 떠드랴, 지우개 찾으랴, 연필 주우랴 바쁜 근구. 그렇게 푼 문제들은 엉뚱한 답들로 가득하다. 그렇게 문제들을 풀고 다 풀었다며 여유 있게 만화책을 손에 든다. 문제를 보니 문제 자체를 꼼꼼히 읽지 않아 틀리는 것들이 수두룩하다. '바른 것', '바르지 않은 것', '옳은 것', '옳지 않은 것' 등 말을 바꿔 가며 아이들이 틀리기를 바라는 문제 같다. 근구는 문제를 끝까지 읽어 보지 않는지 아니면 이해가 안 되는 건지 근구와 시험 공부를 하면 큰 숨을 쉬며 맘을 가라앉히는 행동을 자주 하게 된다. 그래도 약속한 양을 꼬박꼬박 해 보는 근구가 대견스럽다. 오늘도 틀린 문제를 함께 보며 자신이 왜 틀렸는지 찾도록 기다리니 결국엔 근구가 찾아내는 문제들이 많다. 이대로 하다 보면 이번 기말고사에는 과목별 학년 평균을 다 넘을 수 있으리라 기대된다.

　근구야~ 지금보다 조금만 더 즐겁게 문제들을 풀어 주었으면 좋겠어. 그만큼 근구도 더 많은 걸 알게 되고 그만큼 자신감도 생길 거야. 근구야, 힘내자. 사랑해.

✤ 근구 어머니! 그래도 열심히 공부시키네요, 곁에 앉아서. 저는 정말 집에선 못 해요. 몇 번 해 봤는데 아우, 정말 큰소리가 절로 나오더라구요. 이제는 알아서 하라고 손 안 대거든요. 편하긴 해요. 은근히 걱정되기도 하구요. 가르쳐 주고 기다려 주는 근구 어머니 대단하세요.
✿ 한번 읽은 것을 다시 한번 살피는 것을 잘 안 하더라구요. (연호 엄마)
✿ 어느 땐 정말 제가 초등학교 아이가 되고 싶다니까요. 제가 저랬는지 보고 싶어서요. (경훈 엄마)

유건

날씨: 장맛비

승급 심사

오늘은 태권도 도장에서 승급 심사를 봤다. 1등은 금메달, 2등은 상점 3개, 3등은 상점 2개. 나는 그중에서 3등을 했다. 그래도 뽑힌 건 뽑힌 거니까 좋다. 내 생각에는 1등을 할 줄 알았는데 3등을 했다. 너무 아쉽다. 다음 승급 심사 때는 꼭 1등 해야지.

유건 어머니

건이 친구 엄마 아빠들은 모둠일기 쓰길 기다렸던 것 같다. 모두들 너무 잘 쓰신다. 비교됨.
오늘도 건이를 학교 보내구 시골에 갔다. 건이 이모네가 시골서 농사를 짓는다. 펜션이랑 식당도. 일요일이면 건이는 시골에 간다. 농사일을 무척 좋아한다. 이모를 도와서 옥수수랑 감자를 심었다. 엄마보다도 잘했다. 오늘도 늦게 집에 왔다. 오늘 모둠일기는 여기까지. 넘 졸려 자야겠다.

✦ 건이가 이모네 농사일을 참 좋아하고 또 그 어린 조막만 한 손으로 열심히 거드나 봅니다. 땅을 가까이하고 일을 온몸으로 익힌 아이들은 뭐가 달라도 다르지요. 건이에게는 아주 좋은 체험 마당이 마련되어 있네요. 옥수수, 감자 익을 무렵이면 방학이 한창이겠지요. 고단했던 하루, 편히 쉬세요.

| 최유나 |

날씨: 갑자기 나른해.
제멋대로 날씨

뉴스에선 오늘 비가 온다고 했었다. 그런데 신기하게도 비는 오지 않았다. 오히려 해가 너무 쨍쨍이어서 더웠다. 날씨는 왜 제멋대로일까? 그래서 학교 가는데도 비가 안 왔는데 괜히 짐만 생겼다.

그냥 비가 온다고 했으면 오고 안 온다 하면 안 오면 될 걸 너무 날씨가 제멋대로여서 짐 생기고, 안 온다 했을 때 오면 비를 맞고, 날씨는 정말 제멋대로이다.

최유나 아버지

날씨: 흐림

소리

오늘 우리 집에 사람들이 많이 와서 서로 이야기를 나누는 소리가 너무 좋았다. 야간 근무 하고 와서 단잠을 자고 있는데 소리가 조용하게 들리고 시냇물같이 흘러가는 느낌을 받으며 깊이 잠이 들었다.

✦ 유나 아빠신가요? 사람 사는 집에 두런두런 다정스레 이야기가 오가는 집안은 참 정겹지요. 살아 있다는 증거! 주무신다고 다들 배려하는 마음에 조용하게 이야기 나눈 것인가 보네요. 일하고 휴식이 있는 안식처가 있다는 것, 참 귀한 일이지요.

7월 1일(금)
언제쯤 'ㅎ'과 이별할 수 있을까요?

채유정

날씨: 따뜻하고 맑음
학교에서 옷 젖었다

오늘 쉬는 시간에 놀고 왔는데 물 마실라고 하는데 강민정이 내 물병을 세게 잡아서 내 옷이 젖었다. 근데 강민정은 "미안해."라고 안 했다. 나는 민정이가 싫다. 끝.

채유정 어머니

날씨: 너무너무 습하고 덥다.
영어 동영상

유정아, 영어 동영상하고 시험지 공부해야지. 그래선가 유정이가 요즘 영어 관심이 많아져 동영상을 보러 들어갔다. 어느 정도 끝났나 하고 들어갔더니 영어 전달 카드에 당근이 하얀색이라고 다시 해야 한다고 다시 하는데 헤드셋에서 영어를 듣고 따라서 말을 하는데 그 칸이 안 넘어간다고 하면서 자꾸 신경질을 내는데 "유정아, 영어는 계속계속 들어야 머릿속에 들어가." 말로 설득하고 옆에서 단어도 가르쳐 주고 하는데도 그 칸이 넘어가지 않고 그대로 그 상태로 있어 속상하고, 빨리 끝내고 밖에서 놀고 싶고 계속 진도가 안 나가니까 신경질 부리고 당근은 빨간색이 아닌 흰색으로만 있어 자꾸 신경질을 내길래 "유정아, 엄마가 선생님한테 전화하거나 가서 이야기해 줄게." 해도 그것은 싫다며 계속계속 화를 내서 나도 모르게 애한테 매를 들고 혼을 냈다.

그리고 학원에 가서 선생님하고 상담을 하니까 오늘 나간 책이라 아직 수업하지 않았다고 한다. 빨간 당근 이야기를 하니까 아이들이 그 부분에서 힘들어한다고 한다. 일주일간은 듣는 거만 하기로 했다.

집에서 유정이 다리에 매 자국이 있는 것들을 보니까 마음이 또 속상하다. 자꾸 유정이를 혼내는 것 같다. 지금은 조금씩 혼내는 것을 줄여 가는데 그날 유정이나 나 모두가 신경이 예민했던 것 같다.

✤ 유정 어머니! 공부 때문에, 엄마의 욕심이나 조급증 때문에 아이한테 매를 드는 건 다시 한번 생각해 보셨으면 해요. 뭔가 결정적인 큰 잘못을 했다면 모를까(그때에도 매의 여러 측면을 고려해 봐야지요), 쉽사리 그리하시면 아이가 자신감이 없어지고 더욱 주눅이 드는 것 같더라구요. 영어도 중요하지만 유정인 집에서 책 읽기가 많이 필요한 듯합니다.

권오현

날씨: 지구 사우나
태권도

나는 오늘 태권도에 가서 밤띠에서 빨간띠가 됐다. 그래서 기분이 좋았다. 그리고 나서 레크리에이션을 했다. 피구는 우리 팀이 이겼고 이어달리기도 우리가 이긴다. 닭다리는 우리가 지는데 이겼다. 호건이 형이 넘어지면서 세영이 형, 현빈이 형 둘 다 넘어졌다. 나머지는 1학년뿐이다. 먼저 애들이 갔다가 다 전멸이 됐다. "아이, 거참 짜식들." 이번엔 내가 갔다. 이번엔 또 상대편이 전멸당했다.

권오현 어머니

주말에 어머님 생신 때문에 형님 댁으로 가야 한다. 아이들은 큰아빠네 집으로 가는 것이 기대된다며 이번 주 내내 기대 반 설렘 반으로 지냈다. 무엇보다 음식을 해야 하는데 음식을 제대로 만드는 것이 없어 일주일 내내 걱정, 근심이다. 일을 마치고 집으로 돌아오는 길에 형님께서 날씨도 너무 덥고 하니 음식 준비 해 오지 말고 그냥 오라고 했다. 미안하기도 했지만 음식 안 한다는 것에 너무 기뻤다. 형님에게 감사하다. 아이들 학교 수업 끝나는 대로 수지로 간다. 과일을 준비해서 얼른 가서 도와 드려야겠다. 가을 학기 때에는 요리하는 법도 배워야겠다.

✦ 오현 어머니! 어머님 생신 잘 치르고 오셨나요? 정말 여자로 산다는

건 만만치 않지요? 하나도 제대로 배운 적도 없는데 갑자기 결혼이란 걸 하고 나면 잘해 내야 할 건 어찌 그리도 많은지요. 음식도 잘 만들어야 하고 애도 잘 키워야 하고 살림도 잘 살아야 하고 직장 나가 돈도 잘 벌어야 하고……. 에휴, 다 잘하려 하지 말고 내가 할 수 있는 일에 적정선을 그어 놓고 최선을 다하면 되지 싶어요. 남 눈치 보지 말구요.

최은총

날씨: 아침에 흐리다 맑음
수학 나라

난 학교를 마치고 바로 수학 나라에 갔다. 그런 다음 자리에 앉아 선생님의 설명을 듣고 게임을 했다. 그 게임은 같은 거와 더하기 빼기 곱하기를 할 수 있다. 보너스 카드가 2장 있고 0부터 10까지의 숫자 카드는 1개다. 난 그 게임 이름을 까먹었다. 근데 정말 재미있다.

최은총 누나

늦은 오후, 시험이 얼마 안 남아 책을 갖고 집에 왔다. 가방을 열어 보니 책은 별로 없는데 책이 두꺼워서 그런지 무게가 많이 나간다. 잠시 쉬려고 컴퓨터를 하는데 은총이가 준 공책 한 권……. 저번 주에 봤지만 아직까진 낯설기만 한 공책! 색.깔.마.을! 왜 내 앞에 놓나 했더니 은총이가 "누나가 쓴 글 밑에 선생님이 글을 썼어!"라고 하는 것이다. 그래서 내가 쓰게 되었다. 색깔마을에 내가 쓴 일기를 보았다. 진짜로 그 밑엔 선생님이 써 주신 말씀들이 있었다. 뭔가 뿌듯(?)했다. 뭐랄까? 초등학생 때 내 일기에 매일 글을 남겨 주셨던 선생님 같았다. 나도 초등학생 때 밑에 적힌 글 정말 많이 좋아했었는데…….

난 지금 중학교 2학년. 일기를 쓰라고 하는 사람도 없다. 그래서인지 그냥 기억으로 내가 오늘 무엇을 했는가를 되짚어 보고는 했는데 이 일기를 보고 나서야 일기가 자신의 삶을 돌아보고 뒤바뀌게 할 수도 있다는 것을 느꼈다. 평소 때도 알고 있었지만 까먹은 사실을 기억하게 만들어 준 것 같았다. 그리고 선생님이, 은총이가 바라는 것은 은총이랑 잘 놀아 달라는 것, 은총이가 사과하면 곧 받아들이는 것. 나는 생각도 해 본 적이 없었다. 놀아 달라 할 때는 나랑 노는 게 안 맞아 잘 안 놀아 주고 가끔씩 놀아 주어도 자기 멋대로 하고 조금 누나가 뭐라 하면 투정 부리고……. 또 자기가 미안하다고 하고……. 이젠 나도 이해해야겠다. 나이 차이가 많아서 잘 안 맞았는데 나도 맞춰 줘야겠지? 그래야 착한 누나일 거야. 힘들겠지. 아이들을 맞춰 주는 게. 내가 제일 힘들어하는 아이들 수준 맞추기. 꽤 힘들다. 어쩔 수 없다! 노력밖에……. 길이 없다.

아무튼 최은총, 이 멋진 너의 누님 최윤정 누나가 시험 끝나고 잘 챙겨 줄게. 누나님이 요즘 시험 기간이구 날씨도 많이 더워서 짜증 지수가 높아져서……. 누나가 짜증내도 조금 이해해 주는 내 동생이길! (일기를 정성껏 쓰다 보면 내용은 뭔가 어른 꺼 같다고 해야 할까?)

🌸 아, 은총이 누나, 정말 생각이 깊다. 은총이한테 이렇게 좋은 누나가 있으니 은총이가 늘 의지하는구나. 일기, 글쓰기에 대한 생각도 사려 깊네. 엄마 몫까지 한다는 생각이 드는걸!

엄재민

날씨: 점점 더워짐
만들기

몸이 조금 아팠는데 고모가 와서 너무 좋았다. 고모랑 책을 사러 북새통에 갔다. 책을 사려고 했는데 입체 퍼즐을 샀다. 입체 퍼즐을 했다. 나는 입체 퍼즐이 재미있다. 입체 퍼즐 이름은 아쿠아리움이다. 그런데 만들기가 어려운데 다 만들면 멋있다. 또 한 가지 이름은 오시리아 아쿠아로드다. 그림이 너무 복잡하다. 아빠는 언제 오시나. 우리 아빠는 잘 만드실 텐데.

엄재민 어머니

한여름의 시작인 듯 날씨가 슬슬 찌기 시작한다. 여유 만땅 금요일. 50퍼센트 세일한다는 문자를 보고 엄청 쌀 거란 기대와 흥분을 안고 쇼핑을 하러 나갔다(며칠 전 내가 살 땐 아니었는데……). 결국 재민이 것만 사고 맛있는 점심까지 먹고 있는데 남편의 전화, 재민이가 아픈지 혼자 자고 있다는 연락이다. 조금 바쁜 척 통활 마치고 집에 가 보니 학원 갈 시간인데 자고 있다. 열도 있는 듯, 조금 미안한 맘이 들었지만 옷 한 번만 입어 보자며 재민일 재촉했다. 음, 멋져!
오늘은 모둠일기를 남편에게 숙제인 듯 부탁하려니 늦게 퇴근하신단다. 재민인 입체 퍼즐 만들기 위해 아빠를 기다리다 잠이 들었다. 이사 일로 조금씩 티격태격이었는데 남편의 "작업 지시 완료"라는 문자로 기분 업! 신혼 때 자주 듣던 답문을 얼마 만에 듣는지 음…….

수원에 사는 아가씨가 재민일 보러 왔다. 고모가 온다는 날에는 우리 애들 기분 최고인데 오늘은 몸이 안 좋아선지 제 비위를 열심히 맞추는 고모에게 짜증을 낸다. 고모는 이것저것을 다 해 주고 싶어 하는데 재민인 만화책 사겠다고 한다. 결국 퍼즐을 사고. 지금처럼 어른이 되어도 고모 사랑을 꼭 알았으면 하는데……. 고모, 항상 고마워요. 당신에게 최고의 '고모상'을 드립니다. 짝! 짝!

이렇게 하루에도 소중한 일들이 얼마나 많은지 새삼 일기를 통해 느껴진다. 재민아, 내일은 아프지 말자. 다음 주 모둠일기가 벌써 기다려지네요.

✤ 재민이가 아파서 학교엘 못 왔네요. 다행히 쉬면서 다 나아 학교에 오니 좋습니다. 재민이가 아침에 와서 이번 주 일요일에 이사한다고 했어요. 그럼 방학 전에 전학 가는 건가요? 서운해요. 재민이의 순수하고 꾸밈없는 일기 글, 계속 더 보고 싶은데, 어쩌죠?

진우현

날씨: 더운 날
미술 교실에서 바탕이 귀찮아서 안 해 버린 날

미술 교실에서 사과를 그렸다. 그리는 것도 끝났고 색칠하는 것도 다 했는데 바탕을 하기 귀찮다. 그래서 바탕을 안 했다. 조금 기분이 좋았다.

> 진우현 어머니

날씨: 오랜만에 해가 난 날

우현 아빠가 한국에 있을 때 모둠일기가 돌아왔으면 쓰게 했을 텐데……. 아쉽게 기회가 없네요. 그래서 이번에도 제가 씁니다.

우현이 일기를 살짝살짝 들춰 보면 이것저것 선생님께서 하신 질문을 보며 제가 답을 쓰고 싶다는 충동이 들 때가 많아요. 글을 표현할 때 평소 쓰는 말처럼 쓰기 때문에 난해한 표현과 암호 같은 단어를 우현이가 많이 쓰더라고요. 그래서 제가 선생님께 조금 팁을 알려 드리려고요.

우현이의 용어 표현

① 남의 집: 이건 우리 두 아이들이 많이 쓰는 말인데. 콘도, 호텔, 펜션 등……. 놀러 가서 자는 곳을 말해요.

② 수학 하러 한솔 간다: 일주일에 두 번, 옆 동 수학 선생님께 수학을 배우러 다녀요. 요즘 애들 수학이 제가 이해시키며 가르칠 수 있는, 인내심이 없는 엄마를 위한 수학이 아니더라고요. (이번 수학 시험지 점수를 보며 조금 걱정은 되지만…….)

③ 형, 누나네서 잤다: 저희 언니도 원주 사는데 요즘 제가 공인중개사 시험 준비하느라 토, 일요일도 특강, 보강에 저녁 6시까지 수업 있는 날이 많아서 언니가 대신 애들 데리고 가서 놀아 주고, 공부도 도와주고 있어요. 누나, 형 들이랑 공부하면서 도움도 받고요.

④ 할머니의 간식: 할머니가 뭐를 해 줬다, 엄마가 뭐를 해 줬다 쓰는 건 우현이 표현대로 집에서 만들어 주는 경우예요. 외할머니가 음식 솜씨도 좋으시고 간식 만드는 걸 좋아하셔서 아이스크림, 하드

도 직접 만들어 주세요.

그리고 우현이가 '안 했다'는 표현을 '않 했다'로 항상 'ㅎ'을 넣어서 쓰는데 언제쯤 'ㅎ'과 이별을 할 수 있을까요? 'ㅎ'이랑 그만 헤어지라고 부탁을 해도 좀처럼 'ㅎ'에게서 미련을 버리지 못하더라고요. 선생님도 우현이가 'ㅎ'을 버릴 수 있게 도와주세요!

방학이 얼마 남지 않았네요. 마지막 1학기 기말고사 파이팅하고, 방학 때 신나게 놀게 해 주고 싶네요!

✤ 우현 어머니! 친절한 설명 글, 감사드립니다. 이제 다 이해가 되었어요. 자신은 알고 있으니 글에는 밝히지 않는 아이들이 많아요. 글은 누구에겐가 읽혀야 의미가 있지요. 그런 의미에서 자세히 밝히는 글쓰기, 친절한 글쓰기를 아이들도 배워 나가면 좋겠지요. 우현이가 'ㅎ'을 뗄 수 있도록 늘 신경 쓰겠습니다.

임하진

날씨: 해가 쨍쨍, 너무너무 덥다.
서빈이 언니

나는 오늘 학교 끝나고 집에 왔다. 근데 서빈이 언니가 "공부해!"라고 소리를 질렀다. 그리고 공부하고 있는데 아이스크림 먹고 싶어서 먹고 있는데 언니가 "먹지만 말고 공부나 해!"라고 말하면서 때렸다. 나는 언니가 정말 미웠다. 그냥 말로 하면 될 것이지 왜 꼭 때리면서 말하는 게 참 이상했다.

임하진 어머니

날씨: 눈부신 햇살에 공기마저 맛나네.
스티커 레벨링

병원에서는 한 직원의 병가로 인력이 부족해 이곳저곳을 바쁘게 뛰어다니다 보니 이번 일주일도 정신없이 빨리 지나갔다. 그리고 역시나 모둠일기도 빠르게 다시 나에게 왔다. 헉!

요즘 우리는 '스티커 레벨링'을 다시 시작했다. 작년에 이사를 하기 전까지는 쭉 해 왔는데 이사를 하면서 레벨링 판을 두고 오면서 자연스레 끝이 났다. "엄마, 왜 오늘은 스티커 안 주세요?"라고 묻는 아이들에게 "레벨링 판을 뗄 수가 없어서 두고 왔어. 나중에 다시 만들어서 하자." 해 놓고 하루하루 미루다 이제야 다시 시작하게 되었다.

지난번에 생활계획표를 만들고 시간과 상황에 맞게 실천할 때마다 스티커를 주었다. 그리고 내 생각에 '착하다', '잘했다' 싶으면 하나 더 주곤 했다. 그래도 별말 없이 그런가 보다 하던 아이들이 이젠 좀 더 자라서인지 의견이 다양들 하시다.

"밥 먹을 때 순위 정해서 개수 다르게 주세요."
"씻을 때 스티커 하나로 주지 말고 머리 감는 것, 세수하는 것, 양치하는 것 나눠서 하나씩 주세요."
"서진이가 아까 나 때렸으니까 스티커 한 개 뺏어요."
"저 양보했으니까 스티커 한 개 더 주세요."

이렇게 매일매일 스티커 붙이기의 규칙은 늘어 간다. 그러다 충격적인 한마디, "왜 우리만 해야 돼요? 엄마도 잘하면 우리가 스티커 주기로 해요." 이거 원……. 예전만큼 간단하진 않군. 그래도 이렇게 하니 경쟁심이라도 서로 잘하려고 노력하니 우리 아이들 너무 예쁘다. 지금은 스티커를 많이 받기 위한 욕심으로 시작하지만 나중에 습관으로 자리 잡길 바란다.

✱ 아하! 하진 어머니가 세 아이를 키우면서 나름 터득하신 자녀 양육법 가운데 하나군요. 그래도 일일이 체크해서 스티커 챙기시려면 귀찮지 싶은데……. 긍정적인 면도 있지만 학급에서는 부정적인 면이 많더라구요. 셋은 괜찮겠지 싶네요. 이제 곧 엄마도 당하시겠어요. 아이들은 이렇듯 자존감을 키워 가며 성장해 가는가 봅니다.

7월 4일(월)
내가 아무래도 천재를 낳았나 보다

박민성

날씨: 맑음
아프다

오늘 다리가 덧나 병원에 갔다. 소독을 하고 엉덩이에 주사를 맞았다. 따끔했다. 다리를 움직이니 누가 놓은 느낌이 없다. 그래도 나는 너무 아프고 시원했다.

박민성 어머니

날씨: 더위 사냥하는 날씨!

일요일엔 하늘에 구멍이 얼마나 큰 게 뚫렸는지 비가 쏟아부었다. 큰 맘 먹고 이불이며 여러 가지 옷들을 모아서 세탁기가 몸살 나도록 돌렸고만……. 주말 빨래가 오늘 돼서야 뽀송뽀송~ 오전에 겨우 게으름을 떨쳐 내고 집 청소를 부랴부랴 마쳤다. 오후엔 학원에 온종일 묶여 있어야 하므로 울 아들 간식 챙기고 붕어 밥도 주고 달팽이 집도 청소하구……. 이 집에선 나만 바쁜 듯하다! 원주 집 오면 심심하다는 남편은 이런 것들 좀 도와주면 좋으련만 오로지 컴 사랑과 엠티비(MTB) 자전거에 포~옥 빠져서 나를 시름에 젖게 만든다. 우울해! 이궁~ 이번 주 아예 오지 말라고 하면 섭섭해할 터인데……. 아들 상처도 용감하고 씩씩하게, 강하게 키워야 한다며 물을 얼마나 뿌렸는지 상처에 염증이 생겨 버렸다. 도장을 찍듯 상처를 훈장 삼아 받아 오는 민성이! 속으론 엄청 속상하지만 조금 더 조심해서 놀으라는 훈계로 민성이의 엄살 아닌 고통을 무마시켰다. 날이 더우니 금세 덧나 버린 상처. 많이 아플 텐데도 말은 너무 건강하다. 빨리 나아서 민성이가 좋아하는 축구를 맘껏 하게 해 주어야겠다. 오늘도 어찌 하루를 보냈는지……. 24시간은 짧다. 모레 시험인데도 너무 잘 논다.

"민성아! 그래도 기본 50점은 넘어야 하지 않을까?" 했더니 걱정 말랜다. 아이구~ 내가 아무래도 천재를 낳았나 보다. 히히~

♣ 민성 어머니! 집안일 혼자 감당하시기 너무 힘들겠요. 민성 아빠는 요즘 말로 '간 큰 남자'네요. 나중에 편히 살아남기 힘드실 텐데……. 요즘 둘레에 잘하는 아빠들 정말 많더라구요. 아이들 챙기기, 집안일까지 두루두루……. 민성이의 저 피 끓는 에너지는 언제까지 가려는지, 아무튼 조용하고 풀 죽은 모습보다는 정신은 좀 없지만 펄펄 살아 움직이는 저 모습이 좋긴 해요.

정수진

날씨: 해가 쨍쨍, 맑은 하늘

철봉에서 떨어졌다

철봉에서 돌다가 떨어졌다. 유나에게 이거 해 보라고 시범을 보이다 콰당! 하고는 떨어졌다. 다행히 그렇게 크게 다치진 않았다. 코 밑에만 살짝 스쳤을 뿐이다. 그런데도 난 조금 울었다. 눈물을 찔끔찔끔했다. 보건실에 가서 치료를 했다. 보니 피가 조금 났다. 하늘이는 내 옆에서 날 괜찮냐고, 괜찮을 거라며 위로를 해 주었다. 지혜도 날 많이 걱정한 모양이다. 몇 분 있으니, 좀 가라앉았다. 좀 다행이다. 다음부턴 다치지 않게 조심해야겠다.

★ 아우웅, 조심해. 철봉에서 다치는 사람 더 이상 없도록 해.

정수진 어머니

날씨: 맑고 화창한 날!

모둠일기를 첫 번째로 썼던 날이 엊그제 같은데 벌써 두 번째 차례가 돌아오고 그동안 다양한 이야기들을 읽다 보니 마치 한 편의 드라마를 보는 기분이다. 무엇보다 아이들이 부모님과 선생님과 함께 쓰는 글쓰기에 흥미를 가지게 된 것 같아 내심 흐뭇해진다. 아이들만의 이야기에 서로 관심 가져 주고 함께 만들어 가는 애정 어린 마음들로 모둠일기가 나날이 풍성해져 가고 있으니. 처음 시작할 때의 부담감보다는 어떤 이야기들이 펼쳐질지 기대가 된다. 선생님의 진심 어린 댓글이 큰 몫을 차지하게 되었고 그로 인해 아이들, 부모님, 선생님으로 이어지는 단단한 인연이 맺어지게 되어 더 큰 기쁨이 생겨났다. 아침에 잠깐 동안 쓰는 글이라 마무리를 제대로 하지 못하고 이만 출근 준비해야겠다.

✦ 수진 어머니! 바쁜 아침 시간에 이렇게 짬을 내어 써야 하면서도 긍정의 기운이 느껴지는 마음 보내 주셔서 고맙습니다. 참으로 감사하게도 모든 아이들의 부모님들이 정성스런 글을 써 주셔서 서로에게 힘을 주고 있네요. 우리 아이들이 지혜롭게 안정되게 잘 자랄 수밖에 없네요. 몸과 마음 모두 건강하세요.

박지현

날씨: 더워~
토요일에 할아버지 집에 갔다

토요일 날에 할아버지 집에 갔다. 할아버지 집에서 밥을 먹는데 개똥 냄새가 엄청 많이 올라와서 더워도 참고 문을 닫고 먹었다. 그리고 증조할머니 따라서 깨밭에 갔다. 증조할머니를 따라서 갔다가 왔더니 고모할머니가 와 계셨다. 그런데 고모할머니가 가지고 오신 토마토 밀대를 가지고 놀았다. 동생이랑 하우스 철대가 철봉인 줄 알고 계속 돌았다. 그래서 머리가 빙빙 돌았다. 그리고 동생은 모기를 5군데나 물렸다. 나는 1군데만 물렸다. 그리고 창밖을 보고 있는데 고양이가 막 생쥐를 먹었다. 나는 징그러워서 "윽, 징그러웡~" 하며 막 소리도 질렀다. 밤에는 삼겹살도 먹었다. 참 재미있었다.

✦ 아, 지현이 일기 잘 썼네. 좋다.

박지현 어머니

금요일 저녁에 시댁에 내려갔다. 여봉봉이 오후에 갑자기 내려가자고 한 것이다. 실은 할머님께서 건강이 조금 안 좋으신 것 같아 내가 가자고 했는데 남폰께서 거절을 안 하고 바로 가자고 해서 가게 된 것이다. 휴~

저녁에 7시가 조금 넘어서 남편이 집에 도착했다. 난 남편이 오기 전까지 밑반찬 몇 가지와 시할머님이 좋아하시는 불고기도 재우고 약밥도 특별식으로 준비했다.

시댁은 전라북도 장수다. 엄청 멀다. 그래도 시할머님 건강이 날로 안 좋아지셔서 걱정이당. 이제 연세가 89세시다. 날마다 손자, 증손주가 보고 싶으시다고 노래를 부르셔서 큰맘 먹고 지현이 학교도 빼먹고 내려갔다. 오래오래 사셔야 하는데 걱정이다.

내려가서 말동무도 해 드리고 저녁에는 시동생도 불러들여 참숯에 삼겹살 파티도 했다. 우린 둘 다 장남, 장녀라 맘이 무겁다. 항상 양가를 걱정하고 걱정하고, 항상 걱정이 앞선다. 친정아빠도 건강이 안 좋으시고, 시댁도 걱정이고, 휴~

이번에 시댁에서 토마토 농사를 시작하셨는데 하우스가 어마어마하다. 앞으로 찌는 무더위가 다가오는 것이 두렵당~ 토마토에, 고추에, 담뱃잎까지……. 일이 많아 남편 휴가도 반납하고 일주일 내내 일을 거들어 드리고 온당. 도와드리고 오면 맘은 편한데 한편으로 우리만의 휴가를 즐기고도 싶다. 여름휴가를 제대로 한번 즐기고 싶다. 항상 농사일을 거들어야 하니…….

그리고 지현이가 일기 쓸 때마다 펼쳐 놓고 고민하는 걸 보면 "얼른 쓰고 자야지~" 오늘 즐거운 일, 속상한 일 등등 쓰라고 했는데 나도 정말 쓸 말이 없당. 잉~ 잉~ 잉~

아 참! 선생님, 모둠일기장을 아이 아빠가 한 번만이라도 쓸 수 있게 주말에 한번 보내 주시면 안 되나요? 지현이가 아빠가 쓰는 걸 간절히 원해서요~

✦ 지현 어머니! 와, 훌륭하시네요. 맏이 노릇 톡톡히 하시네요. 전 정말 어르신들 모시는 일 못하거든요. 왜 이럴까 몰라. 부모님한테 잘하는 사람들 보면 정말 존경스러워요. 저희는 시댁이 전주예요. 일 년에 한두 번 겨우 갔다 와요. 휴가를 반납하고 농사일까지 그렇게 도우시다니, 저도 본받아 어르신들께 더 잘해 드려야겠어요.

백요한

날씨: 맑음
도서관에서 책을 빌렸다

오늘은 학교에서 점심 먹고 도서관에 갔다. 도서관에서 책을 빌렸다. 무슨 책을 빌렸냐면 《생명과학》을 빌렸다. 난 오늘은 좋았다.

백요한 어머니

분명히 모둠일기가 일주일에 한 번 돌아온다 했는데 좀 길다 했더니 전번엔 요한 아빠가 써 보냈네……. 지금 봤네요. 사는 게 뭐가 그렇게 바쁜지.

믿음 그리고 당신

사랑하는 자기야(여보야).

내가 항상 이맘때 이 시간에 들어오면 사랑하는 아들을 껴안고 자고 있는 모습을 보면서 늘 생각을 많이 하게 돼요. 오늘도 손님이 가게에 술 마시러 왔는데 재미있게 노래하고 있었어요. 갑자기 여자 두 분이 왔어요. 알고 보니 손님들 마누라들이라네요. 요즘은 휴대폰으로 위치 추적도 되나 봐……. 물론 그 사람들도 잠시나마 즐기려고 왔겠지만 한편 보기가 좀 그랬어요. 그런 일들을 가끔 보면서 또 느끼면서 왜서인지 당신 먼저 떠올랐어요. 늘 나를 믿어 주고 힘들 때마다 위로해 주는 당신이 있기에 항상 행복했던 것 같아요. 지금까지 당신과 살면서 나에게 해 준 만큼 그 절반도 해 주지 못해서 미안해요. 당신이 내 곁에 있었기에 나는 늘 행복했고 힘들 때마다 당신과 아들을 생각하면서 더 큰 힘을 얻고 있어요. 앞으로 행복한 가정을 위해 더 노력하는 마누라 될게요. 사랑해요. 아들도! -새벽 3시 43분

✿ 요한 어머니! 힘든 하루 일을 마치고 새벽에 들어와 일기를 쓰셨군요. 이 글 요한 아빠가 꼭 보서야겠네요. 이렇게 사랑 고백을 모둠일기장에 공개 글로 써 주셔서 영광입니다. 요한 아빠, 행복하겠어요.

박가누

날씨: 해가 쨍쨍

약속은 지켜야 돼

오늘 내가 6시 30분까지 놀기로 했는데 6시 50분에 들어와서 엄마한테 꾸중을 들었다. 그래서 기분이 안 좋았다. 그리고 엄마가 당분간 용돈이 없다고 했다. 그래서 사실은 조금 짜증이 났다. 그리고 앞으로는 약속을 꼭 지켜야겠다.

박가누 어머니

날씨: 해 쨍쨍

좋은 아침이네요. 아침에 일어나 모둠일기를 씁니다. 가누 아빠가 정리해서 쓰려 했던 일기 내용이 있었는데, 가누가 지난밤에 야단맞을 일을 하는 바람에 쓸 수가 없었다며 저에게 미루고 출근했어요. 모둠일기 쓰는 걸 굉장히 즐기고 있는 가누 아빠예요. 가끔은 가누보다 더 귀요미에요. 모둠일기에 쓰신 여러 부모님들 글을 보는 것도 즐겁네요. 다들 열심히 잘하시고 계시는데 아이들에게 좀 더 잘해 주지 못하는 미안한 마음을 담고 있는 글에 저도 백 퍼센트 공감하네요. 그런 부모님들을 어머니, 아버지로 둔 우리 아이들은 정말 행복한 아이들이라고 생각합니다. 그래서 자책하기보다는 "이런 상황에서 나보다 더 잘할 수 있는 사람은 나밖에 없어." "아주 잘하고 있어." "최고 중 최고."라며 스스로 칭찬해 주어요. 걱정하고 있는 것보다 우리 아이들 훨씬 잘해 내 가고 있는 것 같네요. 더위와 장마로 지치기 쉬운 날들이지만 보석 같은 아이들과 즐거운 한 주 되세요.

★ 가누 어머니! 무슨 일로 가누가 아침에 야단을 맞았나요? 에구. 웬만하면 아침엔 서로 기분 좋게 시작해야 하는데……. 그래요. 늘 누군가와 비교하면서 자책하기보다는 가누 어머니처럼 긍정하고 격려하는 게 삶의 에너지를 넘쳐나게 하는 것 같아요. 저도 오늘 그래야겠어요. 나 자신에게 격려해 주기!

손연호

날씨: 비 온 뒤엔 더 더워.
올 백을 목표

올 백을 목표했다. 올 백을 맞으면 기분도 좋고 아빠가 장난감을 사 주신다 하셨다. 그래서 올 백을 목표로 했다. 공부도 열심히 하고 선생님 말씀에 귀를 기울여서 꼭 올 백을 맞을 거다. 시험을 빨리 보고 싶다.

손연호 어머니

날씨: 너무 더워 팥빙수가 먹고 싶은 날
집에서도 공부를

시험을 잘 보겠다고 다짐하는 내 아이는 집에선 전혀 공부를 안 한다.

책 한 장 읽는 것을 잘 보질 못한다. 내가 바쁘다는 이유로 신경을 제대로 못 쓰지만 내 재주로는 가르치기도 힘들다. 그래도 집에서 공부하지는 않아도 학교와 학원에선 꽤 잘, 그리고 열심이어서 참 다행이다.

학원을 보내기 시작한 것은 작년 11월 말쯤. 늘 좁은 가게의 쪽방으로 하교하던 아이가 친구와 놀고 싶다고 학원을 보내 달란다. 그래서 시작이 되었고 엄마와 함께 늦게나 집에 오게 되니 자연스럽게 집에서의 공부는 멀어졌다.

지난주 엄마들이 아이 공부시키는 일기를 읽고 나니 머리가 띵! 아, 이렇게 아이를 공부시켜야 하는구나. 난 엄마 노릇을 잘 못 하는 거구나. 자책을 하면서도 오늘도 늦게 온 나는 아이를 10분이라도 일찍 재우려만 한다. 벌써 11시가 넘은 깊은 밤이기 때문이다. 학교에선 선생님 말씀을 잘 듣는 것인지, 공부 안 시키는 엄마를 기대하게 한다.

연호! 엄마도 올 백을 기대해 볼게. 아자아자 파이팅!

✤ 와, 연호는 공부 욕심이 정말 많네요. 어찌 이렇게 스스로 공부 열심히 하려는 마음이 생겨났을까. 신기하고 기특하네요. 시키지 않아도 알아서 잘해 주니 연호 어머니는 복이 많으세요.

✿ 넘 부러워요. 맘에 없는 공부를 시키니 효과 없네요. (근구 엄마)

7월 5일(화)
쌍둥이들 하늘 산책 시켜 줘야겠다

강민정

날씨: 더운 날씨
하은 언니랑 아이스크림을 먹으면서 놀았다

오늘 밥 먹고 하은 언니 아빠가 전화를 하셔서 나는 나가서 아빠가 조금만 있으라는 말을 해 드렸다. 난 아빠가 올 때까지 노는데 아빠가 와서 좀 놀고 들어가라고 하셨다. 아저씨는 천 원을 주시고 아이스크림을 사 먹으라고 하셨다. 나는 얼음이 들어 있는 복숭아 얼음을 먹었다. 정말 맛있었다. 언니도 나처럼 똑같은 아이스크림이다. 나는 아빠 한 입을 드렸다. 아빠는 이제 옷을 갈아입고 일하러 가셨다. 나도 들어갔다. 언니랑 더 놀고 싶었지만 시험이라서 나는 공부를 하러 들어갔고 숙제도 많아서이다.

정말정말 오늘은 기분 좋은 날이었다. 언니도 기분이 좋았을 것 같다. 그런데 내가 아저씨도 하나 드릴걸 하고 생각했다.

아저씨, 정말정말 고맙습니다. 다음에 또 만나면 "고맙습니다."라고 말해야지. 약속이다.

강민정 아버지

민정이 혼자 아이스크림 먹은 날

우리 민정이, 더운 날씨에 공부하느라 고생이 많지? 시험 준비하랴, 엄마 아빠한테 꾸지람도 많이 받지만 다 민정이의 자존심을 위한 거니까 조금만 참고 열심히 하여 시험에 민정이가 만족할 수 있는 결과를 얻기 바라. 시험 끝나면 바로 얼마 있다가 여름방학이니까 즐거운 방학을 생각하면서 부담 갖지 말고 그동안 민정이가 준비한 대로 시험 잘 치길 바라.

야, 인마! 그리고 언제 니가 아빠한테 아이스크림 한 입 먹어 보라고 했냐? 자기 혼자 다 먹고……. 그리고 민정아, 언제 선아 아빠 한번 만나게 해 줘. 선아 아빠랑 딸들 자랑하면서 모둠회에 소주 한잔하게. 알았지? 잘 자라, 민정아!

✦ 선아 아빠와 만나 소주 한잔하셔야겠네요. 저는 아이들에게 시험 부담은 주지 않으려고 하는데, 분위기 탓인가요? 아이들은 스스로 시험에 대한 스트레스를 지니고 있어요. 물론 아이들 가운데는 전혀 개의치 않는 아이들도 있어요. 참 저래도 되나 싶을 정도로 천진난만……. 민정이도 나름 최선을 다하고 있답니다.

> 이수빈

날씨: 덥다.
박가누는 짜증난다

나는 오늘 박가누가 짜증나는 걸 알았다. 내가 책상을 붙이라고 했는데 "붙인다고."라고 말했다. 근데 박가누는 안 붙였다. 나는 너무 화가 났다. 그다음 확 책상을 붙여서 내 음료수도 쏟았는데 "아, 바보 같다." 라고 박가누가 웃었다. 나는 울고 싶었다.

✦ 박가누. 나쁘다!

> 이수빈 어머니

좀 전까지 수빈이와 바른 생활 문제집을 풀고 모둠일기를 쓰고 있습니다. 지금 시각이 오전 12시 10분이네요. 늦게까지 문제집 푸느라 수빈이가 짜증내고 졸려하고 힘들어하네요. 이불에 눕자마자 벌써 꿈나라네요. 솔직히 지금처럼 공부해도 효과가 없다는 걸 아는데도 직장생활하고 와서 공부를 도와주려니 어쩔 수가 없네요. 수빈이가 스스로 공부하면 좋을 텐데 아직은 무리인가 봐요. 오늘도 하루 종일 티브이만 본 것 같더라고요. 그래서 저 또한 더욱 강요했나 봐요. 앞으로는 조금씩 매일 시켜야지 하는데……. 이번 기말고사 끝나면 저 또한 손을 놓을 것 같네요. 수빈이가 저를 닮아서 그런가 하고……. 다시 반성하게 됩니다. 아무튼 남은 시간 열심히 공부시켜서 수빈이가 시험 잘 봤으면 좋겠네요.

선생님도 무더위 속에 고생 많으시네요. 건강하시길 바랍니다.

✿ 아이구우~ 12시 넘어까지 시험 공부 시키셨군요. 효과는 글쎄요. 그래도 그렇게라도 해야 안심이 되는가 봅니다. 우리 딸 중1인데 기말고사 기간이거든요. 9시에 자고 아침에 일어나더니 "엄마, 나도 모르게 잠들어서 지금 일어났어. 나 어떡해……." 아이구 참, 천하태평. 전혀 긴장감 없어 보이는 저 딸을 저, 어찌할 도리가 없었네요.

김유빈

날씨: 와우, 더위.

글씨가 바뀌었다

오늘 글씨를 써 봤는데 갑자기 어른이 쓰는 글씨처럼 쓰는 게 더 편해져서 내가 그냥 평소에 쓰던 대로 쓸라고 해도 자꾸자꾸 어른 글씨가 더 편한지 자꾸 글씨가 어른 글씨가 된다. 그래도 좋은 것 같다. 왜냐하면 내가 글씨를 보니 더 멋있었다. 나의 글씨 언젠가는 더 멋있는 글씨로 바뀔 거를 생각하니 궁금하다. 아주 멋있는 글씨로 바뀌었으면 좋겠다. 오늘은 신기하고 좋은 날이다.

김유빈 아버지

아들 녀석 일기를 읽고 있자니 웃음밖에 안 나온다. 시험 전날 벼락치기 공부를 11시까지 하고 쓴 일기가 이렇다. 이 녀석은 도통 걱정이라는 게 없는 녀석이다. 무엇을 하든 무슨 상황이든 여유만만 그 자체다. 다음 달에 있는 원주시 태권도 대회도 "아빠, 메달 하나 따 볼까?" 하더니 아무런 고민과 생각 없이 시작한 아들이다. 이런 성격이 좋은 건지 아닌지는 모르겠지만 그래도 근성이 보여서 걱정하지는 않는다. 토요일과 일요일 내내 시험 공부를 함께 해 줬다. 절대 성적이 좋아야 해서가 아니다. 아빠로서 내가 해 주어야 할 약속이기 때문이다. 힘들었을 텐데 내색하지 않고 따라와 준 쌍둥이들이 많이 고맙고 대견스럽다.

오후에 한때 같이 비행을 한 친한 친구가 안부 전화를 했다. 아이들 방학하면 함께 와서 비행기 태워 주라고……. 정말 이번 방학에는 쌍둥이들 하늘 산책을 시켜 줘야겠다. 울 쌍둥이들 과거 내 사진들만 보면서 많이 궁금해했는데, 조종사였던 아빠를 직접 보고 느낀다면 조금은 더 씩씩하고 멋지게 커 주지 않을까?(아빠의 작은 바람) 늦게까지 공부하고 잠든 쌍둥이들을 보고 있자니 벅찬 행복이 차오른다. 시험이 끝나면 쌍둥이들이 좋아하는 치킨에 피자 사들고 깜짝 파티 한번 해 줘야겠다. (모르는 사람은 유치하다 할 수 있지만 우리 집에선 다르다. 먹는 것에 대해 내가 굉장히 엄격하다. 운동도 가르쳤던 터라 아이들 식습관을 나는 굉장히 중요시한다. 지금 쌍둥이들의 원망보단 앞으로 쌍둥이들의 건강이 훨씬 더 중요하기에…….) 사랑한다, 울 쌍둥이들.

✦ 와, 그래도 시험이라고 공부하는 시늉은 냈군요. 시험이라고 지나치게 공부에 매달리는 것도 보기 안 좋지만, 평소처럼 아무 긴장감 없이 지내는 것도 좀 그렇더라구요. (무심한 건지, 대범한 건지.) 시험 끝나고 방학하면 아빠가 계획한 멋진 날들을 아이들이 기대하겠네요. 게다가 이벤트

까지……. 저는 우리 아이들에게 이런 생각 한 번도 안 해 봤는데, 아이디어 좀 베낄게요.

원태호

날씨: 이 더운 날씨가 지겹다.
다음 주 월요일 김경훈을 컴퓨터실로 초대하기로 결정

오늘 학교에서 누굴 컴퓨터실에 초대할지 곰곰이 생각해 봤는데 누굴 초대할지 생각해서 김경훈을 초대하기로 마음을 먹었다. 그리고 학교를 끝내고 컴퓨터실로 가서 초대장에 글씨를 다 쓴 다음 컴퓨터로 예쁘게 다 꾸며서 컴퓨터 선생님이 다 한 사람 인쇄해 준다고 하셨다. 그래서 인쇄, 선생님이 해 줘서 자기가 만든 것을 나눠 주었다. 이제 초대장만 주면 된다.

원태호 아버지

모둠일기 참 좋은 것도 같고 참 나쁜 것도 같다. 왜? 나를 고민에 빠지게 하는 모둠일기니까.

먼저는 이 핑계, 저 핑계로 잘 빠져나갔는데 이번에는 어떻게 빠져나갈 방법이 없군요. 어떻게 무엇부터 시작해야 하는지 전혀 생각이 안 나네요. 그러나 하늘이 주신 기회를 놓치면 안 되겠지요.

내일은 강원도 발전을 앞당길 수 있는 아주 중요한 날이다. 남아공 더

반에서 2018년 평창 동계올림픽 유치가 성공할지 아니면 실패할지 결정되는 날이다. 강원도민의 염원이기도 하고 대한민국 전 국민의 염원인 2018년 평창 동계올림픽 유치가 성공할 수 있도록 주순영 선생님, 그리고 태호 반 친구들, 이번에는 꼭 성공할 수 있도록 함께 빌면서 내일 밤 역사적인 순간을 기다려 보자.

선생님, 힘드시지요? 요즘 아이들은 말을 잘 안 듣지요? 항상 감사합니다. 태호 그리고 태호 반 친구들, 선생님 말씀 잘 듣고 건강하고 씩씩하게 착하게 자라 다오!

✤ 태호 아버지께. 빠져나가지 못하시고 이렇게 당당하게 맞서 받아들여 주셔서 고맙습니다. 영광입니다. 아, 평창 동계올림픽 결정이 오늘인가요? 결과가 기대됩니다. 태호 글씨가 참 이쁘지요? 마음도 참 곱답니다. 발표할 때 목소리가 좀 약해서 그렇지 다른 면은 모두 좋습니다. 태호 아빠가 모둠일기 참여해 주셔서 태호 기운이 더 넘치겠어요.

박달해

날씨: 해와 비
자전거

나는 동생을 데리고 자전거를 탔다. 타다 보니 지혜가 우리랑 놀려고 줄넘기를 갖고 왔다. 그리고 놀다가 지혜 집에서 조금 놀다가 집으로 왔다.

박달해 어머니

하늘이가 며칠 전부터 미술 학원에 다녀서 평소보다 한 시간 늦게 오게 되어 달해랑 둘만의 시간을 가질 수 있게 되었다. 어젠 집 근처 마트 가서 장도 보고 오늘은 우체국도 같이 가서 볼일도 보고……. 맨날 나의 손에는 하늘이 손이 잡혀 있었는데……. 항상 달해는 혼자 걸어오고……. 미안한 마음에 달해 손을 더욱 꼭 잡아 주었다. 달해도 아직 나의 보살핌이 많이 필요한 아이인데 내가 그동안 달해한테 너무 무관심했었다는 생각이 든다. 내일은 달해랑 대화 좀 해 볼려고 한다. 그동안 엄마한테 서운했던 거, 말 못 했던 거 있음 다 털어 주고 그동안에 잘못한 거는 용서도 구하고 달해 얘기를 들어 주어야겠다. 달해 얼굴에 다시 미소가 생기길 바라면서…….

✯ 달해 어머니! 잘 생각하셨어요. 달해랑 시간 많이 가지세요. 그리고 달해 마음에 들어가서 헤아려 주세요. 진심으로 사랑받고 있음을 느끼게 말이에요. 벌써 달해가 달라져 보이는걸요. 기운이 느껴져요.

7월 6일(수)
웬수 같은 술은 먹어 치워야 한다

> 탁선아

일기

오늘 아빠가 일기를 쓴다. 무슨 일기를 썼는지 궁금하다. 아빠가 저번 주 수요일 날 쓴 거를 선생님이 재밌다고 말해 주셨다. 이번에도 아빠가 재미있는 일기를 써 주셨으면 좋겠다.

> 탁선아 아버지

7월 6일 술요일

오늘 또 모둠회 쓰는 날이구나. 재미있는 이야기가 있어 쓸려고 했더니 지면이 부족하네. 다음 기회가 있으면 써야 되겠다. 선돌이 선상님이 민정 아빠랑 술을 한잔하라시네. 선상님 말씀 잘 들어야지. 그런데 그날

술값은 누가 내지. 난 주량이 남이 사면 말술인데. 내가 사는 술은 냄새만 맡아도 만취가 되는데…….

알콜이 다 빠졌나. 오타가 자꾸 나오네. 내일 비가 예보되어 다른 날 같으면 지금쯤 찐하게 빨았을 텐데……. 내일 영월 동강에 용접 일을 간다. 동강 막걸리를 시음했는데 별로 맛을 모르겠더라. 내일 가서 한 번 더 먹으면 맛을 알 것 같다. 사람들은 술이 웬수라 한다. 그 웬수 같은 술은 빨리빨리 다 먹어 치워야 한다. 내 대에서 술을 다 먹어 없애는 게 목표다. 민정이 아빠가 많은 도움을 주었으면 한다. 선돌이 선상님도 언제 한번 도움을 주시죠. 일기 끝.

✤ 네, 선아 아버지! 말씀대로 기회가 되면 저도 세상의 술을 먹어 없애는 데 작은 도움을 주겠습니다. 그런데 주류 회사에서 계속 만들어 내는데 어쩌죠?

주은영

날씨: 해님 쨍쨍
시험

오늘 학교에서 시험을 봤다. 먼저 국어를 보았다. 근데 갑자기 국어 시험지를 보았을 때 가슴이 두근두근거렸다. 그리고 이런 생각이 들었다. 나 몇 점 받을까? 100점 95점 90점…… 앗, 궁금하다. 그리고 이런 생각이 들었다. 엄마가 시험 잘 보면 피자 사 준다는 생각이 들었다. 그래서 나는 열심히 할 거다. 그리고 바생을 보았다. 그때는 가슴이 두근두근 안

거렸다. 근데 내가 늦게 시험을 보았나 보다. 그리고 내일은 오늘보다 더 시험을 잘 보고 엄마한테 칭찬 듣고 피자 먹어야겠다. 끝!

주은영 아버지

　오늘은 맑고 흐리고, 내일은 비가 많이 온다 하네요. 그리고 선생님이 걱정하시는 비 피해는 없습니다. 그리고 은영이가 콧소리 하고 그러는 것을 방학 동안에 교내에서 발음 연습을 할 수 있는 곳이 있는지 궁금하군요. 병원에서는 그다지 이상이 없다고 하는군요. 교내에서 이러한 발성 연습을 하는지 알고 싶습니다. 선생님, 이러한 곳이 있으면 선처해 주십시오. 더운 날씨에 학생들을 위해 고생이 많으십니다.

　★ 은영 아버지! 합창부가 있는데요, 5학년부터예요. 아무 문제가 없다고 했으니까 조금 더 지켜보는 게 좋을 것 같아요. 학교 안에 따로 발음 연습하는 곳은 없어요. 소리 내어 책 읽는 것을 연습시킬까요? 매일 조금씩요. 학교 마치고 남겨서요.

김유민

날씨: 아잉~ 더워.
아~ 목말라

　오늘 글쓰기 시간에 목이 말라서 1학년 교실 있는 쪽에 정수기가 있는데 그쪽에 가서 물을 서재경이 조금 뱉었는데 무슨 언니가 물을 낭비하지 말라고 아예 못 먹게 했다. 나는 그 언니를 혼내 주고 싶었다. 그리고 서재경은 울었다. 그런데 은빛(별명)이가 언니 이름이 은빈이라고 하였다. 왠지 나는 그 언니를 때려 주고 싶었다.

김유민 아버지

드디어 쌍둥이들 기말고사 준비가 끝났다. 성적은 중요하지 않다. 그저 아이들에게 아빠 노릇 조금 해 준 거에 대한 내 만족일 뿐…….

늦은 시간임에도 밖이 많이 소란스럽다. 음악 소리에 사람들 환호성에……. 평창 동계올림픽 개최지 발표를 앞두고 체육관에서 행사가 열린 듯하다. 이번에는 반드시 개최되면 좋으련만……. 대한민국 국민으로서 사람들이 단합할 수 있는 이슈가 필요하다는 생각이다.

내일부터는 쌍둥이들이 조금은 여유가 생기겠구나 싶더니 여름방학엔 뭘 해 줘야 하나 슬쩍 고민이 생긴다. 물론 이것 역시 나에겐 행복한 고민이다. 쌍둥이들과 함께한다는 것. 일단 쌍둥이들에게 예약된 건 놀이동산, 오토캠핑장, 낚시, 대구 큰이모 집, 아빠랑 비행기 타기, 물놀이…….

적다 보니 갑자기 군대 있을 때 듣던 말이 생각나는 건 왜일까? "피할 수 없으면 즐겨라." 할 수 없다. 이럴 땐 나도 아이들 눈높이 맞춰서 아이들처럼 신나게 즐기면서 충전하는 수밖에. 사랑하는 쌍둥이들 이번 여름방학에도 준비됐으면,

"클리어 포 테이크 오프(Clear for take off, 이륙 허가)!"

김경훈

날씨: 쌩쌩

로봇

오늘 로봇 교실에 가서 포클레인 로봇을 끝냈다. 그다음에 매머드 로봇이다. 빨리 매머드 로봇을 만들고 싶다.

김경훈 어머니

날씨: 뜨거워 죽겠다.

아이스커피

너무 더워서 시원한 것만 생각난다. 둘째를 출산한 뒤로 더위를 많이 타서 여름을 별로 좋아하지 않는다. 오늘은 시원한 것만 생각이 난다. 특히 얼음이 잔뜩 든 아이스커피 정말 좋다. 아이스커피는 친구다. 커피를 만난 지 17년 됐다. 직장을 다니면서 선배들과 일을 시작하기 바로 전에 커피 타임을 가지면서 커피를 마시게 된 게 지금까지도 이어져 온다. 커피 향이 무거운 마음을 잘 달래 주어 가장 가까운 친구가 되어 주었다. 여름이 되니 쿨한 아이스커피가 더욱 생각나게 된다. 바리스타가 되어 볼까? 아니다. 집에서 여유 있게 커피를 마실 수 있는 커피 머신을 하나 사야겠다. 갖가지의 여러 커피 좀 먹어 보게 말이다. 돈 모아야겠네. 돈이 원수다.

❀ 저도 커피를 너무 좋아하다 보니 친구 같은 존재가 돼 버렸네요. 옆에

없으면 안 되는……. 어느 병원에서 근무를 하시는지? 제가 시간 되면 경훈 엄마와 커피 한잔을 해야 할 듯……. 시원하게 한잔 주실 거죠? (민지 엄마)

★ 두 분 빨리 연락해서 만나세요. 그리워만 하지 마시구요.

한규민

날씨: 찜통
엄마의 약속

난 오늘 기말고사를 봤다. 국어랑 바생을 봤다. 조금 어려웠다. 시험을 잘 보면 엄마가 게임기 사 준다고 하셨다. 그런데 시험을 잘 못 본 거 같아서 걱정이다. 내일은 시험을 잘 봐야겠다.

한규민 어머니

규민이가 시험 준비를 한다고 열심히 공부하기는 했는데 잘 못 본 거 같다고 걱정이다. 어제는 받아쓰기 100점 맞았다며 신나서 시험 공부 하더니 용돈 1000원을 받고 싶단다. 티브이 앞에 놓고 간다고 약속했는데 깜박 잊었다. 일하는데 전화해서 따진다. 미안하다. 저녁내 내일 시험 공부 하느라 규민인 정신이 없다. 틀린 문제 다시 풀고 하더니 내일은 잘 볼 거라 말한다. 게임기 사 준다고 약속했는데……. 이번 시험 성적이 나오면 규민이 게임기 하나 사 줘야겠다.

주말에 동생들이 내려온단다. 친정아버지 생신이 얼마 남지 않아서이다. 더위를 많이 타는 나인데, 음식할 일이 걱정이다. 음식을 많이 하지는 않지만 엄마가 안 계셔서 내가 다 해야만 한다. 친정이나 시댁에서도 제일 윗사람이라 항상 걱정이다. 잘하지도 못하는 집안일이며 가족 행사 때면 챙겨야 하는 모든 것들이 때론 부담이 되기도 한다. 하지만 지금껏 해 왔던 것처럼 최선을 다하면 잘될 거라 믿는다. 아이들 방학하면 시댁에나 다녀와야겠다. 가서 어머님과 고기도 굽고 냇가에 발도 담가야겠다.

7월 7일(목)
왜 엄마를 자주 못 보는 걸까

최유나

날씨: 비 왔다 안 왔다
우리 반 선생님이 안 계신 날

오늘 우리 반 선생님이 안 계셨다. 그래서 일기를 내는 것도 안 내는 거다. 내는 것 안 내는 것도 불편했다. 1, 2교시엔 머리를 파마한 선생님이 오셨다. 그 선생님은 너무 무서우셨다. 또 쉬는 시간도 옆 반이 안 하는 것 같아서 3, 4교시 선생님이 오실 때 쉬는 시간을 했다. 또 3, 4교시 선생님은 좀 좋았다. 그래도 주순영 선생님이 제일 좋다.

최유나 어머니

오늘도 저녁부터 많이 비가 왔고 빨리 장마가 그치면 좋겠다고 생각해요. 오늘 기말도 끝나서 유나야, 수고해요.

동계올림픽 평창에 결정 나서 기뻤어요. 제가 한국에 왔는 거가 2001년예요. 그때 "2010년 동계올림픽을 평창에서!"라고 하는 현수막이 많이 눈에 들어왔습니다. 그 글을 보면 "아~ 동계올림픽을 한국에서 하는 거 같구나."라고 생각했는데…….

어느새 10년이 지나갔습니다. 아직도 한국의 문화를 잘 몰라서 어떻게 해야 하는 것도 몰라서 실패도 많이 합니다.

유나야, 유나가 학교에 씩씩하게 가는 모습을 보면 엄마도 힘나요. 유나, 고마워.

✿ 유나 어머니! 이제 한국에 오신 지도 10년이 되셨군요. 그동안 적응하느라 애 많이 쓰셨지요? 이제는 어느 정도 이 나라 국민이 되신 것 같아요. 우리 나라에서 일어난 일에 함께 기뻐하고 함께 슬퍼하고……. 유나가 엄마에게 힘이 많이 되지요? 또래 아이들보다 많이 어른스러워요. 큰딸은 살림 밑천이라는 우리 나라 옛말이 있답니다.

\ 조휘수

날씨: 오랜만에 비가 잔뜩 내림
한참 자기

나는 한!참 잤다. 4~5시간 정도 낮잠을 잤다. 깼더니 엄마, 형이 왔다. 기분 좋았다.

조휘수 어머니

비가 엄청 쏟아지고 있네요. 큰 우산을 받쳐도 발이 다 젖어 가면서 휘수한테 왔는데 또 자고 있어요. 짜식! 엄마 오는 날, 초저녁잠만 자고…….

선생님 덕분에 안경을 잘 찾았더라고요. 칠판을 잘 봐서 다행입니다. 휘수는 4살 때쯤 공룡을 너무 좋아해서 서점에 있는 공룡책이란 책은 거의 모두 다 사서 섭렵했어요. 공룡 이름 100개 정도는 모두 외웠고 그 덕에 한글을 쉽게 뗀 것 같아요. 그 외에 곤충, 동물 들에 관해서 관심이 조금 깊어졌고 1학년 때까지는 책을 꽤 좋아하더니 게임의 재미를 알면서 이제는 책과 점점 멀어지고 기계(컴퓨터)와의 전쟁을 하고 있어요. 저번 주에는 혼나고 일요일에는 아예 손도 대지 않는데 그 효과가 하루도 못 가고 또 키보드를 두드려 대고 있어요. 선생님도 게임을 적당히 하라고 말씀 좀 해 주세요. 저는 그런 휘수를 믿고 집에서 아예 책도 안 들여다봤는데 오늘 시험 잘 봤는지 궁금하네요.

방학이 얼마 안 남았어요. 장마가 끝나면 본격적인 무더위가 시작되겠죠.

선생님, 같은 모둠의 부모님들도, 아이들도 모두 건강하세요.

"예스, 평창" - 조휘수의 악필 모

✿ 휘수가 컴퓨터 게임 하는 시간이 꽤 많더라구요. 눈도 나쁜데 게임을 즐겨 하면 더 안 좋아질 것 같은데, 일주일에 한 번 정도만 하게 하세요. 휘수는 잘 알아들을 거예요. 저도 이야기하겠습니다.

강하늘

날씨: 비가 오고 번개가 번쩍

난 요리사

저녁에 불고기 삼각김밥을 만들었다. 밥에 양념을 하고 고기를 볶았다. 삼각형처럼 생긴 통에 밥을 넣고 고기를 넣고 또 밥을 넣었다. 김에 밥 싸고 스티커만 붙이면 끝이다. 먹었더니 사는 것보다 더 맛있었다. 내일도 삼각김밥을 만들고 먹었으면 좋겠다.

강하늘 어머니

요즘 우리 집은 시험 공부 하느라 정신이 없었다. 저번 주엔 중학생인 큰애가 시험을 본다고 새벽까지 공부하고 일찍 일어나고(참고로 시키지는 않았어요) 4일 동안 시험 보느라, 큰애 비위 맞추느라 때 아닌 시집살이에 힘들었다. 큰애가 시험 끝나고 나니 하늘이 시험이 코앞으로 다가왔다. 잘 보든 못 보든 어쨌든 열심히 해 보자고 하늘이와 약속을 하고 며칠 동안 열심히 문제집 풀고 시험 보고 와서 울상인 하늘이 얼굴을 보니 안쓰러워, 다음에 더 열심히 공부하자고 다짐, 약속했다. 아들딸 시험 다 끝났나 했더니 늦게 직장인 대학생이 된 아빠가 시험을 본단다. 늙어서 공부하더니 머리에 안 들어간다고 한탄하는 신랑을 옆에 두고 잘 수도 없고, 에고고 힘들다. 담 주엔 아이들과 즐거운 시간을 가져야겠다. 애들아~ 시험 보느라고 수고했다. 사랑해.

✮ 시험! 정말 살아가면서 시험을 피할 수 있는 사람이 얼마나 있을까요? 어른이 되어 제일 좋았던 게 시험에서 놓여났다는 거. 저는 그랬거든요. 그런데 종이 시험 말고 인생의 또 다른 시험들이 끊임없이 생기네요. 그때그때 잘 풀어 가면 성장하는 계기가 되지요. 실패 또한 삶의 밑거름이 되구요. 이제 식구들이 모두 아빠를 응원해야겠어요.

서민지

날씨: 장맛비가 왔다 안 왔다
엄마를 잘 못 보는 날

난 오늘 학교를 갔다 집에 왔다. 그런데 할머니밖에 없었다. 그래서 난 엄마가 올 때까지 10시 30분까지 기다렸다. '근데 왜 엄마를 자주 못 보는 걸까.'라는 생각을 했다. 기다려도 안 온다. 엄마는 아빠가 많이 아프셔서 병원에서 12시 넘어서 오신다. 그래서 난 엄마를 아침밖에 못 보아서 마음이 속상하다.

서민지 어머니

날씨: 낮에는 비 오다 그쳤다가 저녁때부터는 억수 같은 비
엄마도 민지를 잘 못 봐서 보고 싶은 날

아침에 잠깐 민지를 보고 나도 사무실을 나갔다가 바로 아빠한테 가서 점심을 챙겨 드리고 농협 마트로 바로 출근을 한다. 이렇게 반복된 지

한 달이 다 되어 간다. 오늘 시험이 끝난 날인데도 그동안 옆에서 함께 공부를 봐주지도 못하고 민지가 잘 때 들어와 자는 모습만 보게 된다. 엄마가 바쁘지만 않으면 민지 학교 갔다 오면 집에 왔다가 민지랑 아빠 병원을 같이 왔다 갔다 할 텐데……. 민지한테 너무 미안한 맘만 든다. 민지 땜에 아빠를 빨리 퇴원시켜서 통근 치료 받게 해야겠는걸……. 민지야, 조금만 참아. 일요일쯤 아빠께서 퇴원하실 것 같으니까! 알았지? 이구! 울 공주가 엄마 얼굴 잊어버리면 안 되는데……. 엄마도 민지를 아침밖에 못 봐서 마음이 엄청 많이 속상하다. 우리 아빠 퇴원하는 날 파티하자, 민지야. 며칠만 더 참자, 사랑해.

✦ 그동안 민지가 엄마 아빠의 부재로 허전한 구석이 있었을 거예요. 이제 곧 방학이니까 아이들하고 함께 있을 시간이 많아질 것 같아 다행이네요. 민지 아빠도 얼른 퇴원하셔서 식구들이 함께 자고 먹고 이야기 나누는 시간 갖길 바래 봅니다.
✿ 힘내세요, 민지 어머님! 오늘은 월요일이니 파티하셨겠어요. (연호 엄마)
✿ 힘들 텐데 잘해 나가고 있네요. 민지가 조금은 엄마 맘 알 거예요. 파이팅~ (근구 엄마)

김민기

비 오는데 아이스크림 먹다가

오늘은 피아노에서 스티커를 다 모았다. 그래서 선생님이 아이스크림을 사 주셨다. 그런데 혼자 가서 좀 이상한 기분이 들었다. 난 아이스크림을 사고 우산을 펴라 그랬더니 내가 벌써 아이스크림 까서 우산이 잘 펴지지 않았다(내 우산은 자동 우산이라서 잘 펴지지 않는다). 그래서 난 마트에서 피아노 학원까지 비가 엄청 많이 오는데 뛰어갔다. 나는 그 안 좋은 기분이 그거일지도 모를 것 같다.

김민기 어머니

평창 동계올림픽 확정된 날

참 얼마나 고대하고 고대했던가? 저~ 아프리카 더반에서 날아온 기쁜 소식에 밤늦도록 잠 못 이루고 남편과 함께 축하주를 마셨다. 강원도민이기에 마냥 기쁘기만 하다. 이제 강원도도 많이 발전하겠지? 항상 다른 도보다 낙후되고 변변한 기반 시설도 문화 시설도 없는 강원도에 살다 보니 불만이 많았나 보다. 여름이면 고속도로가 미어터지고 아름다운 많은 자연환경과 문화 유적을 가졌음에도 불구하고 교통편이 불편해서 가 보질 못했으니 많이 답답했다. 어제 티브이에서 평창의 피티(PT, 프레젠테이션)를 보니 내 가슴이 뻥 뚫리는 것 같았다. 고속철에 고속도로 건설에 전철까지. 깨끗한 자연환경에 둘러싸여 살면서 문화, 체육, 레저 관광 도시에 살게 생겼다. 사람 많고 복잡한 서울, 수도권보다 훨~씬 좋아지리라 생각해 본다.

그건 그렇고 애들 시험이 끝났다. 그동안 엄마한테 들볶였을 우리 애들 이제 해방이네~ 사실 공부가 다가 아닌데 시험 때만 되면 공부가 '다'가 된다. 반에서 몇 등을 하는지는 중요치 않다. 아이가 학기 중에 배운 걸 이해했는지, 모르는 부분은 없는지가 중요하니까. 엄마 입장에

선 기왕이면 다 알고 학기를 마쳤음 해서 공부를 시키게 되는데 본인들은 많이 한다고 투덜댄다. 저녁 8시까지 노는 애들이 말이다. 동네에 8시까지 노는 애들은 우리 애들 포함해서 몇 명 되는데 놀 거 다 놀고 공부할려니 짜증도 나겠지! 하여간 이런 실랑이에서 해방돼서 나도 좋다.

애들아! 우리 벼락치기하지 말고 평소에 꾸준히 공부하자꾸나. 그리고 스스로 알아서 하는 공부 하자. 자기주도학습법 알지? 우리 그렇게 하자. 응?

✦ 민기는 시험이 너무 싫다네요. 없어졌으면 좋겠대요. 민기 어머니, 집에서 공부 많이 시키셨나 봐요. 초등학교 때 공부에 질리게 하면 중, 고등학교 때 힘들어할 것 같아요. 조금 여유 있게, 점수에 너무 예민하게 반응하지 말고 공부하는 게 어떤 거라는 것만 알게 해 주면 될 것 같아요.

7월 8일(금)
같이 때리라고 가르쳐야 하는지

최은총

날씨: 비가 참 많이 왔다.
조개 색칠하기

난 오늘 엄마보고 "엄마, 우리 조개 색칠하자."고 내가 그랬다. 그래서 엄마가 "알았어."라 그랬다. 나는 기분이 좋았다. 그리고 조개를 예쁘게 색칠했다.

최은총 누나

날씨: 오늘도 비가
겉과 속

내가 속과 겉이 다른 사람일까? 예전에도 생각해 봤지만 색깔마을을 쓰면서 다시 한번 느껴진다. 나의 겉과 속. 나의 겉은 그냥 누구에게나 잘해 주는 것, 짜증나면 그냥 폭발해 버리는 것들이 있는 거 같고 나의 속에는 다양하고 많은 감정이 있다. 사람을 속으로 대할 때는 정말 다 해 주고 싶은 마음을 가지고 있고 짜증나면 한번 더 생각하고……. 이외에도 많은 것들이 있다. '그럼 난 이중인격잔가?'라는 생각도 해 본다. 그런데 사람은 보통 그렇지 않나 싶다.

감정 기복이 이상한 나는 은총이에게 뭐라고 할 때가 많다. 내 감정에 따라서 사람을 대하면 안 되는데 감정에 따라 대하는 것 같다. 좋은 누나가 되기로 했는데 아직까진 개선해야 할 점이 많다. 다만 노력이 안 될 뿐이지. 그래서인지 은총에게 잘해 주는 게 너무 어렵다. 맘먹고 잘해 주려는데 잘 안되고 힘들다. 어떻게 하면 잘할 수 있을까? 이때만큼은 공부가 더 쉬워 보인다. 그만큼 힘들고 어렵다.

✭ 은총이 누나는 은총이 엄마가 해야 할 고민을 하고 있네. 엄마 역할을 대신하고 있단 뜻이야. 그 정도로 충분히 잘하고 있어. 사람은 누구나 이중인격을 넘어 다중 인격이지. 한결같은 사람이 얼마나 있을까?

진우현

날씨: 추운 날
떡볶이

형아 집에서 떡볶이를 먹었다. 동생이 맵다고 해도 물 한 모금 안 먹고 먹었다. 맛있었다.

친우현 어머니

요즘 들어 아이를 키우는 데 고민이 생기기 시작했어요. 전 남자애들이 폭력적이거나 너무 참을성이 없는 아이가 되는 게 싫어서 애들이 어렸을 때부터 그런 환경, 그런 어른들의 모습은 모두 차단시켰었어요. 장난감으로 총이나 칼은 사 준 적이 없었고, 폭력적인 만화는 보여 주지도 않고, 우현이가 초등학교 들어와 게임을 알게 되었을 때도 컴퓨터를 거실에 두고 아이가 무슨 게임을 어느 정도 하는지 항상 체크를 했어요. 될 수 있으면 컴퓨터 게임도 늦게 시작하게 하려 했는데 학교에서 컴퓨터 수업이 있는 등, 아이에게 컴퓨터는 너무 가까운 존재가 되어서 시대를 거스를 수는 없더라고요.

우현 아빠와 저도(사실 자랑 같지만……) 결혼하고 나서 지금까지 단 한 번도 부부 싸움을 한 적이 없어서 사람이 싸우는 모습은 보여 준 적도 없고요. 아무리 더워도 에어컨 켜는 데는 항상 신중했어요. 애들에겐 북극곰, 환경…… 하며 이야기를 했지만 더위를 참지 못하는 애들에겐 참을성이 부족하다는 다큐멘터리를 본 적이 있어서 날씨에 대해서도 자연을 거스르지 않게 참는 법을 가르쳐 주고 싶었어요. 전두엽을 활성시키는 게 아이의 인성에 좋다고 해, 책을 많이 읽히고 하루에 한 시간 이상은 야외 활동을 시켰습니다.

그래서 바람대로 착하고 다른 사람에게 친절한 아이로 잘 자라 주고 있는데, 제가 요즘은 우현이가 다른 남자애들보다 친절한 면이, 그 모습이 약한 모습으로 비춰지지 않을까 걱정이 되기 시작했어요. 저희 친정 엄마도 다른 애들보다 저희 아이들이 약지 못하다며 걱정을 하시더라고요. 아이를 강하게 키워야 한다는 생각은 항상 가지고 있는데, 정신적으로 본인의 의지를 강하게 키워야 한다는 생각을 했지, 주위 분들 염려처럼 다른 사람에게도 강하게 키워야 한다는 생각은 해 본 적이 없어서……. 다른 사람에게 강하게, 다른 사람들과 같이 약게 키우는 게 정말 바른 교육인지……. 고민이 되네요.

친구가 "맛있는 거 사 먹게 돈 좀 가져와."라고 한 말을 그대로 저에게 "엄마, 친구가 맛있는 거 사 먹자고 나한테 돈 가지고 오래……."라며 천진난만하게 말하는 우현이. 친구가 핸드폰 보여 달래서 안 보여 주니까 발로 찼는데도, 그래도 저에게 그 친구를 혼내지 말래요. 아프지도 않고 친구가 금방 사과했다면서요. 그 친구가 우현이에게 그런 게 처음이 아니었는데요. 다행히 옆에 사촌 형이 있어서 그 친구를 대신 한 대 때려 줬다곤 했지만 그 말을 듣는 순간 가슴이 찢어졌습니다. 그 친구가 돈을 가지고 오라고 말해도, 발로 찼는데도, 나쁜 맘으로 그랬다는 의심을 전혀 안 해요. 근데 선생님, 제가 화가 나요. 이 일 외에도 그 친구는 제가 본 적이 있고, 어른이 보기에 우리 아이를 이용하는 것 같은 느낌이 있는데도……. 아직 아이들이라 그런지 전혀 의심을 안 하고 좋은 친구로 받아들여요. 이젠 참지 말라고 가르쳐야 하는 건지……. 지지 말고 같이 때리고, 너도 똑같이 하라고 가르쳐야 하는지…….

솔직히 그 아이를 우현 엄마로서 얼마나 더 참을성을 갖고 봐줄 수 있을지 제 자신도 걱정이 되네요. 팔은 안으로 굽는다는 말을 들을까 봐 말도 제대로 못 하고 저희 가족은 맘만 아파하네요. 애들 일이라 어느 선에서 참견을 하는 게 적당한지를 모르겠고요. 그래서 요즘 정말 고민스럽습니다. 방학 동안 '우현이 스파르타 교육을 도전해 볼까?' 생각도 드네요. 걱정돼요, 선생님.

✤ 우현 어머니! 고민하는 지점이 무엇인지 알 것 같아요. 맞아요. 우현이 다른 사람에게 욕하거나 때리거나 피해는 절대 못 주고 당해도 방어도 제대로 못 하는 경우를 봅니다. 모든 부모가 우현이네처럼 평화로운 방식으로 아이들을 키운다면 우리 아이들이 겪어야 할 온갖 폭력적인 방식은 일어나지 않을 텐데 말입니다. 같이 때리고 그렇게는 아니고요, 분명히 자기 처지를 말하는 걸 가르쳐야지요. 못해서 안 하는 게 아니라 옳지 못하기에 안 하는 거라는 걸 상대방에게 또렷이 말할 수 있게요. 우현 어머니, 좀 더 이야기를 나누는 자리를 마련했으면 합니다.

김근구

날씨: 비가 온다.
휘성 병원

휘성이라는 동생의 병원에 갔다. 바늘을 꽂고 있었다. 아파 보였다. 휘성이는 꾹 참고 있었다. 퍼즐 맞추기 놀이를 하였다. 할머니랑 같이 있었다. 잘 때는 이모랑 잔다. 만두도 가져갔다. 괜찮은지 궁금하다.

김근구 어머니

날씨: 비가 오락가락~ 아~ 해님이 보고 싶다.
욕심을 조금 털어 내기

오후 주간계획표를 확인하던 중 메모된 숫자를 보고 근구에게 물었다. 그 숫자가 무엇을 의미하는지. 근구는 아주 쿨하게 "수학, 슬생 점수."라나. 아니, 문제집 풀 때는 볼 수도 없었던 점수. 문제집 열심히 푼 근구를 생각해 "기대보다 좀 숫자가 작다."고 하니 쿨한 근구, "다른 시험 2개 잘 보면 돼." 한다. 아직 얘기해 주지 않은 국어, 바생 점수를 이야기하고 있다. 아이가 점수에 스트레스 받지 않아 다행이다 싶다가도 내 맘속에 욕심들이 아니라 소리친다. 그런 심란한 맘속 욕심들을 달래며 지내다 조카의 병실을 방문하고 온 순간 '건강하니 다행이다.'라는 생각이 내 맘속에 자리 잡는다. 5살인 조카는 2주간의 감기를 앓고 폐렴으로 번져 입원했다 한다. 평소에도 천식도 있고 아토피도 있고 아직 어려 잔병치레가 잦다. 심심해하는 이종사촌을 위해 퍼즐 놀이도 함께 해 줄 줄 아는 근구가 멋진 형인 듯해 자랑스럽다. 그런 근구의 모습을 보니 내 맘속 욕심들이 부끄러워진다. 이 맘속에 새겨진 것들이 좀 길게 이어졌으면 좋겠다. 왜 이리 이런 것들은 금방 잊혀지는지……

✦ 근구 어머니! 맞아요. 부모의 욕심. 조금만 줄이면 아이도 행복하고 부모도 행복해지지요. 긴 호흡으로 기다려 주고 참아 주는 게 부모의 역할인데 그게 쉽지 않다는 게 숙제이지요. 하지만 그것이 분명히 서로가 행복해지는 길이라면 그 길을 가는 게 맞지 싶어요.
✿ 지난번 공개수업 날 웃음 치료사님이 그러시데요. 아이가 클수록 도를 닦아야 하는데 그 도 이름이 '냅 도(둬)'라구요. 우리 노력해 봐요. (연호 엄마)

김지혜

날씨: 비가 많이 온 날
부연

나는 오늘 부연이랑 같이 놀려고 했는데 그네가 젖어서 못 탔는데 조금 타야 돼서 나는 들어갔다. 근데 부연이가 전화를 해서 내가 빨리 오라고 해서 빨리 왔는데 나는 그냥 책을 보라고 했다. 근데 부연이가 놀자고 해서 나는 안 된다고 했다.

김지혜 어머니

날씨: 비 오는 날
딸

일하고 돌아와 보니 지혜가 자고 있다. 지혜랑 같이 놀아 주지 못해서 미안하다. 같이 숙제도 도와주고 싶었는데 쉽지가 않다. 쉬는 날에 딸과 함께 신나게 놀아 줘야겠다.

✦ 토, 일요일에는 지혜랑 같이 많은 시간을 보내셨나 모르겠네요. 저 역시 마음만 가득하고 실제로는 제 일에 치여서 아이들을 방치하는 때가 많거든요. 그냥 알아서 잘하겠지 하면서요. 그런데 모둠일기 보니까 요즘 젊은 부모님들은 어찌나 다들 잘하시는지. 정말 세대가 바뀌어 가는 건지, 모두 좋으신 분들인지……. 저도 배워 가는 중이랍니다.

엄재민

날씨: 비가 좀 많이 옴

공부

공부 가르쳐 주시는 선생님이 우리 집에 오셨다. 나는 공부를 하는데 떨렸다. 그리고 선생님이 좀 더 구구단을 외우라고 하셨다. 나는 많이 구구단을 외울 것이다. 공부를 잘해서 지도도 줬다. 나는 기분이 좋았다. 정말 구구단을 외워야지.

엄재민 아버지

퇴근을 하고 집에 들어오면 늘 우리 아이들이 아빠를 기다리다 자는 모습을 보면 늘 미안한 마음이 드네. 마음 같아서는 일찍 들어와서 아이들과 놀아 주고 많은 대화를 나누고 사랑해 주고 싶지만…….

토요일 아침이라 쉴려니 와이프가 〈트랜스포머〉 영화 안 본 애는 재민이밖에 없다며 가라고 하네. 아침 조조를 보고 집에 오니 둘째 녀석, 다음 주엔 〈카〉 개봉이라나. 지 엄마가 하는 얘길 듣고 하는 말이다.

모둠일기 덕에 재민이 친구들과 더 가깝게 느껴졌는데 이사를 하게 되었네요. 민성, 민기, 민정이 모두 얼굴을 본 친구들이네요. 모두 건강하고 재민이랑 친하게 지내서 고마웠다.

선생님, 1학기 동안 잘 지도해 주셔서 감사합니다.

✦ 재민이네가 이사를 했다지요? 방학하고 2학기부터는 재민 얼굴을 볼

수가 없겠네요. 많이 아쉬워요. 전학 가서도 재민이, 지금처럼 밝고 명랑하고 똘똘하게 친구들과 잘 지내리라 믿어요. 새로 이사한 보금자리에서 행복한 날들이 이어지길 기원합니다.

7월 11일(월)
사랑합니다, 나의 순애 씨

백요한

날씨: 비

음료수

태권도 끝나고 음료수를 먹었다. 무슨 음료수냐면 오렌지 음료수다. 진짜 맛있다. 얼마나 맛있는지 모르겠다. 난 배 터지도록 먹었다. 난 좋다.

백요한 아버지

날씨: 비

아내에 편지 쓰기

어제부터 '아내에 편지 쓰까?' 생각했어요. 사랑하는 나의 아내 순애

씨! 세상에서 그 별처럼 많은 사람들 중에 나와 같이 키도 작고 여러 가지 부족한 사람을 만나 지금까지 여유 없는 생활을 하며 날마다 저녁부터 아침까지 야간 일을 힘들게 하고 아침에 퇴근해서는 아들 요한이를 가르치느라고 쉴 틈도 없어요. 그 고왔던 23살 어린 나이에 시집와서 나 하나만을 믿고 11년 동안 살아왔어요. 자기 몸은 돌보지 않고 남편과 아들을 위해 몸에 좋은 것이라면 제일 먼저 구하여 먹이려고 애쓰더니 어느 날부터 아내의 머리가 한 움큼씩 빠지는 것을 보고 나는 고생하는 아내한테 정말 미안하고 마음이 아팠어요. 내일의 희망을 바라보며 미래를 위해 애쓰는 아내는 나에게 언제나 힘을 주고 응원해 주면서 말하기를, "요한 아빠! 한국어 공부 열심히 해요. 지금은 나 혼자 일해도 요한 아빠 사우나 관리하고 우리 가족 잘 지낼 수 있어요." 이렇게 믿어 주고 도와주는 아내에게 속으로 말합니다.

'요한 엄마, 정말 고마워요. 가정의 평안과 건강을 위해 매일매일 기도할게요. 사랑합니다, 나의 순애 씨······.'

'아들아! 조금만 더 기다려 주렴. 네가 항상 웃을 수 있도록 훌륭한 아빠가 되어 줄게.'라고 마음속으로 다짐하며 말해요. 나의 아들 요한이(한준아)! 나의 꿈이자 희망입니다. 아들은 내 삶의 원동력이 됩니다!

−아빠 김호화

✯ 두 분 참으로 보기 좋아요. 이렇게 서로에게 든든한 버팀목이 되어 주고 믿음과 사랑으로 살아가시는 모습. 두 분 닮으셨네요. 오래오래 한결같은 마음으로 행복한 가정 꾸려 나가시길 빌어요. 그동안 어려움도 많으셨을 텐데. 요한아, 엄마 아빠 편지 보니 어떤 마음이 드니?

✿ 좋은 마음 들어요. (요한)

> 유건

날씨: 장맛비
모래 놀이

나는 오늘 모래 놀이를 바깥에서 한준이랑 근우랑 오현이랑 나랑 모래 호수와 폭포를 만들었다. 또 비가 와서 호수가 물에 잠겨서 오현이가 물이 빠져나가는 곳을 만들었다. 이제 안심해도 된다. 또 내일은 아주아주 멋있는 것도 또 만들 거다. 아주아주 멋진 호수를 만들어야지. 아주아주 멋진 호수를 만들 거다.

> 유건 어머니

아침에 일을 끝내고 집에 오니 일기를 써야 한다고 한다. 지금 시각 8시, 학교 갈 시간에 어제 일을 오늘 쓰라고. 요즘 밤에 일을 한다. 아침에 들어온다. 지난주에도 일기를 못 써 보냈다. 우리 건이 울면서 갔다. 목요일에 쓰는 줄 알고 있는데 지난주는 수요일, 이번 주는 월요일. 아~ 힘들다. 미리 얘기를 안 했다고 건이를 혼냈다. 생각해 보니 엄마 잘못이다. 미안하다. 건, 엄마가 미안해.

★ 건이 어머니! 건이가 지난주에 잘못 알고 수요일에 가지고 갔어요. 그러더니 목요일에도 가지고 가고. 결국 이틀 다 못 쓰고 다음 날 지혜가 가지고 가게 된 거예요. 지혜 다음이 건이라서 어제 또 가져가게 된 것이구요. 부담이 되시죠? 이제 아이들도 방학, 모둠일기도 방학이에요. 그동안

힘들고 바쁜 가운데서도 시간 내어 글 써 주셔서 고맙습니다. 건이랑 긴 여름방학 좋은 추억 많이 만들고 행복한 시간 보내시길 빕니다.

손연호

날씨: 또 비가 오네.
내 생일

오늘은 내 생일이다. 내 생일을 기다렸었다. 생일 선물은 엄마는 저번에 장난감으로 해 주셨고 아빠의 생일 선물은 담배와 술을 먹지 않겠다는 약속이다.

내 생일이어서 맛있는 것도 먹었다. 매일 내 생일이었으면 좋겠다.

손연호 어머니

날씨: 하늘에 구멍이 뚫렸나?
치매 예방약을 먹어야 하나……

연호! 생일 축하해. 원래는 아빠 엄마에게 고맙다고 큰절해야 하는 거 아닐까? 호호호.

건망증이 나를 우울하게 한다. 요즘 들어 부쩍 더하다. 정말 돌아서면 잊어버리는 지금의 이 나를 어쩌면 좋을지. 매일 크게 한두 건, 작게는 뭐…….

토요일엔 자동차 등록증을 함부로 두고 나는 찾는 거 포기하고 출근

했는데 남편이 몇 시간을 뒤져 결국 찾았단다. 찾으면서 얼마나 짜증이 났을까? 미안했다.

오늘은 빨래를 세탁기에서 꺼내서 다 널어놓고도 바로 돌아서서 또 한 번 돌려 놓은 세탁기에 피죤 넣었는데 왜 빨래 넣었냐며 남편을 닦달했다. 어처구니없어 웃는 남편과 '아차!' 그제야 깨닫는 나. 한바탕 함께 웃기는 했지만 씁쓸히 들리는 남편의 농담 한마디, "치매 예방약 먹어야겠어." 한심 자체인 나에게 스스로 메모하자는 처방을 내리고도 바로 토요일에 선약되어 있는 거 깜박 잊고 교실 청소를 덜컥 약속해 버렸다. 정말……. 다들 그러세요, 친구 엄마님들?

※ '어처구니'가 뭔지 아세요?
- 맷돌에 길게 잡을 수 있는 손잡이래네요.
- 어처구니 없으면 안 되는데…….

★ 아우우웅, 연호 어머니! 어쩜 좋아요. 정말 벌써 이리되시면 어찌합니까? 뭔가 특단의 방법을 쓰셔야겠는걸요. 날마다 운동하세요. 걷기든 줄넘기든. 뇌 운동도 많이 하시구요. 고스톱이든 책 읽기든. 연호야, 엄마한테 잔소리 좀 해야 되겠다. 엄마 정신줄 놓지 않으시게……. 방학해서 아들이랑 즐거운 시간 많이 마련하세요.

박가누

날씨: 비
영화를 봤다

일요일 날 점심을 먹고 나, 태현이 형, 엄마 아빠랑 롯데시네마에 가서 〈트랜스포머 3〉를 봤다. 그리고 태현이 형이랑 신나게 피자를 먹고 신나게 놀고 집에 돌아왔다.

박가누 아버지

날씨 : 아침 비(원주), 낮 흐림(강릉), 저녁 비(원주)

살며, 사랑하며, 함께 배우기

무언가에 쫓기듯 강퍅하게 살던 삶에서 차분히 지난 일들을 되돌아보며 반성하고, 작은 일에도 감사하는 마음을 가지게 된 계기가 되어 준 것이 모둠일기입니다. 뜻깊고 소중한 기회를 얻게 된 것에 감사함을 전합니다.

지난 금요일, 퇴근 후 강릉에서 원주행 버스에 올랐다. 대관령 고개를 지날 즈음 가누에게서 전화가 왔다.

"아빠! 슬생은 ○○점, 수학은 ○○점 받았는데요. 메이플스토리 겉장만이라도 보면 안 돼요?"

요즘 부쩍 만화책을 좋아한다. 그냥 그림 위주로 보는 것 같다. 기말고사를 잘 보면 준다는 약속과 함께 다가올 여름방학 때 보라고 지지난주에 가누랑 함께 인터넷 책방에서 몇 권 책을 샀는데 시험 끝나면 주려고 감춰 두고 있었던 것을 그만 들켜 버린 모양이다. 목요일, 가누의 기말고사가 끝났다. 시험 성적에 상관없이 해맑은 웃음을 보이며 자기는 본인 성적에 만족을 한단다. 부모로서 욕심이야 많지만 벌써부터 공부 스트레스를 주고 싶진 않다. 다만 학교 수업 받을 때와 시험 기간 공부할 때 집중력만큼은 키워 주고 싶다.

지난주 토요일, 와이프랑 가누랑 같이 시립도서관을 찾았다. 서로 관심사에 맞게 가누는 공룡 만화책, 우리 부부는 재테크 관련 도서를 대여했다. 그리고 멀지 않은 거리이기에 셋이 손을 잡고 걸어오면서 방학 때에도 종종 같이 오기로 약속했다. 도서관 체육 시설에서 축구도 하고, 매점 식당에서 컵라면과 돈가스도 사 먹기로 하면서……

하늘이 참 맑고 고왔다. 우리 셋, 그리고 태어날 가누 동생과 같이 걷는 그 순간이 행복했다. 지금까진 너무 내일만 바라보고 살아서 이 순간의 행복을 너무 간과하고 지낸 것은 아닌지……. 이젠 내일이 아니라 바로 오늘 이 순간순간을 행복으로 여기며 작은 행복에 감사하는 마음을 가지련다.

〈반전〉

앞의 내용이 가족의 작은 행복에 대해 쓰려고 한 주 내내 준비한 내용이었는데 퇴근 후, 모둠일기를 쓰려다 수빈이의 일기를 보고 마음이 아팠다. 학교에서 여자 친구들에게 인기 많은 아들이었으면 했는데…….

가누가 성불유치원 다닐 때의 이야기다(2년 전). 한번은 일찍 퇴근한 날이 있어 유치원에 데리러 갔다. 때마침 유치원이 끝날 시간이라 한 무리의 여자아이들이 몰려나오다가 나를 발견하고는 그중 한 아이가 "가누 아빠예요?"라고 묻는 게 아닌가? 난 자랑스럽게 "그래, 내가 가누 아빠야." 그런데 그 아이 왈, "나, 박가누 싫은데." 아! 그때도 지금처럼 마음이 아팠다. 가끔 가누가 장난이 심하고 여자 친구들에게 짓궂은 행동을 한다는 말을 듣곤 했다. 우리 땐 좋아하면 표현을 반대로 하곤 했기에 서로 관심이 있어 그러는구나 하고 생각했는데 한 번도 아니고 안 되겠다 싶어서 따끔하게 혼을 내 주었다. 눈물 여섯 방울을 토해 내고 지금 가누는 꿈나라로 여행 중이다. 유치원 때부터 "여자 친구들은 보호해 주는 거야."라고 그렇게 얘기했는데…….

수빈아! 미안하다. 아저씨도 같이 사과할게. 즐거운 여름방학 잘 보내고 2학기 때 또 보자. 아저씨가 박가누를 좀 더 멋진 남자로 만들어 볼게……. 요번 주 토요일, 반성하는 마음으로 반 청소에 적극적으로 임해야겠다. 아! 여자 친구들에게 인기 많은 아들을 두고 싶다.

★ 가누 아빠! 어쩌면 글씨체가 이렇게 단정한지요. 그저 부럽습니다. 글씨체뿐 아니라 글까지 잘 쓰시니……. 가누 일기에 엄마 아빠랑 도서관 다녀온 얘기가 있더라구요. 그림이 그려졌어요. 아, 참 정겹다, 그런 느낌이었어요. 세상에 뭐 대단한 행복이란 게 특별히 존재하는 게 아니잖아요. 일상에서 누리는 이 작은 평화의 날들이 이어지는 것. 이것이 진정한 행복이지 싶어요. 그리고 가누, 동생 생기면 아마 잘 돌봐 줄 거예요. 여동생이라면 특히 더. 좋은 오빠 노릇 하지 않을까요? 그러면 여학생들을 대하는 가누 모습도 많이 달라질 것 같아요. 그렇게 믿습니다. 가누는 충분히 그럴 수 있는 아이거든요.

권오현

날씨: 장마

태권도

나는 태권도에 가서 품새를 계속 반복 연습을 했다. 나는 1장~8장까지다. 나는 품새를 잘해서 칭찬을 받았다. 그런데 반대로 못하는 애들은 힘만 무식하게 세다. 근데 호건이 형, 현빈이 형, 세영이 형은 품새를 가르쳤다. 나도 애들을 가르쳤다. 쉬운 일이 아니다.

권오현 어머니

　요즘은 시간이 어떻게 지나가고 있는지 모르겠다. 하루하루 짜여진 일에 맞추어 지내다 보니 무엇이 중요하고 어떤 일을 먼저 해야 하는지도 모른 채 급한 일, 바로 내일 일을 하기에, 코앞의 일에 연연해 가며 하루하루 그리고 일주일이 지나간다. 다람쥐 쳇바퀴 도는 느낌이다. 이 일기를 쓰는 시간도 11시 40분~ 아! 내가 이렇게 개념도 없이 시간을 보내는데 아이들은 오죽할까? 아이들과 잠깐 대화 나누고 금방 자라고 재촉한다. 우리 오현이와 소현이는 얼마나 무료한 시간을 보낼까? 생각하니 맘이 안 좋다. 지금 정말 중요한 것은 아이들과 많은 시간을 보내는 것인데, 나의 일에 내가 먼저 우선시되어 아이들은 뒷전이다. 이 글을 쓰면서 잠을 자는 아이들 얼굴을 가만히 들여다본다. 자는 모습은 어찌 그리 예쁜지……. 꼭 천사가 누워 있는 모습이다.

　오현아! 소현아! 엄마가 엄마 일한다고 핑계대고 너희들과 잘 놀아 주지도, 많은 얘기를 나누지도 못해 미안하다. 사소한 일부터 오현이, 소현이가 하루를 어떻게 보냈는지, 누구랑 놀았는지, 학교생활, 학원생활 등 많은 얘기를 나누어야 하는데 그렇게 하지 못해 미안해……. 그래도 우리 오현이, 소현이 몸과 마음이 잘 자라고 있는 것 같아 엄마와 아빠가 항상 고맙게 생각해. 오현아, 엄마 아빠가 오현이 너무 사랑한다. 내일도 우리 가족 모두 파이팅!

♣ 오현 어머니! 엄마로서 늘 잘할 수는 없을 것 같아요. 그리고 이 정도면 나름 충분히 잘하고 있는데도 늘 자책하는 우리 모습을 봅니다. 직장 다니면서 엄마 노릇, 어디까지 얼마나 해야 잘하는 걸까요? 예전에 견주면 지금이 오히려 잘하는 게 아닐까 싶어요. 요즘 부모들은 아이들에게 너무 많은 역할을 부여하고 점검하려 하는 경우도 있지 싶어요. 조금 떨어져서 바라볼 필요도 있지 않을까요? 아이들은 제 부모에 대한 믿음만 있다면 잘 자라지 않을까요?

박민성

날씨: 비가 약간 옴

구구단 외우기는 쉽지 않다

3단, 4단 구구단 외우기는 쉽지 않다. "에휴~" 그래도 외워야지. 근데 쉽지 않아. 음……(생각 중) 아! 노력을 하자. 아니면 운으로 맡기는 수밖엔 없다.

박민성 어머니

날씨: 장맛비

더운 날씨를 짜증내며 보낸 그날들이 너무나 그립다. 하루 종일 세탁기가 고생이다. 마르지 않은 빨래……. 콤콤한 냄새까지 정말 나를 우울하게 한다. 선풍기 바람, 식초까지 동원해 보았지만 따가운 햇살만큼 그리운 게 없는 것 같다. 건조대 겹겹이 걸려 있는 것들을 언제 다 걷어 올 수 있을까! 어여어여 이 지겨운 장맛비가 멈췄으면 좋겠다.

이번 주면 아이들이 고대하는 여름방학이다. 무언가 계획 있게 잘 보낼 수 있게 도와주어야 할 터인데 걱정이다. 방과 후 신청을 몇 개 하려나 했더니 울 아들 기겁한다. 방학은 놀기 위해 있는 거니까 아무것도 하면 안 되고 놀아야 한다는 저놈!을 어찌할까나……. 반강제로 미술 하나 신청했다. 잠자는 시간 빼고 하루를 어찌 보내려는지…….

어제는 어쩐 일로 책상 앞에 오래 앉아 있어서 너무 신기했다. 보니 정선서부터 시작된 아이들의 스토리 만화 '빤스맨 극장판 3편'을 열심히 그리고 있었던 것. 허탈~ 도대체 너무 난해해서 설명 없이는 이해 불가인 빤스맨! 대충 눈으로 훑어보니 4편에 계속이란다. 울 민성이의 이 무한한 창의력, 상상력, 집중력, 부디 골고루 사용해 주었으면 좋겠구나. 아빠의 스파르타식 구구단을 다시 한번 시도를 해 보아야 할 것 같다. 눈물을 머금고 그리 열심히 외우더니 잊어버렸나 보다. 밥 먹고 옹알거리며 구구단과 놀고 있는 민성이. 오늘따라 유난히 앞니 빠져 웃고 있는 내 아들이 너무나 사랑스럽다.

✯ 민성 어머니! 민성이가 그럼 방학 때 미술 신청했다는 거죠? 아무튼 좋은 일이에요. 놀 줄 모르는 아이들도 있거든요. "엄마, 심심해." "엄마, 나 뭐 하고 놀아?" "엄마, 놀아 줘." 이러는 아이들도 있거든요. 민성이처럼 스스로 알아서 시간 보내며 창의적으로 놀 줄 아는 것. 이거 아무나 갖고 있는 재능이 아니랍니다.

"이젠 그냥 한준이로 불러. 김한준!"

우리 반 한준이는 이름이 두 번 바뀌었어요. 한준이 엄마는 북쪽이 고향이고 한준 아빠는 중국 분이세요. 한준이가 처음엔 엄마 성을 이어받아 '백'요한이었어요. 그러다 아빠가 귀화하면서 '김호화'란 한국 이름을 갖게 되었어요. 그러면서 한준인 아빠 성을 따라 '김'요한이 되었고 작명소에 가서 '요한' 대신 '한준'이라는 새 이름을 갖게 되었어요. "선생님, 우린 이름이 한 개밖에 없는데 한준인 이름이 왜 이렇게 많아요?" "그러게. 너희들도 이름 많이 갖고 싶어? 한준이 이름이 대체 몇 개였더라. 처음엔 백요한이었지? 그다음엔……." 아이들은 신기하고 부러운 듯 이름을 읊었고 한준인 어깨를 으쓱해 보였어요. 그러더니 "이젠 그냥 한준이로 불러. 김한준!"

한준 아빠는 중국에서 한준 엄마를 만나 사랑을 키워 나갔어요. 결혼을 하고 한국으로 오기까지 정말 많은 아픔이 있었어요. 세 식구가 한데 모여 살게 된 건 3년쯤 됐지 싶어요. 한국으로 오는 과정도 쉽지 않았지만 와서도 정착하기까지 어려움이 많았어요. 한준인 친척에게 맡기고 엄마 아빠는 서울과 원주에 떨어져 지내면서 돈을 벌었어요. 어려운 일도 마다하지 않고 잠은 하루에 서너 시간 자면서, 오로지 한준이를 데려와 함께 살 보금자리를 마련하기 위해서 말이죠. 한준인 또 얼마나 힘들었을까요? 주말엔 엄마 아빠를 보러 여섯 살 어린 한준이가 버스를 혼자 타고 원주에 왔대요. 주말을 같이 보내고는 다시 혼자 버스를 타고……. 어린 자식을 보내야만 하는 부모 마음은 어땠을까요.

  힘들고 아픈 세월, 꿋꿋이 견뎌 내고 한준이 1학년 때 세 식구가 함께 살게 되었어요. 헤어져 지낼 땐 한준이가 의기소침하고 말이 없었대요. 가끔은 알 수 없는 폭력성을 보이기도 했구요. 마음이 얼마나 아팠으면……. 지금 한준이는 씩씩하고 용감하고 솔직하고 명랑해요. 노는 걸 너무 좋아하고 공부도 열심히 해요. 한준 엄마는 부지런하고 악착스럽고 성실한 멋쟁이에요. 한준 아빠는 많은 일을 하시면서도 늘 긍정적이에요. 다문화센터 봉사 활동, 사우나 일, 학교 모임에도 적극 참여하시고 집안 살림도 잘 사셔요. 한국말은 아주 잘하고 글씨도 잘 써요. 한준이랑 2학년 받아쓰기 공부를 같이 해요. 또 이웃에 사는 다문화식구 아이들 데리고 와서 음식 해 먹이고 공부 가르치고 돌봐 주곤 해요. 다문화가정의 어려운 일도 도맡아서 해결해 주고요. 한준인 그런 아빠를 무척 좋아해요. 한준 아빠의 맺힘 없는 고운 마음씨와 성실함을 보면서 저도 많이 배웠어요.

  학급 일에 몇 번 참여하고 우연히 춘천터미널에서 만나 같이 버스 타고 오는 길에 수다도 떨면서 많이 친해졌어요. 학부모 모임 마지막 날 저더러 뭐라고 한 줄 아세요? "누나, 누나! 이제 선생님 아니고 누나라고 할게요. 누나!" 믿음직스럽고 순박한 남동생 하나 생겼어요. 부럽죠?

7월 12일(화)
아직은 연필을 썼으면 해

임하진

날씨: 물폭탄
코끼리 아저씨

나는 오늘 밤 10시 47분에 언니랑 같이 '코끼리 아저씨' 노래를 불렀다. 바로 이렇게.

"화창한♬ 봄날에♪ 코끼리 아저씨가♬ 가랑잎 타고서♬ 태평양♬ 건너갈♬ 적에♪ 고래 아가씨♪ 코끼리 아저씨♪ 보고♬ 첫눈에♬ 반해 스리슬쩍 윙크했대요. 당신은♪ 육지 멋쟁이♬ 나는♪ 바다 이쁜이♬ 천생연분♬ 결혼합시다. 어머어머어머 예식장은 용궁 예식장♬ 주례는 문어 박사♬ 피아노는 오징어♬ 예물은 조개껍데기."

참 재미있다. 그리고 내일 학교 갔다 와서 언니랑 또 다른 노래 부르기로 약속했다. 빨리 내일이 되었으면 정말 좋겠다.

임하진 어머니

아이쿠야~ 생각지도 않았던 일기가 오늘 차례란다. 물론 오늘이 순서였더라도 부담스럽긴 마찬가지겠지만……. 그러고 보니 이 기분, 늘 반복되는 내 버릇 가운데 하나다. '그걸 하면 이렇게 되고 저렇게 돼서 혹시 이렇게 되지 않을까?' 하는. 무슨 일이든 시작도 하기 전에 겁부터 먹고 너무 고민을 많이 한다. '아마 안될 거야.' 하며 시작도 하기 전에 모든 것이 끝난 듯한 기분이다. 용감한 사람은 한 번 죽고 두려움 많은 사람은 여러 번 죽는다더니, 난 생각만으로도 여러 번 죽었던 것 같다. 시작도 안 했는데 막 걱정으로 지치는 기분. 순간에 충실하자 생각은 해도 실천이 잘 안되는 것 같다. 다른 이들에게 조언은 그럴싸하게 하면서 정작 나는 이 버릇 정말 안 고쳐진다. 뭔가를 하기 전에 소설 한 권은 쓴 것 같은 기분. 해 보고 안되면 그만이지 하면서 쿨해지고 싶은데 말이다.

✤ 하진 어머니. 이제 곧 방학이고 모둠일기도 끝. 방학 때 세 아이들과 좋은 시간 보내시길 바랍니다. 하진 엄마는 또 얼마나 힘들까? 저도 미리 고민하고 있네요. 모두에게 행복한 방학이 되길 소망합니다.

강민정

날씨: 비 오는 날씨
샤프는 사용하는 게 어려워

오늘 공부방에서 샤프를 조금만 써 봤는데 사용하는데 자꾸 부러져서 사용하기 어렵다. 그런데 샤프는 아빠 말대로 3학년이나 4학년에 써야 될 거 같다. 그런데 나는 샤프를 토끼, 고양이, 곰, 코끼리를 가지고 있었는데 백요한한테 코끼리, 곰을 줬다. 그런데 백요한이 코끼리 샤프를 망가뜨려서 마음이 좀 아프다. 내가 코끼리 샤프였다면 얼마나 마음이 아팠을까. 백요한은 마음이 아프다는 걸 모르는 것 같다. 나 같으면 알 텐데. 그런데 난 또 불안하다. 왜냐하면 잘못하다가 곰돌이 샤프도 망가질 것 같아서 그렇다.

　백요한, 꼭 곰돌이 샤프는 망가지게 하지 말아 줘. 내가 곰돌이 그것도 가질라 그랬는데 나처럼 꼭 망가지게 하지 마. 너가 망가뜨리는 거니까 곰돌이도 망가지면 난 인제 달라고 그래도 안 줄 거야. 조심해서 사용해, 백요한. 나랑 꼭 약속이다. 알겠지, 망가지게 하지 마, 약속.

강민정 어머니

날씨: 오락가락 장맛비
민정이 연필은 누가 써야 하나?

　우리 민정이가 벌써 호기심에 샤프를 쓰고 싶구나? 엄마는 이렇게 생각해. 모든 일에는 때와 시기가 있거든. 샤프가 깎지 않고 누르면 나오고 생김새도 이쁘고 멋있으니까 민정이의 호기심을 자극해 연필 대신 샤프를 쓰고 싶겠지. 하지만 민정이가 커서 중학생, 고등학생이 되면 연필은 쓰고 싶어도 못 쓰게 될 거야. 엄마 때는 연필이 귀해서 몽당연필을 볼펜 꽂이에 꽂아서 썼단다. 그리고 어떨 때는 연필심에 침 발라서 쓰기도 했단다. 심에 침을 바르면 진하게 잘 나왔었거든. 하지만 지금은 연필이 잘 나와서 예쁘잖아. 그리고 집에 있는 연필은 누가 쓰겠어. 민정이밖에 우리 집에는 쓸 사람이 없잖아. 그러니까 샤프 쓰는 것은 나중으로 미루자. 우리 민정이가 요한이가 샤프를 망가뜨려서 마음이 아팠구나. 맞아, 모든 물건은 소중히 사용해야 해. 요한이한테도 조심히 사용하라고 알려 주고……. 아직은 민정이가 연필을 사용했으면 해. 알았지?

　선생님, 이렇게 일기를 써 보니 예전 학교 다니던 생각도 들고 참 좋네요. 선생님! 방학 잘 보내시고 건강하세요. 아이들 방학 숙제는 조금만 내 주세요~옹.

　✦ 민정 어머니! 맞아요. 저도 아이들이 플라스틱 샤프를 쓰는 것보다 나무 연필 쓰기를 원합니다. 정서에도 좋고 질감도 좋지요. 샤프는 너무 자주 고장이 나고 잘 부러지고요. 깎을 일 없어 편리한 대신 나쁜 점도 많더라구요. 아이들이 뭘 써야 하는지 다시 한번 일러 줘야겠어요.

원태호

날씨: 비는 안 오는 날이 없다.
엄마가 배달로 보내 주신 음식을 먹고 수학 숙제를 했다

　오늘 집에서 배달로 닭꼬치를 보내 주셔서 수학 숙제를 하는 중에 아빠가 닭꼬치를 가져와서 닭꼬치를 맛있게 먹어 치우고 구운 달걀을 먼저 먹어 치우고 김 튀김도 맛있게 먹어 치우고 수학 숙제를 다 했다. 숙제는 힘들었지만 음식들은 맛있어서 참 기분이 좋다.

원태호 어머니

　퇴근을 하고 나서 태호 누나와 같이 중앙시장에 갔다. 옷을 사 주기 위해 갔는데 물가가 너무 비싼 거다. 이렇게 돈 값어치가 없어서……. 몇 가지 사지도 않았는데 20~30만 원이 나가 버리니 너무 허무해진다. 벌기는 힘든데 쓰기는 왜 이리 쉬운지, 남편에게 얘기했더니 인상을 찌푸린다. 그래도 딸아이가 새 옷, 새 가방을 보고 좋아하는 모습을 보니 위안이 된다. 난 이제부터 가계부를 써 보기로 했다. 귀찮아서 쓰다 버리고 한 적이 몇 번 있었는데 다시 한번 써 보려고 한다. 그러면 계획적으로 돈을 쓸 수 있을 것 같다. 다른 어머님들은 다 쓰고 계시나요? 혹시 안 쓰고 계시다면 써 보는 것도 좋을 것 같네요. 물가가 비싸니 절약하는 방법이 제일 좋은 방법인 것 같아요.

　✤ 태호 어머니! 부끄럽지만 저 역시 제대로 써 본 일이 없네요. 이제는 써 볼 엄두조차 못 내겠어요. 씀씀이가 계획적으로 안 되고……. 저도 가끔 반성을 해 보지만 그냥 생각 없이 또 흘려 버렸어요. 다시 제 소비 행태를 돌아봐야겠어요.

이수빈

날씨: 비가 온다.
과자를 먹었다

　나는 오늘 집에서 과자를 먹었다. 나는 감자칩이랑 나초랑 오!감자를 먹었다. 엄마는 나초를 먹었다. 내 동생은 오!감자랑 포카칩을 먹었다. 나는 과자가 맛있다.

이수빈 어머니

우리를 생각하게 하는 것들

-천양희

열매를 보면서 꽃을 생각하고, 빛을 보면서 어둠을 생각합니다.
꽃은 열매를 위해 피었다 지고, 어둠은 빛을 위해 어둡습니다.
별 보면서 하늘을 생각하고, 나무를 보면서 산을 생각합니다.
하늘은 별을 위해 별자리를 만들고, 산은 나무를 위해 숲을 만듭니다.
자랑하지 않아도 스스로 아름다운 풍경은 언제나 우리를 생각하게 합니다.

그동안 모둠일기를 쓰면서 여러 생각을 하게 되어 좋은 경험을 하게 되었습니다. 다른 학부모님의 생각을 알게 되면서 저의 잘못된 부분도 반성하게 되었고요. 이런 기회를 만들어 주신 선생님, 감사합니다. 그동안 답글 달아 주신 점 감사하고, 고생 많으셨어요.
이번 주가 방학이네요. 선생님께서도 즐겁고 건강하게 방학 보내시고 2학기에도 저희 아이 잘 부탁드리겠습니다.

✿ 네, 수빈 어머니! 고맙습니다. 저에게도 아주 소중한 시간들이었습니다. 모두들 적극 참여해 주시고 좋은 글, 솔직한 글 써 주셔서 너무나 고마

왔습니다. 방학, 아이들과 행복한 시간들 보내시길 바랍니다.

김경훈

날씨: 비

비

할머니가 일요일부터 목요일까지 비가 온다고 했다. 오늘은 급식을 다 먹고 나서 비가 왔다. 우산도 안 가지고 왔는데 다행이다. 왜냐하면 내 친구 재민이 엄마가 데리러 오셔서 비를 안 맞았다. 비가 빨리 그쳤으면 좋겠다.

김경훈 어머니

머리 아픈 날

아침에 일어나면서부터 머리가 울리면서 아프다. 날도 계속 흐리다. 뒷산에 맑은 공기까지 쐬러 다녀왔는데도 머리가 아프니 기분도 가라앉는다. 이런 날은 그냥 집에서 쉬고 싶다. 머리 아퍼 가며 일하면 짜증까지 쉽게 나기 때문에 자제력이 닳아 버린다. 마음까지도 지쳐 버리고 만다. 애들은 엄마는 학교 안 다녀서 좋겠다 하며 부러워한다. 에구, 이 어린 것들! 커 봐라, 짜식들아. 일하기도 싫은 이런 날. 어디 가서 실컷 놀았으면 좋겠다. 아이스커피 마시며 대화도 하고 기분을 풀 수 있으면 좋겠다. 비가 와서 그런지 답답한 느낌이 자주 든다. 어렸을 땐 비가 오늘 걸 즐기기도 했는데 커 가면서 비 오는 날은 걱정이 먼저 되어 왔다. 집 걱정, 부모님 걱정, 아이들 걱정……. 나에 대한 걱정은 하지도 않게 된다. 여하튼, 머리가 어서 나았으면 좋겠다. 그래야 생각이 맑아지고 아이들한테도 짜증 안 내지.

✹ 아, 어떡하죠? 저도 머리 아픈 게 제일 참기 힘들더라구요. 경훈 어머니, 어서 맑고 가벼운 상태로 회복하시길 바랍니다. 경훈이 방학 계획 잘 세워서 좋은 시간, 알찬 시간 보내세요.

박달해

날씨: 비
시장 간 날

나는 피아노가 끝나고 시장에 갔다. 시장에서 머리끈 4개를 사고 옷을 내 꺼 2벌을 사고 동생 옷도 2벌 샀다. 집에 와 보니 내 옷이랑 동생 옷이 2벌이랑 더 있었다. 오늘은 기분이 좋다.

박달해 어머니

사랑하는 달해에게

오늘이 벌써 모둠일기 마지막 날이네. 첨에 시작할 때 이걸 어떻게 해야 할지 막막했었는데 벌써 마지막 날이 되었구나. 엄마는 달해를 보고 있으면 할 말이 엄청 많았는데 막상 하려고 하면 어떤 말을 어떻게 시작해야 할지 모르겠어. 달해야! 달해가 언니라는 이유 하나로 하늘이 돌봐주느라 그동안 많이 힘들었지? 맨날 양보만 하고……. 달해 그런 거 엄마 잘 알고 있어. 그래서 지금은 그 짐 덜어 줄려고 노력하는데 잘 안되네. 엄마가 더 열심히 노력해서 달해 그동안 힘들었던 거 덜어 줄게. 그러니 엄마 믿고 지금처럼만 해 줘. 우리 착한 달해, 앞으로도 우리 더 잘해 보자. 항상 고맙고 사랑해.

✭ 달해 어머닌 늘 달해 얘기였네요. 그만큼 달해와 풀어야 할 숙제가 많았던 듯해요. 여름방학 42일 동안 달해와 함께 행복한 시간 보내시길 빕니다.

7월 13일(수)
할머니와 나는 쌩쌩 신나게 달렸다

주은영

날씨: 비 조금

모래에서 그림 그리기

오늘 학교 운동장에서 그림을 그렸다. 누구랑 하였냐면 지현이, 하늘이, 나랑 하였다. 그리고 그림을 그리기 시작하였다. 그리고 민지가 왔다. 그래서 민지도 같이 그렸다. 먼저 도넛을 내가 그렸다. 근데 하늘이도 도넛을 그렸다. 그래서 하늘이랑 그림을 그렸다. 도넛 안에 있는 소스를 그렸다. 그리고 이제 사탕을 그렸다. 사탕에도 안에 소스를 그렸다. 근데 다른 애들 보니까 놀고 있었다. 그리고 이제 찻길 그렸다. 나도 찻길로 그렸다. 근데 귀찮았다. 그리고 하늘이가 음료수를 그렸다. 그래서 나는 음료수가 있는 것처럼 가짜로 마셨다. 그리고 다른 친구들처럼 나도 놀았다. 그리고 민지가 말하였다.

"12시야."

나도 말을 하였다.

"12시야."

라고 민지랑 똑같이 말했다. 그리고 교실에 들어갔다. 끝!

주은영 아버지

오늘도 하루 종일 비가 오락가락합니다.

선생님! 선생님 말씀대로 은영이는 조금 더 두고 보도록 하겠습니다. 1학기 동안 학생들 가르치느라 고생 많았습니다. 학부모님들 글을 참 잘 쓰시네요.

서민지

날씨: 비가 조금씩 내림

선아랑 하진이랑 나랑 같이 우리 집에서 놀은 날

난 오늘 학교 끝나고 선아랑 같이 선아 집에 들렀다 우리 집에 갔다. 그런데 갑자기 하진이가 우리 엄마랑 우리 아빠랑 같이 와서 깜짝 놀랐다. 그리고 하진이랑 나랑 선아가 내 방으로 가서 컴퓨터 게임을 했다. 근데 게임이 어느 거냐면 옷 입히기 게임이다. 그런데 규칙은 싸우기 없기, 한 명씩 돌아가면서 하기다. 그리고 옷 입히기 게임은 나, 그다음 하진이, 또 그다음 선아다. 그런데 너무 돌아가면서 하니 웃겼다.

서민지 어머니

날씨: 해님이 보고파!
바쁜 날

　오전에 사무실에 들렀다가 볼일만 보고 얼른 집으로 와 아빠 통원 치료 때문에 병원에 들렀다. 퇴원은 했지만 통원 치료를 오래도록 해야 할 것 같다.

　집에 잠깐 들렀는데 민지가 친구와 있었다. 장기 자랑 연습을 해야 한다고…….

　또 아빠와 나가 볼일을 여기저기 보고 들어와 저녁을 챙겨 놓고 농협 마트로 알바를 갔다. 종일 왔다 갔다 하다 출근을 해서 그런지 피곤이 밀려왔다. 한 달 동안 병원을 다녀서인지 피곤이 쌓였나 보다. 퇴근해 집에 와서 금방 지쳐 숙제는 간신히 한다. 푹 자야 할 듯……. 낼을 위해.

한규민

날씨: 흐리고 비 옴
글쓰기 마지막 날

　오늘은 글쓰기 마지막 날이다. 그래서 과자 파티도 하고 피자도 먹고 콜라도 먹었다. 참 맛있었다. 그런데 글쓰기 마지막이어서 심심할 것 같다. 그런데 2학기에도 글쓰기를 또 하면 좋겠고 그런데 선생님이 글쓰기가 마지막 날이어서 책을 주셨다. 참 기분이 좋았다.

한규민 어머니

규민인 수요일만 되면 내게 일기 쓰라고 난리다. 저는 매번 내 잔소리에 일기 쓰면서 수요일엔 반대로 내게 잔소리한다. 하지만 그것도 오늘이 마지막이다. 요즘은 비가 와서 아무것도 할 수가 없다. 빨래도 마르지 않고 집안도 눅눅한 것 같고…….

오늘 해리포터 개봉하는 날인데 규민이가 보자고 난리다. 비가 오지 않으면 주말에 보자고 달랬다. 장마도 너무 길어지고 우울한 나날의 연속이다. 어서 빨리 이 비가 그쳐야 하는데……. 규민이도 계속 비가 오니까 밖에서 놀 수도 없어 집 안에만 있는 것이 안타깝다. 활동적인 아이가 너무 집에만 있으니 자기도 답답한가 보다. 형아가 놀아 주지도 않고 엄마도 바쁘니 혼자 노는 게 익숙한지 놀아 달라고 보채지도 않고……. 이쁜 것. 아무튼 비가 어서 그쳤으면 좋겠다.

정수진

날씨: 비가 조금, 해가 쨍쨍
피자 파티, 과자 파티

글쓰기에서 피자와 과자를 많이 먹었다. 글쓰기하려고 친구들과 콩새(예은) 언니가 모두 반에 모였다. 모여서 글쓰기 1학기 동안 해서 어땠는지 소감을 썼다. 난 6장을 썼다. 그리고 그것을 다 쓴 후에는 선생님이 그것을 읽어 보셨다. 그리고 선생님이 어디 나가셨다. 그래서 좀 기다리니까 피자와 콜라를 들고 오셨다. '우리에겐 과자도 많이 있는데…….' 그런데도 피자가 2판이나 있었다. 우리 5모둠은(진짜 모둠은 아님) 고구마 피자를 먹었고, 다른 모둠은 불고기 피자를 먹었다. 보니 그 피자는 유민, 유빈이 아빠가 사 오신 것 같았다. (유민이와 유빈이에게 고마운 마음으로 먹었다.) 그리고 피자를 다 먹은 뒤에는 과자를 많~이 먹었다. 난 내가 가져온 콘칩 많이 먹었다. 콩새 언니도 콘칩 제일 좋다고 한다. 여름방학엔 팥빙수 파티를 하면 좋겠다. 아님 지금처럼 과자 파티나. 어쨌든 재밌고 즐거웠다.

정수진 언니

수진이 언니 진솔

초등학교를 졸업하고 5년 만에 처음 써 보는 일기 같다. 부모님이 일기를 쓰셔야 하지만 오랜만에 일기를 써 보고 싶어서 이렇게 쓰게 되었다. 고등학교도 기말고사가 끝나고 요즘엔 우리 반도 분위기가 약간 풀어진 듯하다. 어제는 중국어 시간에 〈말할 수 없는 비밀〉이란 영화를 보았는데 매우 감동적이었다. 여주인공이 피아노를 치면서 20년 후로 시간 여행을 하게 되어서 남자 주인공과 사랑을 하는 내용이었다. 예술고등학교 이야기라서 피아노 치는 장면이 많이 나오는데 좋은 곡들이 많았다. 그중에 연탄곡이라고 두 명이 같이 치는 곡이 있었는데 노래도 너무 좋고 인상 깊어서 쳐 보고 싶어졌다. 그래서 집에 돌아와 수진이와 함께 쳐 보기로 했다. 이 곡이 약간 어려운 곡이라 처음에는 수진이가 잘 따라 칠 수 있을지 걱정이 되었다. 그러나 내 걱정과는 다르게 내가 가르쳐 주는 대로 곧잘 따라 쳤다. 나보다 9살이나 어려서 다른 자매들처럼 친구처럼 지내 보지도 못하고 서로 이야기도 잘 통하지 않는 경우가 많았는데 이렇게 같이 앉아서 피아노를 칠 수 있다는 것이 기뻤다. 벌써 수진이가 나랑 잘 어울릴 만큼 많이 컸다는 것을 새삼 깨달았다. 앞으로 수진이와 이렇게 공유할 수 있는 시간이 많아졌으면 좋겠다. 친구처럼. 오랜만에 일기를 쓰게 돼서 즐거웠다.

김유민

날씨: 아~ 시원해!
책 두고 오길 잘했어~

오늘 피아노책을 피아노 학원에 두고 와서 피아노 학원에 갔다. 할머니는 다리가 아프셔서 자전거를 타고 나는 뒤따라 걸어서 학원에 갔다. 가서 책을 가지고 내려오는데 할머니가 자전거 뒤에 타라고 했다. 나는 자전거 뒤에 탔다. 그리고 자전거를 타고 할머니와 나는 쌩쌩 신나게 달렸다. 왠지 피아노책을 두고 오길 잘한 것 같다. 피아노책을 두고 와서 재미있는 날인 것 같다.

김유민 아버지

주순영 선생님께

유민, 유빈 아빠입니다. 먼저 한 학기 동안 열정과 사랑으로 아이들 교육시켜 주시느라 고생 많으셨습니다. 진심으로 감사드려요.

사실 1학년 때는 나름 맘고생을 했거든요. 잘 적응할지부터 사소한 것 하나에도 신경이 쓰이고 걱정부터 앞서곤 했거든요. 혹여나 집에 돌아온 아이들이 "선생님께서 화내시고 소리 질렀어요."라고 하면 설마 하면서도 '아이들이 거짓말하지는 않을 텐데…….' 라는 딜레마에 빠지게 되고 이런 딜레마가 부모들에게는 가장 크게 고민되고 걱정이 되곤 하거든요. 특히나 저 같은 경우는 더욱 그러하죠.

다행히도 2학년 1학기 동안은 전혀 이런 고민 해 본 기억이 없습니다. 선생님 너무 좋다 하고 학교생활 재밌다는 이야기뿐이네요. 부모 입장에서 맘 놓이고 든든해지는 건 당연하구요. 다시 한번 감사드리구요. 다가올 2학기에도 변함없는 열정과 사랑, 염치없지만 부탁드립니다.

탁선아 아버지

단기 4344년 7월 13일 술요일

세 번째 모둠회 쓰는 날이네. 오늘은 나의 주간계획표를 짜야지.
월요일은 원래 마시고
화요일은 화끈하게 마시고
수요일은 수시로 마시고
목요일은 목구멍에 찰 때까지 마시고
금요일은 금방 마시고 또 마시고
토요일은 토할 때까지 마시고
일요일은 일찍부터 마시자.
술은 뭐니 뭐니 해도 입술이 제일인데.

평창 동계올림픽 유치가 확정되자 원주에서는 스피드 스케이팅 경기를 달라고 하고 춘천에서는 분산 개최를 요구하고 심지어는 북한까지 같이 하잔다. 먹자는 놈들이 너무 많다. 초등학교 방과 후 교실을 핑계, 교장들이 거금들을 꿀꺽했단다. 교육자들만 깨끗하길 바라는 건 나만의 욕심인지는 모르지만 화가 나고 서글프다. 술푸다. 애기들 일기에 술을 써서 심의에 걸릴지 모르지만 술푸하는 일이 없었으면 좋겠다.

예전에 일본에 노부나가라는 장군이 있었다. 그 당시로는 시대를 앞서가는 발상과 기괴한 행동으로 일본의 전국 시대를 통일하고 대장군으로 군림하지만 그가 평소에 좋아하던 노래의 가사처럼 50에 도요토미 히데요시의 농간에 걸려 미쓰히데 장군에게 암살을 당하고 도요토미가 정권을 잡아 결국 임진왜란을 일으켰으나 전쟁이 끝나기도 전 그는 병사를 하고 인내 하나로 살아온 도쿠가와 이에야스가 70을 바라보는 나이에 대장군이 되어 360여 년이란 세월 동안 쇼군 시대를 연다.

일기에 왜 이야기를 썼지. 우리 선돌이가 물질적으로나 여러 환경이 힘들고 괴롭겠지만 이에야스의 인내를 바라는 건 무리겠지만 잘 참고 견디어 주었으면 고맙겠다. 며칠 있으면 신나는 여름방학이구나. 여름방학 재밌게 보내라. 겨울방학도 빨리 했으면 좋겠다.

모둠회 일기 땡.

7월 16일(토)
술을 줄이는 것이 첫 번째 숙제

박지현

날씨: 비 오다가 비가 안 옴
삼계탕 먹으러 간 날

저녁에 삼계탕을 먹으러 갔다. 외할아버지 외할머니랑 갔다. 그 삼계탕집 이름은 '엄나무집 삼계탕'이다. 그리고 닭고기를 먹고 죽도 먹었다. 죽은 다 못 먹었는데 닭고기는 다 먹었다. 다 먹고 집으로 가는데 하이마트를 갔다. 왜냐면 아빠 꺼 냉장고를 사러 갔다. 그런데 냉장고를 외할아버지가 사 주셨다. 그래서 "고맙습니다." 하고 말했다.

박지현 아버지

지현이가 초등학교 2학년이 되고, 전 학교에 한번 찾아가지 못하고 선생님과 대화도 해 보고 싶은데 시간적인 핑계만 댈 수밖에 없는 것 같습니다. 선생님, 죄송합니다. 울 지현이, 아빠 닮아서 공부도 잘하고 예쁘고, 요즘엔 하루하루 지현이 성장하는 모습에 하루하루가 정말 보람 있고 힘이 저절로 난답니다.

동해에 혼자 있으면서 더더욱 그립고 보고 싶지만, 어쩔 수 없이 일주일에 한 번씩 보게 되는 것도 너무너무 싫지만 1년만 있겠다고 다짐한 이상 제가 맡은 일에 최선을 다하고 있습니다. 항상 최선이란 걸, 내 피부로 느끼지 못했으나 지금 현실적으로 피부에 와 닿고 있습니다.

정말 멋쟁이 아빠이고 싶고, 능력 있는 아빠로 남고 싶습니다. 그래서 제가 맡은 일 그리고 우리 가족을 위한 일 한 가지라도 놓치지 않겠다는 욕심이 마구마구 솟아오르네요. 요즘은 술도 많이 먹고 회식 자리도 너무나 많은데 지현이가 술을 줄이라고 아빨 혼내고 하니 술을 줄이고 싶은 것이 지금의 첫 번째 숙제입니다. 잘할 수 있겠죠?

참! 일기라는 걸 초등학교 때 써 보고 연애편지에 맘을 담아 보고 그 후론 이 순간이 처음이다 보니 틀리는 것도 많고, 앞뒤 말도 맞지 않는 것 같고 그러네요.

지현아! 아빠도 울 지현이 무지무지 사랑하니까 술 조금만 먹고 줄이도록 힘쓸게. 사랑한다.

✦ 지현이 아빠는 좋으시겠어요. 지현 엄마와 딸내미가 아빠를 애타게 기다리고 너무 좋아하는 듯해요. 일기를 보니까 아빠가 더 좋아하시네요. 아빠 역할에 충실하려는 모습이 참으로 존경스럽고 보기 좋습니다. 주말을 이용해 일기까지 쓰려는 적극적인 모습……. 아, 고맙습니다. 술! 천천히 적당히 드시면 문제될 게 있나요?

담임
주순영

8월 27일 토요일, 교실 청소 하던 날

짙푸른 치악산의 산자락 위에 푸른 하늘과 흰 구름이 조화롭게 어우러져 있다. 햇살은 따갑고 바람은 서늘하다.

9시 50분에 집을 나섰다. 교문에 들어가 차를 세워 놓고 2학년 1반 교실을 올려다보니 복도 창문이 닫혀 있다. 아직 안 오셨나 보다. 다행이다. 내가 먼저 가 있는 게 맞지. 3반 옆 화장실 공사가 아직 한창이다. 모레가 개학인데 이틀 만에 공사를 마무리할 수 있으려나. 어라, 교실 뒷문이 열려 있네. 얼핏 보인다. 가누 엄마 아빠가 벌써 와서 청소를 하고 있다. "어머나, 안녕하세요? 벌써 오셨네요. 잘 지내셨어요?" 가누 엄마 배가 그 사이에 많이 불렀다. 이제 25주째라고 하셨다. 12월 초에 아기 낳을 예정이라는데, 괜스레 미안스럽다. 가누 아빠는 책상을 뒤로 밀어 놓고 청소기를 돌리셨다. 서둘러 인사를 마치고 가방을 내려놓고 교실 정리를 시작했다. 아이들 작품들을 정리하여 치울 건 치우고 책 정리도 하고 곳곳에 쌓인 먼지도 닦았다.

곧이어 요한 엄마 아빠가 오셨다. 두 분 역시 가방을 내려놓기가 무섭게 바로 걸레를 잡고 여기저기 눈에 보이는 대로 일들을 시작하셨다. 대야에 물을 받아 와 걸레를 빨아 창틀, 난간, 사물함 위 곳곳을 닦아 내고, 기름걸레로 교실 바닥을 닦고 그렇게 말없이 다섯이 몸을 놀려 교실 청소를 했다. 이렇게 하다 보니 금방 끝났다. 11시가 되기 전에 마쳤다.

청소를 마치고 아이들 책상에 둘러앉아 요한 어머니가 준비해 온 커피를 마시며 이야기를 나누었다. 모둠일기, 아이들, 살아가는 이야기들을 한참 재미나게 하였다. 가누 어머니는 모둠일기 쓰면서 가누 아빠의 새로운 모습을 알게 되었다 하셨다. 그리고 다른 분들의 일기를 보면서 생각을 견주어 보게 되고 자신을 돌아보게 되었다고 하셨다. 요한 엄마는 요한 아빠가 쓴 줄도 몰랐는데 일주일이 지나서야 요한 아빠가 쓴 글을 보게 되었다며 서로에 대한 놀라움과 고마움을 이야기하셨다. 두 분은 일기장에 사랑 고백을 대놓고 하셔서 참 좋았다 말하니, 요한 아빠가 한글을 배우면서 어렵게 어렵게 모둠일기 한 편 쓰기 위해 노력한 이야기들을 풀어 놓으셨다.

지난 1학기 때 가누 아빠가 청소하러 오셔서 부모님들께 밥 같이 먹자 하셨는데 모두 시간이 여의치 않아서 다음으로 미뤘다. 그게 오늘이 되었다. 11시 조금 넘어 교실을 나와 운동장에서 놀고 있는 가누도 차에 태워 식당으로 갔다. 식당에서, 또 그다음 이어진 차 마시는 자리까지 주인공은 요한 아빠였다. 요한 엄마는 청진(함경북도 동북쪽에 있는 시) 사람이고 요한 아빠는 한족이지만 거의 중국 사람이었다. 중국에서 지낸 얘기와 우리 나라에 와서 3년 살아온 얘기를 자세하게 해 주셨다. 다문화센터에서 강사로 일하면서 여러 자격증 따며 밤늦게까지 공부하는 얘기, 다문화가족들의 여러 문제를 들어 주고 해결해 주는 얘기, 봉사 활동 다니는 얘기……. 가누 아빠는 요한 아빠를 '대륙의 사나이'라 부르면서, 권위적이고 보수적인 틀에 얽매여 있는 한국 남자들과는 많이 다르다며 놀라워했다. 둘이 어지간히 맘에 들었는지 어느새 형, 동생이 되어 버렸다.

  가누가 참 지루했을 테지, 어른들 사이에서. 학교에서 본 모습과는 많이 다르네. 말 한마디 안 하네, 이 녀석.

  요한네, 가누네는 같은 생각을 한 거다. 시간이 안 되어 아무도 못 오면 부부끼리라도 와서 교실 청소하고 가려고 작정했던 것. 우리 아이들 개학해서 깨끗한 교실에서 시작할 수 있게 하려는 깊은 마음과 정성이 느껴졌다. 무슨 일이든 마음을 어떻게 먹느냐에 따라 다른 것이다. 내 아이뿐만 아니라 내 아이를 중심으로 둘레의 아이들에게도 눈길을 주고 그 삶을 함께 나누려고 한다면 다른 부모님들도 학교 선생님도 모두 진정한 벗이 되고 스승이 되고 동무가 되고 멘토가 될 수 있는 법이다. 서로를 믿고 사랑하는 마음을 보태 준다면 세상은 한층 더 살아갈 만하다. 고맙고 즐겁고 유쾌한 만남이었다.

2011년 9월 20일 화요일

제목: 웃음 일기
날씨: 햇볕만 따스하네

 현중이가 오늘이 재미있다 하는 웃음 일기
애미들과 또 애미의 가족들, 선생님과 함께 이야기 하는 듯 즐거운 좋았던
시간이었다. 답변들은 솔직하고 일기였지만 다양하고 진솔한 얼굴들
같은 느낌을 받았다.
 혼자 함께 마음을 쏟고 받았다. 솔직히 만나서 들리게 소통할 수 있는
기회가 넘도였다. 이 일기를 쓰는 시간은 도전 도전 등이 나누아
일상의 가마 나누는 건다는 시간처럼 느껴진다.
 앞 비웃 썼다. 자랑다 재미인 그것도 재미있다
이 일기를 순개해 주신 주은영 선생님께 감사드리고 2000은 1반 친구들과
가족분들 모두 모두 항상화산 지내요   현병 ♡

글과 함께 마음도 주고받았다

9월 일기

2학기 모둠일기를 다시 시작하며
학부모님들께 보낸 글

아이들의 기나긴 여름방학, 어찌 보내셨나요? 학교에 다니며 부모님과 떨어져 지내다가 한 달 넘게 같이 시간 보내려니 어떠셨어요. 좋은 날도 있었을 테고 '아이구, 빨리 개학해서 학교 안 가나' 하는 마음도 있었을 테지요. 이제 다시 댁의 아이들이 제 차지가 되었네요. 아이들 많이 컸지요? 크고 단단하게 여물었을 우리 아이들 보고 싶네요. 2학기 때도 지지고 볶으며 이 아이들과 한식구로 하루하루 살아 보려고 합니다. 마음의 준비, 저는 다 됐습니다. 저는 방학 동안에 여기저기 강의도 다니고 제 성장과 배움을 위해 연수도 다니며 바삐 지냈습니다. 집에 있는 아이들 데리고 이름난 곳 한번 놀러 가지 않고 그저 제 앞가림하느라 바빴습니다. 불량 부모인 것 같아 우리 집 애들한테 조금 미안한 마음입니다. 부모님들 역시 모두 열심히 사셨으리라 생각합니다.

오긴 왔네요, 가을이. 어찌나 좋은지요. 바람에 살랑이는 나무들도 좋고 구름들이 어우러진 높고 푸른 하늘도 좋고 풀벌레들의 지저귐도 참 듣기 좋습니다. 어김없이 우리 곁에 다시 돌아온 자연의 선물. 그저 고마울 따름입니다. 이 소중한 자연이 파괴되지 않고 병들어 신음하지 않도록 우리 어른들이 소중하게 가꾸어 가야 할 텐데, 지구 곳곳에서 일어나는 재앙들을 보면 두렵고 걱정스럽습니다. 우리가 할 수 있는 일이 무엇일까 생각해 보곤 합니다.

　모둠일기 쓰시느라 애쓰셨습니다. 얼마나 고마웠는지요. 하루하루 사는 일이 바쁘셨을 텐데 한 분도 빠짐없이 참여해 주셨습니다. 예상치 못한 놀라운 감동들이 있었습니다. 사실 몇십 년 만에 처음으로 글을 써 보는 분들도 계셨을 텐데, 아니 그 아까운 글재주를 여태 썩히며 살았나 싶은 분들도 있었습니다. 정말 혼자 보기가 아깝습니다. 바쁘면 바쁜 대로, 한잔했으면 한잔한 채로 골똘히 생각하며 딸내미, 아들 녀석의 공책에 한 자 한 자 써 나갔을 소중한 글들. 모둠일기 아니었으면 이런 살아 펄떡이는 글들을 어디서 볼 수 있으랴 싶은 글들이었습니다. 아주 좋아하는 분도 있고 아직까지 불편한 분이 있고, '이거 언제 끝나?' 하는 분들도 있었습니다. 그래도 그저 기꺼이 참여해 주신 부모님들, 정말 고맙습니다. 처음 약속한 대로 한데 모아 한 권으로 엮어 모두에게 드리겠습니다. 저자는 2학년 1반 아이들과 학부모님들입니다. 살아가면서 자신이 쓴 글이 활자로 찍어져 한 권 책으로 나오는 게 쉬운 일이 아닙니다. 이미 부모님들은 해내셨구요. 조금 더 바람이 있다면 방학 무렵 바쁘고 겨를이 없어서 서둘러 마쳤는데요, 9월 한 달만 더 이어서 참여해 주셨으면 해서요.

　저는 모둠일기를 보면서 아이들을 바라보는 눈이 달라짐을 느낍니다. 아이만이 아니라 그 아이의 부모님까지 보입니다. 그래서 부모님의 처지를 헤아리게 되고 그 아이가 처한 상황을 부모님의 둘레까지 넓혀서 문제를 해결하고 받아들이게 되더라구요. 그리고 언제 어느 때건 우리 부모님들을 만나게 되면 반가웁게 손 맞잡고 인사 나눌 수 있게 되었습니다. 부모님끼리도 서로 만나 보고 싶어 하는 분들이 많이 계시더라구요. 모둠일기가 서로를 이어 주는 끈끈한 끈이 되었습니다.

아이들은 어떨까요? 자기 부모님의 일기를 받아 온 아이들, 아침에 자리에 앉아서 읽고 또 읽습니다. 벌써 읽었을 텐데 말입니다. 그리고 수북이 쌓인 일기장 맨 위에 떡하니 올려놓습니다. 그 위에 다른 누군가의 공책이 올려지면 슬쩍 와서 다시 제 일기장을 맨 위로 올려놓고 짐짓 모른 척하고 갑니다. 우리 부모님이 이렇게 써 왔으니 선생님은 내 꺼부터 빨리 읽어 보라 이거지요. 부모님들도 자신들과 마찬가지로 일기를 쓴다는 사실이 그렇게 마음 든든하고 자랑하고 싶나 봅니다.

아이들에게도 힘이 되어 주는 이 일에 조금만 더 마음을 내 주시면 고맙겠습니다. 두서너 편의 글로는 조금 아쉬움이 남습니다. (유민, 유빈 아빠는 정말 갑절로 쓰셨지요. 흑! 이제 한 사람의 몫만 드리겠습니다.) 못다 한 이야기도 있을 테고 더 '글발'을 발휘하고 싶은 분도 계실 테고 더 많은 나눔의 공간으로 활용하고 싶은 분들도 계시다는 이야기를 들었거든요. 쓸 수 없는 날은 그냥 넘어가도 되니까요("패스!" 하고 넘기셔도 됩니다), 2학기 한 달쯤 더 해서 마무리할게요. 나중에 한 권 책으로 엮어지면 그날 우리 반 부모님들 모두 모여 책잔치하기를 소망합니다.

고맙습니다. 그럼 가정에 평안과 행복이 가득하시길 기원합니다.

담임 주순영 올림

9월 5일(월)
할 수 있을 만큼 효도할 거다

박민성

날씨: 맑고 더움
바보 같은 나

오늘 나는 듣기 말하기를 모르고 쓰기를 갖고 왔다. 토요일에 티브이 보려고 허겁지겁 들고 오니 쓰기다. 쉬는 시간에 가면 됐는데 나는 머리 안 돌아갈까? 그래도 내 머리는 언제는 필요하다. 근데 주간 학습을 봤더니 내 눈에 국어밖에 안 보여 교과서에 있는 국어라고 써져 있는 국어책이 쓰기였다. 결국 티브이 보는 것 때문에 흑흑. 그래서 시계를 보면 시간을 보니 20분도록 손을 들었다. 손이 무지 아팠다. 이 일기를 엄마가 읽으시면 얼마나 속상할까. 나는 앞으로 뭐든지 노력할 거다. 엄마는 어떤 마음일까? 나는 앞으로 더한 고통을 겪을 수 있으니 노력을 많이 해도 실패해도 다시 노력하면 엄마도 속상한 마음이 사라질 것 같다. 앞으로 엄마한테 할 수 있을 만큼 효도할 거다.

박민성 어머니

날씨: 엄마 마음은 비……에서 활짝 갬!

뇌경색으로 한 달째 병원에 입원해 계시는 친정엄마 때문에 마음이 무거웠는데 밤늦게 병실에 들어서니 모레쯤 퇴원을 하셔도 된다는 얘기에 너무나 기뻤다. 다시금 부모의 소중함을 알게 해 준 시련이었으며 나 또한 우리 아이들하고 오래오래 함께 지낼 수 있도록 건강에 신경을 써야 할 것 같다.

생각지도 않게 취업을 하게 되어 아이들에게 신경을 쓰지 못했다. 일주일째 귀가해서 운동 가고 저녁 늦게 얼굴을 마주하게 되는 생활. 백조 생활 7개월을 접고 직장을 다시 다니니 몸이 아직 적응을 못 한다. 백조 생활을 넘 화려하게 해서인지 퇴근 후 온 삭신이 마구 쑤시는 와중에 요 두 녀석들이 온 집 안을 쑥대밭으로 만들어 놓으니 괜시리 짜증이 솟는다. 그래도 자기 스스로 챙긴다고 하지만 엄마가 보기엔 시늉으로밖에 보이지 않는다. 어린아이들에게 미안하다가도 불쑥 튀어나오는 잔소리……. 병원 나서기 전에 한바탕 쏟아부었다. 11시 넘어 집에 오니 두 녀석이 침대에서 나란히 누워 자고 있다. 미안한 마음과 안쓰러움이 울컥 밀려오며 눈물이 핑그르 돈다.

지난 토요일 저녁에 학교 갈 준비를 미리 해 놓으라며 잔소리를 했더니 그새 민성이가 수업 과목을 대충 보고 정리했나 보다. 아들의 글을 보면서, 그때 나부터 찬찬히 훑어보았더라면 오늘처럼 벌서고 있지는 않았을 텐데…….

하긴 어차피 민성이가 조금씩 더 자기 스스로의 몫을 가져가야 할 터. 잘못을 깨달았으니 내일 수업 과목은 잘 챙겼으리라 믿는다. 또 혼날지 모르지만 가방 검사는 패스! 한 번 더 믿음을(잘 챙겼겠지!).

방학 내내 밖에서 축구 연습하고 형아들과 돌아다니더니 얼굴이 새까맣게 변신을 했다. 앞니가 두 개나 빠진 얼굴로 히죽~ 웃는 모습을 보면서 어서 빨리 건강하게 잘 자라기를 기도한다.

엄마 일기를 읽고 있을 민성에게

민성아, 엄마가 항상 하는 말 알지? 천재는 노력하는 사람을 이길 수 없다고. 어차피 해야 할 것인데 피한다고 해결되는 거 아닌 것 알잖아. 노력하는 너의 모습을 엄마는 사랑한단다. 항상 즐기면서! 우리 내일을 웃으면서 맞이하자꾸나.

아빠가 민성이를 혼내시는 것, 자꾸 그 순간만 해결할려고 변명을 하니까 그러시는 거야. 울먹이지 말고 너의 생각대로 침착하게 행동하면 변한 민성이를 보면서 깜짝 놀라실 거야. 민성이가 해야 할 일을 하나씩 순서대로 하다 보면 더 믿음직한 엄마 아빠의 아들이 될 거라고 믿는다. 그리고 밥도 많이 먹고 더 튼튼해져야 축구도 잘할 수 있단다. 너무 마른 민성이 보면 엄마가 많이 속상하지~ 잘 먹고 잘 자고 노력하는 엄마 아들 박민성! 파이팅~

★ 민성 어머니! 일 다니신다는 얘기를 들었어요. 안 하다가 다시 일하시려니 아직은 적응 안 되는 부분들이 있겠지요. 하지만 민성 어머니의 성격상 확실하게 해 나가시리라 믿어요. 늦게 들어오시네요. 엄마가 잠깐 나가는 시간을 그렇게도 좋아하던 민성이였는데, 이제 날마다 일하러 나가시는 엄마의 그 빈자리를 좋아할까 궁금합니다.

김근구

날씨: 덥다.
만화책

만화책을 줬다. 형아가 줬다. 《카트라이더》《판타지 수학대전》《열려라! 논리 탈무드》《열려라! 논리 한자성어》《열려라! 논리의 눈》《열려라! 논리의 생각》 등을 줬다. 또 《열려라! 논리 명심보감》도 줬다. 형한테 고맙다 하고 싶다.

김근구 어머니

날씨: 햇살은 따갑고 그늘은 서늘하고
구구단

요즘 근구가 구구단을 다시 점검하고 있다. 지난 겨울방학에 외우기를 했는데 그때 모두 외워 기특했다. 그런데 요즘 구구단을 못 외우는 건 아닌데 "구구단을 외자!" 하고 물었을 때 즉각즉각 대답이 안 된다며 울 신랑 걱정이더니 결국 어느 날 근구에게 물어보겠다(저녁에 퇴근해서)고 심각하게 전달하고는 출근했다. 저녁에 돌아온 울 신랑이 근구에게 연습했느냐 물으니 조금 했다 대답하는 근구. 결국 확인 작업에 걸려 엉덩이를 열 대나 맞았다. 아이를 위해 한 일이지만 내 맘은 너무 속상했다.

요즘도 가끔씩 구구단을 확인하는 울 신랑~ 또 아이에게 매를 들까 봐 지켜보는 난 가슴이 조마조마하다. 그런데도 10번 매일 외우라고 하는 아빠의 말에도 여유 부리며 만화책 삼매경에 빠지는 근구를 보면 속에서는 부글부글~ 참다 못해 한 번씩 번갈아 가며 읊고 '구구단을 외자' 놀이를 제안해 몇 번 확인한다. 예전에 내가 외우듯 거꾸로 외워 오니 나날이 좋아지는 근구의 구구단 실력. 조만간 완벽에 가까운 '구구단을 외자' 놀이가 가능해질 것 같은 기대가 생긴다.

✭ 아, 그랬군요. 어제 일기엔가 맞은 이야기가 나와서 왜 맞았냐고 했더니 누나한테 말로 놀려서 그랬다더니……. 오늘 8단 9단, 근구가 1등으로 검사 합격했어요. 좀 더 기다려 주면 더 잘할 수 있을 텐데. 그게 뭐라고……. 그치요? 우리 어른들이 아이들에 대해 꼭, 절대적으로, 반드시 생각해야 할 것, 그것은 '믿음'과 '기다림'.

정수진

날씨: 모래가 마르고, 철봉이 뜨끈뜨끈해 만지지 못함
지각할 뻔했디

원래 난 7시 40분에 일어난다. 그리고 아빠 휴대폰은 많이 써서 낡았는데…… 아빠 휴대폰에 7시 40분 알람이 되어 있다. 그런데 아빠 휴대폰이 낡아서 그런지 휴대폰이 꺼져 버렸다. 그래서 40분이 지났는데도 난 일어나지 못했다. 그런데 아빠께서 50분쯤 깨셨는지 50분쯤 날 깨우셨다. 난 깜짝 놀랐다. 아빠께서 "수진아! 빨리 일어나! 학교 가야지." 그러시면서 날 깨우셨다. 난 멀뚱멀뚱 미그적미그적 일어났다. 정말 시계를 보니 8시다. 빨리 준비해서 나가려고 보니 내가 딱 나가는 시간 8시 20분이다. '헉! 어떡해……. 나 지각하는 거 아냐?'라는 생각을 계속하며 빠른 걸음으로 갔다. 가서 시계를 보니 8시 35분, 정말 아슬아슬하게 학교에 도착했다. 하마터면 지각할 뻔했다.

정수진 어머니

날씨: 맑고 화창한 가을날!

기나긴 장마와 늦더위를 뒤로하고 적당히 불어오는 바람결이 피부에 와 닿는 느낌도 기분 좋고, 사방 어디를 둘러보아도 맑고 깨끗한 풍경들. 그중에 제일은 뭉게구름 두둥실 떠 있는 높고 푸른 가을 하늘이 아닌가 싶다. 그냥 하늘만 처다보아도 기분이 좋아지는 요즘이다.

어제는 금대리 계곡으로 나들이를 나갔다. 불과 일주일 전만 해도 수진이랑 발 담그고 놀았던 계곡물이 차갑게 느껴져서 들어갈 엄두도 못 내고 바위에 앉아 흐르는 물을 내려다보기만 했다.

도서관에서 책 좀 보다가 곧장 갔었기에 배가 많이 고팠는데 마침 수진이랑 아빠가 도시락을 준비해 가지고 와서 맛있게 밥을 먹었다. 반찬은 김치, 콩자반 달랑 두 가지였지만 보온 도시락 속의 따뜻한 밥만으로도 꿀맛이었다. 수진이도 맛이 있었던지 집에서 먹고 왔다면서도 끝까지 숟가락을 놓지 않았다. 수진이가 집에서는 밥 담을 때마다 무조건 조금만 달라고 하며 잘 먹지 않았는데 의외로 잘 먹는 모습을 보고는 앞으로는 도시락을 싸 가지고 와야겠다고 아빠랑 웃으며 농담도 하고 즐거운 시간을 보냈다.

금대리 산책길에 꼭 가지고 다니는 게 있다. 그것은 맛있는 간식과 커피, 그리고 카메라. 수진이 아빠는 수진이의 지금 모습을 담아 놓기 위해 연신 카메라를 눌러 대고 수진이는 아랑곳하지 않고 딴짓을 하고. 누군가 행복은 순간의 느낌이라고 했던가. "지금 이 순간 너무 행복하다."고 했더니 남편의 입가에도 미소가 번지는 듯했다. 커피 한잔의 행복! 그 순간의 느낌을 만끽하며 영원사를 향해 걸어가기도 하고, 가끔 뛰기도 하며 우리들만의 방식대로 호젓한 시간을 보냈다. 길가에 떨어진 다래 하나를 주워 먹은 수진이가 키위보다도 맛있다고 더 먹고 싶다고 하여 한 개라도 더 주우려고 땅만 보고 걷기도 하였지만 수확은 없었다.

영원사 앞 계곡 바위에 앉아 수진이랑 과자 나눠 먹으며 또 한참을 시간 가는 줄 모르고 지내다 내려오는 길에 저 멀리 보이는 산 그림자가 내려와 있고 서쪽 하늘엔 붉은 노을이 지고 있었는데 그 모습이 마치 불이 난 것 같기도 하고, 시간이 지날수록 바다 같기도, 한겨울 눈이 쌓인 듯도 하여 한참을 넋 놓고 바라보았다.

모둠일기를 통해 지면으로나마 다시 인사드리게 되어 반갑습니다. 선생님의 노고에 감사드리며 우리 아이들, 부모님들 모두 결실의 계절 가을에 좋은 열매 맺을 수 있으시길 바라면서 두서없는 글쓰기 마무리하겠습니다. 아침저녁 쌀쌀한 기온에 건강 관리 잘하세요!

♣ 수진 어머니! 그러지 않아도 금대리 계곡으로 놀러 갔던 수진이 일기 보면서 부러웠는데 오늘 어머니 일기 보니 더욱 또렷하게 다가오네요. 이 좋은 가을날, 나도 놀러 가고 싶다. 가을이 가기 전에 꼭 가 봐야겠어요. 셋이서 즐겁게 보낸 시간들, 그지없이 행복해 보이네요. 전 요즘 별로 안 좋거든요. 행복은 만들어 가라고 했는데…….

조휘수

날씨: 그늘이 들었다가, 양달이 나왔다가
짭짤한 생선과 담백한 된장국

저녁에 소금이 아주 많이 들어간 아주 짭짤한 생선과 호박이고 뭐고 다 들어간 아주 담백한 된장국을 먹었다. 난 왠지 그런 음식이 나도 모르게 먹고 싶었다.

✦ 역시 휘수는 토종이야. 완전 토종!

조휘수 어머니

가을의 문턱에서 제가 제일 먼저 2학기의 첫인사를 드리는군요. 2학년 1반 학부모님들! 모두모두 잘 지내셨지요? 여름방학이 길긴 길었나 봐요. 휘수의 키가 2~3센티미터 더 크고 몸무게도 통통하게 살이 찐 것 같아요. 선생님! 긴 방학 동안 편지 못 써서 죄송해요. 첫아이 때는 그런 숙제 없어도 편지지, 편지봉투 사다가 우표 붙이고 아날로그 방식으로 교육상 쓰게 했는데, 확실히 둘째 때는 점점 여유 있고 소홀해지는 것 같아요.

가누 아빠의 일기를 읽고 감동받았고 웃으면서 아주 재미있게 읽었습니다. 가누 아빠는 정말 멋진 분 같아요. 가누 엄마가 부럽네요. 휘수가 방과 후 가누네 집에 잘 놀러 간다는 얘기를 들었어요. 학원 가기 전 시간이 남아서 무엇을 하나 궁금했는데, 그랬었군요. 한번 찾아뵙고 인사를 드려야 하는데……. 가누 엄마, 정말 감사합니다. 저는 메이플스토리 나올 때마다 주저 없이 사 줍니다. 충치가 워낙 잘 생기는 우리 아이들은 3~4개월마다 치과에 검진을 가는데 북새통에 들러서 메이플스토리 신간을 사 들고 치과 대기 시간에 앉아서 봅니다. 형도 휘수도 두세 번은 반복해서 보니까, 조금 아깝지만 그냥 사 주고 말지요. 저도 어렸을 때 만화 가게에 가서 《캔디 캔디》 보던 추억에, 아이들에게도 어떤 기억에 남을 만화 하나쯤은 있어도 된다고 생각했어요.

아! 그리고 늦었지만 가누 동생 생긴 것 축하드려요. 지난겨울에 우리도 휘수랑 평생교육정보관에 가서 동화책을 6~7권 정도 빌려서 일주일 동안 읽고 반납하고 겨울 내내 했었는데 지금은 게을러져서 안 하고 있네요. 마치 제가 가누네 답글을 하는 것 같네요.

참, 선생님. 개학 전 주말쯤에 제가 낮에 《오페라의 유령》(주니어문고 글 많은, 200페이지 정도)을 읽고 있는데 휘수가 옆에서 따라 보다가 빼앗더니만 그날 오후 내내 저녁 먹을 때까지 보고, 새벽 1시까지 다 읽고 무서워하면서 잠이 들었어요. 저는 욕심에 다음 날 다른 책을 또 보라고 했는데 절대 안 봐요. 7살 때는 같은 책 셰익스피어 4대 비극을 읽고 일기를 쓰더니만, 가끔 4차원 같은 행동을 할 때가 있어요. 마치 자식 자랑 하는 것 같은데, 이런 행동들을 연결해 주고 싶은데 누가 시키면 절대 안 하고 아주 우연히 되는 것 같아요.

★ 휘수 어머니! 모둠일기를 통해 여기저기 인사드리는 모습이 참 자연스럽고 보기 좋네요. 휘수가 책을 좋아하게 된 까닭이 다 있었네요. 저절로 그렇게 되는 경우는 거의 없어 보여요. 부모가 본보기가 되는 삶을 사시기에 아이가 자연히 그렇게 영향을 받게 되는 것이겠지요. 2학기에도

여전히 휘수는 재미있고 능청스럽네요.

박지현

날씨: 좋음
내일은 힘든 5교시

나는 내일 할 공부가 많다. 왜냐면 학교 끝나고 또 영어 가서 영어 공부를 해야 된다. 영어가 끝나면 한자랑 피아노를 가야 한다. 화요일이랑 금요일은 싫다. 왜냐면 5교시고 학교도 오래 있는다. 쉬는 날은 딱 월수이다. 화목금은 힘들다. 너무 힘들고 하기 싫다. '그래도 나를 위해서라면.' 이런 생각도 나지만 그래도 싫다. 나는 이젠 공부를 잘하기로 결심했는데 안된다. 정말 하기 싫다. 나도 엄마도 쉬고 싶단 말이 계속 나온다. 결국엔 그 소리만 해 봤자 소용없어서 말도 안 한다. 휴, 나도 쉬고 싶긴 하다. 나도 쉬고 싶다.

✦ 지현아, 엄마도 너도 맡은 일 열심히 해 나가는 거야. 힘내!

박지현 어머니

오늘 하루도 무사히, 아이들에게 아무 탈 없이 잘 지나갔다. 하루하루 감사하며 산다. 어제부터 아르바이트를 구했다. 소독 아르바이트를 내일부터 가야 하는데 약통이 너무 무겁다. 또한 명절 앞두고 하려니 맘이 무겁다. 금요일 밤에 떠나려면 이것저것 챙길 것도 많고 시장도 봐야 하는데, 이번 주 쭉 잡혀 있으니 휴~ 그래도 하루 겪어 보니 남편의 소중함을 정말 절실히 느꼈다. 밖에서 힘들게 벌어 오는 수입을 아무리 아껴 쓴다고 해도 요즘처럼 물가가 비싼 세상에……. 근데 난 아르바이트를 하는 것도 힘들다고 징징대고 있으니. 이제부터라도 열심히 아껴야지.

아이들이 한참 꿈나라에 있는 동안 펜을 잡고 쓰긴 하고 있어도 무엇을 먼저 써야 할지……. 그러면서 줄줄 쓰고 있다. 하하하. 우리 지현이가 자기 전에 3~4번 꼭 써야 한다고 신신당부를 했다. 낼부터 가운을 입고 하루 종일 약 냄새 맡고~ 그래도 지현이 오는 시간에 올 수 있어서 정말 다행이다. 낼 아침부터 바쁘게 움직이려면 잠자리에 들어야겠다.

사랑하는 우리 공주 지현아. 발이 빠르게 나아서 엄마가 너무너무 다행이야. 아프지 말고 건강하게 자라 다오. 씩씩하게 학교 다니는 것 보니 엄마가 항상 기분이 좋아. 사랑해~ 우리 예쁜 딸기 공주님~

★ 아르바이트 시작하셨군요. 처음이라 많이 힘드시겠지요. 하지만 지현이 공부 열심히 하고 어머닌 새로 맡은 일 열심히 해 나가실 테지요. 지현 어머니, 힘내세요!

9월 6일 (화)
교감 선생님께서 탁구를 알려 주셨다

진우현

날씨: 쌀쌀함

논술 때문에 괜히 숙제를 빨리 한 날

논술 선생님이 오는 줄 알고 숙제를 다 했다. 그런데 할머니가 금요일에 온다고 했다. 대신 숙제를 안 해도 됐었다. 기분 조금만 좋았다.

✦ 우현! 미리 해서 나쁠 건 없지.

진우현 어머니

날씨: 아침저녁 쌀쌀하네요.

7월 방학 시작할 땐 방학 기간이 길게 느껴지더니 벌써 개학이고 쌀쌀한 바람도 부네요. 9월은 우현이가 태어난 달이에요. 음력으로 추석 다음 날이라 명절이랑 맞물릴까 봐 일부러 양력 생일을 챙겨 줬는데 올해는 양력, 음력 모두 연휴에 들어가 있네요. 아직까지는 "생일, 생일!" 하며 생일이 많이 기다려지나 봐요! 몇 살까지 "엄마, 내 생일에 뭐 해 줄 거야?" 물어 올지 궁금하네요.

1학기까지는 미술을 방과 후 프로그램으로 다녔는데, 2학기 때는 그만두고 싶다고 하네요. 컴퓨터랑 로봇 만들기는 계속 다니고 싶은데 미술은 그만두고 싶다고요. 본인의 생각을 말하기에 그러라고 했습니다. 그런데 하고 싶다는 것만 시켜도 될지, 아니면 일부러 다른 것을 시켜서 이 아이의 적성에 맞는 것이 뭔지 계속 도전해야 할지, 어떻게 해야 할지 몰라서요. 제가 아는 우현인 만드는 것, 책 보는 것, 그리고 놀러 다니는 걸 너무 좋아하거든요. 공부는 마지못해 하는 것 같고요! 아직 어려서 하고 싶은 걸 맘껏 하게 하고 싶지만 그러다 다른 새로운 경험을 할 기회를 놓치게 되는 게 아닌가 걱정도 되고요. 2학년이란 학년이 빠른 시기인지 아닌지 확실히 모르겠네요.

2학년 우현이! 올 2학기엔 신발주머니 안 잊고 집에 꼭 가져오기, 동생이랑 싸우지 말기, 본인 책상 정리는 본인이 알아서 하기. 이 세 가지는 지킬 수 있도록 같이 노력해야겠어요. 젤 단순하고 쉬운데 젤 지키기 힘들어요.

PS: 선생님 제가 시험이 47일 남아서 너무 열심히 공부하느라(크크크), 우현이 공부랑 학습을 언니가 봐주고 있어요. 시험 끝나고 나면 더 관찰하고 지켜보면서 우현이와 많은 대화를 할게요. 학교 청소도 참석을 하지 못했네요. 한꺼번에 몰아서 많이 할게요.

✹ 우현 어머니! 서두르지 말고 지켜봐 주는 것, 기다림, 믿음이 부모가 지녀야 할 마음 가운데 중요한 것들이라고 생각합니다. 일단은 하고 싶은 거 이것저것 해 보게 하는 게 중요하지요. 시험 공부, 열심히 하시네요. 잘해 내시리라 믿어요.

✿ 우현 어머님, 중요한 시험이 얼마 안 남으셨나 봐요? 바쁜 와중에 대단하시네요. 좋은 결과 있길 기도드릴게요. 파이팅입니다. (가누 엄마)

채유정

날씨: 덥고 맑음

오늘 2교시에 탁구를 배웠다

오늘 2교시에 탁구 치러 갔다. 배우는데 교감 선생님께서 탁구를 알려 주셨다. 교감 선생님께 말씀 듣고 탁구채도 잡는 것을 알려 주셨다. 잡는 것까지 알고 줄을 서서 순서대로 치고 탁구를 치니까 재미있다. 다 하고 이제 교실로 갔다. 끝~

채유정 어머니

날씨: 어디로 가고 싶은 정도로 맑음

모둠일기 쓰는 일

오늘 유정이가 모둠일기장을 가지고 와 "엄마, 모둠일기 써야 해." 하는데 어떤 내용을 써야 할지 고민을 많이 하게 되네요. 학창 시절에도 글짓기나 글쓰기 시간이 많이 싫었는데 지금 와서 모둠일기를 쓰게 되니 학창 시절로 돌아가는 것 같네요. 다른 친구 엄마들은 모둠일기 내용도 잘 쓰시는데 저는 제가 써도 내용이 정리가 잘 안되는 것 같아요. 그냥 이해해 주시고요, 읽어 주세요!

✭ 유정 어머니! 이렇게 참여해 주시는 것만으로도 고맙습니다. 유정이에게 하고 싶은 말을 글로 표현해 보는 것도 좋은 방법이지요. 너무 부담 갖지 않으셨으면 합니다. 딸내미 덕에 어른이 되어 글 한번 써 본다 생각해 주시면 고맙겠습니다.

원태호

날씨: 바람 솔솔, 놀러 가기 좋은 날
오늘은 체육 시간

나는 오늘 체육 시간 탁구 시간을 기대하면서 기다리는 끝에 드디어 체육 시간이 됐다. 탁구를 하기 전 교감 선생님이 라켓 잡는 법과 탁구채 이름들을 가르쳐 주셨다. 그리고 여자들이 먼저 탁구를 해서 기분이 안 좋았고 교감 선생님이 탁구공을 주우라고 하였다. 시간이 지나자 드디어 남자 차례가 되었다. 내가 라켓을 여자에게 마지막으로 받고 내 차례가 됐을 때 여자들이 앞에 있어서 못 봐서 교감 선생님이 잡는 걸 해 줬을 때 탁구공이 날라와서 내 코에 맞았다. 정말 아팠다. 내 차례가 끝나고 누군가가 찌그러진 공을 넣어서 고장이 나서 한 번이 마지막이 됐다. 교감 선생님에게 찌그러진 공을 넣지 말란 것과 탁구공 밟으면 말하라고 들었다. 그렇게 체육 시간이 끝났다.

✦ 와~ 태호가 일기 아주 정성껏 썼네. 탁구공에 코 맞았어? 나도 입술, 이마 맞는데…….

원태호 아버지

늦게 일을 마치고 집에 와 보니 태호와 예진이는 꿈나라에 가 있었다. 그런데 내가 제일 무서워하는 모둠일기 '꽃잎' 일기장이 있는 게 아닌가! 어쩌지……. 패스할까? 엊그제 태호 선생님께서 보내 주신 안내장을 보고 "태호야! 이번 모둠일기는 패스해도 된대." 하니까 태호가 안 된다고 하네요.

올여름은 유난히 무덥고 비가 무척 많이 온 여름이었다. 우리 가족이 모처럼 시간을 내서 1박 2일로 강릉 정동진으로 여행을 갔다. 아침에는 해가 쨍쨍하기에 아침을 먹고 바닷물에 발 좀 담그고 가자고 했다. 그런데 하늘에 먹구름이 몰려오더니 갑자기 소나기가 오기 시작했다. 그래서 아쉽지만 내년을 기약하고 북한 잠수함과 우리 나라 군함을 구경했다. 태호야! 다음 해에는 더 좋은 곳으로 여행을 떠나자.

태호가 방학 동안에는 늦잠을 자서 개학하면 잘 일어날 수 있을지 걱정했는데 걱정한 거와는 다르게 일찍 자고 일찍 일어나서 고마워, 태호야. 태호야! 친구들하고 잘 놀고 공부 열심히 하고 선생님 말씀 잘 듣고 씩씩하고 건강하게만 자라 다오. 사랑한다, 태호야!

✤ 패스~ 태호가 허락을 안 했군요. 역시 자식 이기는 부모 없네요. 고맙습니다.

김유빈

날씨: 땀이 줄줄
탁구를 하러 갔다

오늘 2교시에 탁구를 배우러 갔다. 1학년 교실 옆 교실이었다. 탁구 선생님이 가르쳐 주실 줄 알았다. 그런데 신기하게도 교감 선생님이 가르쳐 주신다고 하셨다. 교감 선생님이 가르쳐 주신다고 하시니까 신이 났다. 교감 선생님이 들어오셨다. 기대가 됐다. 내가 맨 마지막 순서가 됐다. 하지만 여전히 기대가 됐다. 유건이 끝나고 내 차례가 됐다. 내가 두 번 다 안 됐는데 나보고 교감 선생님이 "너 두 번 다 했지?"라고 하셔서 서운했다. 하지만 탁구를 치는 게 정말 재미있었다. 그래서 또 해 보려고 줄을 섰는데 탁구가 끝났다. 아쉬웠다. 다음 주 화요일에는 더 신나고 재미있게 했으면 좋겠다.

김유빈 아버지

지금 시간 새벽 2시. 늦은 귀가에 정신을 차리게 한 모둠일기장. '벌써 2학기 시작이구나' 하는 생각과 동시에 지난 방학 동안에 스스로 잡아 보았던 아이들과의 약속들이 스쳐 지나간다. 역시나 이번 방학도 아이들에게 많이 무관심한 아빠가 되어 버렸다. 바쁘다는 핑계로 합리화시켜 보지만 역시나 맘이 편하지 않은 것은 어쩔 수 없는 노릇이다. 아이들과의 약속을 제일 중요하게 생각하는데 스스로도 창피할 정도의 부끄러움이 밀려온다. 2학기 한 달 동안 다시 시작된 모둠일기. 좋은 아빠로서 조금이라도 만회할 수 있는 기회가 되어야 할 텐데……. 그러나 역시나 오늘은 피곤해서 무슨 내용을 쓰고 있는지조차 가늠할 수 없다. 그저 상황을 보시고 분량을 반으로 줄여 주는 편의를 봐주신 선생님께 감사드릴 뿐이다.

※ 오늘은 정말 시간과 정신이 엉망이라 일기 쓴 것 역시 엉망이네요. 그래도 편의를 생각해 주신 선생님께 감사드립니다. 다음부터는 책으로 나올 모둠일기를 기대하며 정성껏 작성하겠습니다. (꾸벅)

★ 늦게 들어오셨네요. 많이 피곤하셨을 텐데, 일기 쓰시느라 수고 많으셨어요. 엉망이라니요. 한 자 흐트러짐 없는걸요. 방학 동안 아이들이 부쩍 자랐어요. 아이들은 그렇게 스스로 제 몫을 하며 건강하게 자라나고 있네요.

강민정

날씨: 따뜻한 날씨
태권도에서 관장님이 아이스크림을 주셨다

오늘 푸르넷 공부방을 끝나고 요한이랑 태권도에 가서 끝나고 우리는 태권도 차 타러 내려갈려고 했는데 관장님이 "잠깐만." 해서 무엇을 가지고 오셨는데 아이스크림이었다. 그래서 난 그때 바닐라 맛을 먹었는데 오늘은 딴 맛이었다. 그 맛은 콜라 맛이었다. 그런데 차를 탔는데 요한이가 "민정아, 우리 바꿔 먹자." 하고 말했다. 내가 요한이 걸 봤는데 그 맛은 포도 맛이었다. 그래도 나는 요한이한테 이렇게 말했다. "요한아, 나도 포도 맛을 먹고 싶지만 관장님이 바꿔 먹지 말라고 하셨잖아." 요한이는 알았다고 했다. "민정아, 우리 이제 먹자." 해서 나랑 요한이랑 다른 애들도 같이 먹었다. 너무 맛있었다. 관장님, 고맙습니다.

✹ 민정이는 태권도 학원에서 있었던 일을 자주 쓰네. 태권도 배우는 게 아주 잘 맞나 봐.

강민정 아버지

태권도 관장님 덕분에 아이스크림을 잘 먹었겠구나! 감사하는 마음으로 잘 인사들 드리고. 태권도도 열심히 잘하는 민정이, 또 친구들 되었으면 한다. 민정아. 그리고 텔레비전 보면서 공부하지 마! 집안 분위기 너무 무섭잖아. 아빠 일하고 늦게 들어오는데 집 분위기가 살벌하면 그렇잖아……. 아빠 말 무슨 뜻인지 알지? 잘 자라, 우리 딸. 안녕.

✹ 텔레비전 보면서 공부하는 게 못마땅하시지요? 그건 확실히 해야 할 것 같아요. 공부할 땐 공부하는 데 집중하고 텔레비전 볼 땐 텔레비전만 보고 그래야지요. 민정이가 부모님 기다리느라 늦게까지 텔레비전 보면서 할 일 하나 보네요.

9월 7일(수)
갑자기 친구들이 나를 멀리한다

> 손연호 어머니

날씨: 파란 하늘에 흰 구름이 예뻐!
아들 대신 내가……

지난주 개학과 함께 연호는 검사차 기독병원에 입원했었다. 방광의 신경기능장애란 병명을 얻고 원인을 알고자 엠알아이(MRI, 자기공명영상)를 위해 재차 입원했다. 무서워하는 연호를 달래며 팔에 링거 바늘을 꽂는데 얼마나 울고 떠는지 두 번이나 찌르고도 실패했다. 꼭 안아 주면서 하는 아빠의 말. "아빠가 대신 맞고 손 꼭 잡으면 연호에게로 약이 넘어갔으면 좋겠다." 그렇구나, 나도 그런 마음인데……. 어른들도 주사에서 오는 공포감이 많이 있는데……. 참지 않고 다 토해 내는 연호를 보며 함께 진땀을 좀 뺐다. 내일 검사도 잘 받아야 할 텐데 열도 많이 나서 걱정이다. 어찌어찌하여 베테랑 간호사 선생님의 노력으로 주사를 잘 꽂고 나니 언제 그랬냐는 듯이 병원 복도를 걷지 않고 링거 매달린 바퀴에 두 발을 올리고 엄마에게 하는 말, "엄마 택시! 빨리 좀 달려 주세요."
하하하, 웃고 만다.

박가누

날씨: 조금 흐림
솜사탕 파티

오늘 학원에서 2시 40분에 솜사탕 파티를 했다. 솜사탕 파티는 친구들도 데리고 올 수 있다. 하지만 나는 친구들을 안 데리고 왔다. 나는 솜사탕을 4개를 먹었다. 그리고 닭다리도 하고 알까기도 했다. 솜사탕 파티는 아주 재미있었다.

박가누 어머니

폭염과 궂은 날씨로 긴 터널을 빠져나온 듯싶네요.
잘들 지내셨는지요? 오랜만에 보니 가누가 성장한 만큼 같은 반 친구들도 몰라보게 단단히 여물어져 있더라고요. 제가 집에 있어 가누는 학교 후 바로 집에 오는데 그때 친구들과 같이 와요. 휘수, 연호, 건이, 태호, 심지어 다른 학교 친구들도 데려온답니다. 학원 가는 중간중간 놀이터에서 한바탕 놀기도 하고요. 노는 중에 작은 분쟁이 생기기도 하고 시간을 넘긴 적도 있지만 저희들끼리 이것저것 경험하고 화해도 하고 그러더라고요. 처음에는 학원 늦을까 봐, 아님 저희들끼리 싸우기라도 할까 봐 조금만 무슨 일이 있었다면 캐묻고 걱정스런 마음에 도덕 선생님 같은 훈계만 늘어놓았는데 아이들 각자 이유가 있고 생각이 있더라고요. 지금은 가누가 얘기할 때, "응, 그랬어? 그랬구나." 하고 있으면 얘기 도중에 스스로 결론을 내리더라고요. 아직은 성장하고 있는 중이니, '넌 좋은 아이고 그래서 옳은 행동을 선택할 수 있다.'라는 믿음으로 지켜보고 있답니다.

참! 휘수 어머님, 축하 글 너무 감사하고요. 제 남편 칭찬도 감사해요. 제 스스로 우주 최고 남자랑 살고 있다고 여긴답니다, 크크크. 참고로 직장이 강릉임에도 매일 출퇴근하는 관계로 집에 오면 숨만 쉰답니다. 그래도 늘 아이에게 관심 갖는 좋은 사람이에요.

휘수는 방과 후 학원을 같이 가니까 항상 집에 같이 오는데 볼 때마다 참 사랑스럽고 유쾌한 녀석이란 생각이 든답니다. 막내라 그런지 저희 집에 오면 저랑 스스럼없이 포옹도 하고 볼 뽀뽀도 한답니다. 우리 가누는 그런 쪽으로는 좀 무뚝뚝하거든요. 그런 면에선 저도 다정스런 아들을 가진 휘수 어머님이 부럽네요. 가누랑 잘 지내는 휘수에게 저도 항상 고맙게 생각한답니다. 반 친구들 모두는 아니지만 저희 집에 한번씩 왔던 친구들은 모두 인사성이 바르고 얼굴 표정도 밝아 사랑 듬뿍 받으며 잘 성장하고 있는 것 같았답니다. 우리 반 부모님들 모두 최고십니다. 우리 반 주순영 선생님도 최고시고요!

한가위가 코앞이네요. 맛난 것 많이 드시고 오랜만에 만나는 가족 분들과 좋은 추억 많이 만드세요.

🟌 가누 어머니! 두루두루 안부와 인사 고맙습니다. 날짜가 하루하루 지날수록 이 아이들과 함께 지낼 날이 얼마 남지 않았다는 생각이 듭니다.

아쉬울 것 같다는 막연한 그 어떤 기분. 부모님들도 정말 좋으신 분들인데……. 가누뿐만 아니라 데리고 오는 친구들에게도 일일이 관심 갖고 사랑해 주시는 가누 어머니. 참 좋아요. 가누 동생, 이쁘게 잘 태어날 것 같아요.

탁선아

배드민턴

오늘 배드민턴을 했다. 그런데 도서실에서 책 보고 갔다. 그런데 조금 늦었다. 정아 언니가 배드민턴을 가르쳐 줬다. 언니가 예전에 배드민턴을 배웠다. 집에서 치는 것도 연습해 봤다. 집에서 연습하니까 잘 안됐다. 좁아서 그런가? 모르겠다. 배드민턴 하는데 땀이 너무 많이 났다. 정말 더웠다. 집에 와서 바로 선풍기를 틀었다.

탁선아 어머니

시장

오늘은 버섯을 가지고 시장을 갔는데 버섯이 안 팔렸다. 오늘은 남편의 일기를 봤다. 남편이 술 얘기를 계속 쓰네. 술을 월, 화, 수, 목, 금으로 쓴 걸 보고 빵 터져서 배꼽 잡고 웃고 있다. 그리고 언제 한번 민정이네 아빠랑 만나서 둘이 술이나 먹게 해야겠다. 선생님, 수고 많으세요.

✤ 네, 고맙습니다, 선아 어머니! 선아 아빠 일기 재미있지요?

한규민

날씨: 맑음

사랑 ○ ×

오늘은 태권도에서 사랑 ○ ×를 했다. 그런데 잘해서 칭찬받았다. 그래서 기분이 좋았다. 그런데 다음 주 화요일도 하면 더 재밌을 것 같다. 그리고 태권도가 끝나고 태권도에서 봤더니 신정환이 없었다. 그래서 집에 갔다. 정환이가 아파서 태권도랑 영어 학원도 그만뒀다고 엄마가 얘기했다. 정환이가 빨리 나았으면 좋겠다.

한규민 어머니

2주 후면 규민이 삼촌(시동생)이 결혼을 한다. 동서 될 사람은 유치원 선생님이다. 그래서인지 아이들을 대하는 모습이 너무도 예쁘다. 말도 예쁘게 하고 모든 시선을 아이들에게 맞추어 주는 것 같아 고맙기도 하다. 나도 배울 점이 있는 것도 같아 다시 한번 되돌아보게 된다. 물론 결혼 준비가 쉽지만은 않다. 내 결혼식 때는 몰랐는데 시동생 결혼 준비하면서 시어머님과 준비할 것도 많고 신경 쓸 것도 많고……. 아무튼 이래저래 힘들다. 그런데 이 와중에 조카 녀석(신정환)이 아프단다. 병명도 어려운……. 관절이 녹아내리는 중이란다. 딱히 치료 방법도 약도 없단다. 아직 어려서 자연적으로 재생이 가능하다고는 하지만 걱정이 태산이다. 병원에서는 최소한으로 움직임을 줄여서 생활하는 방법이 최선이라고 했단다. 내가 이리도 심란한데 동생은 어떨지……. 뛰어다니는 걸 좋아하고 활동적인 정환이가 어찌 견뎌 낼 수 있을지도 걱정이다. 6개월에 한 번씩 정기적으로 검진받아 상황을 지켜봐야 한다고 했단다. 아무쪼록 자연적인 재생이 빨리 잘돼서 열심히 뛰어놀 수 있는 정환이를 보면 좋겠다. 우리 아들 규민이도, 조카 정환이도 파이팅!

✦ 규민 어머니! 시동생 결혼시키랴, 조카 아픔을 함께 나누랴 마음이 많이 바쁘겠어요. 한 가지는 축하할 일인데 조카 정환인 정말 걱정이네요. 받아들이기 얼마나 힘들까? 아무튼 곁에서 힘이 되어 주셔야겠네요. 정환이 건강이 회복되길 소망합니다.

임하진

날씨: 바람이 쌩쌩
피자

오늘 엄마가 늦게 와서 저녁밥을 엄마가 피자로 시켜 주었다. 맛있었다. 근데 피자 속에는 마늘이 2개 정도 들어 있었다. 하지만 다행히 구운 마늘이라서 안 매웠다. 그리고 곁에는 양파, 고기, 브로콜리, 호박이 있었다. 양파는 아삭하고 고기는 맛있다. 브로콜리는 내가 싫어하는데 언니가 억지로 멕였다. 호박은 서진이랑 언니 몰래 서진이 그릇에 듬뿍 넣었다. 다행히 안 들켰다. 피자가 정말 맛있었다.

✤ 하진인 호박 싫어하는구나. 나중에 서진이 보면 내가 말해야지!

임하진 언니

학교생활

지금은 딱 10시다. 다들 잔다. 오늘은 부모님께서 늦게 오시는 사정으로 하진이 언니인 내가 쓴다. 오늘은 빨리 끝나는 4교시 수요일. 학교 수업을 마쳤다. 아침마다 남들보다 일찍 일어나야 한다. 왜냐면 집이 멀기 때문이다. 나는 늘 학교생활의 변화가 달라지지 않는다. 갑자기 친구들이 나를 멀리한다. 현재 난 늘 혼자 앉아 있는다. '내가 먼저 좋은 친구가 되어 주어야 친구가 생길까?' 하는 생각과 함께 눈물이 흐른다. 그렇다면 학교생활은 어떻게 지내고 있을까?

하진이는 음, 예전에 주위 친구들이 위험했을 뿐, 요즘은 잘 지내는 것 같다. 하진이 선생님은 좋으신 거 같다. 나도 하진이 선생님께 일기를 써서 검사받고 싶었다. 왜냐면 잘 모르겠지만 내 모든 숨겨 두었던 것을 다 풀어 놓을 수 있기 때문이다. 오늘은 여기까지 쓰고 자야겠다.

✤ 하진 언니구나. 조회할 때 우리 반 옆이어서 지난번에 봤지. 요즘 학교생활 좀 힘들고 우울하구나. 어쩌지……. 서빈이가 생각하는 것처럼 먼저 좋은 친구가 되어 줘. 먼저 다가가서 손 내밀고 도와주고 얘기 들어 주고. 그럼 모든 친구들이 서빈이를 좋아할 거야. 지금 잠깐 힘들겠지만 곧 마음에 밝은 해님이 들어올 거야. 힘내!

9월 8일(목)
놀이터에 아이들이 없다

이수빈

날씨: 춥다.

'경찰과 도둑'을 했다

오늘 학교 쉬는 시간에 '경찰과 도둑'을 했다. 수진이, 하늘이, 지현이, 나까지 도둑이다. 경찰은 탁선아, 민지, 은영, 유정이다. 근데 난 뛰다가 지쳐서 멈췄다. 그래서 유정이 경찰한테 잡혔다. 잡히고 말았다. 그리고 내가 은영이를 잡았다. '경찰과 도둑'은 재미있다.

이수빈 어머니

안녕하셨어요? 뜨거웠고 비도 많이 왔던 올여름도 다 지나갔네요. 선생님과 다른 학부모님들도 이번 여름 건강하게 잘 보내셨는지요?

2학기에도 역시 모둠일기를 쓰는군요. 다른 가족은 가끔씩 아버지께서도 써 주시던데, 저는 혼자 쓰느니 일기 내용이 한정되어 있네요. 수빈 아빠는 바빠서 참여 못 하고 있습니다. 1학기에는 청소 시간도 몰랐고, 솔직히 어머님들께서 청소하는지도 잘 몰랐습니다. 청소 시간이 언제인지 알려 주시면 시간 되면 참여하도록 하겠습니다(저도 직장 다니고 있어서 시간이 맞지 않으면 참석 못 할 수도 있어요). 그래도 2학기에는 다른 부모님들처럼 수빈이가 공부하는 교실 열심히 청소하고 싶네요. 선생님, 청소 시간과 날짜 알려 주세요.

추석이 다가오네요. 풍성하고 여유로운 명절 보내세요.

★ 수빈 어머니! 수빈 아빠가 바쁘시더라도 조금만 관심 기울이셔서 모둠일기도 읽어 보시고 간단히라도 쓸 기회가 생긴다면 영광이겠습니다. 청소는 시간 나는 분들이 아주 가끔 했어요. 1학기에 세 번쯤 했나? 아니, 두 번 했네요. 다음번에 하게 되면 연락드릴게요. 관심 가져 주셔서 고맙습니다. 수빈 어머니도 한가위 명절 넉넉하게 보내시길 빕니다.

김민기

컴퓨터 교실

오늘은 학교에서 컴퓨터를 배웠다. 처음엔 선생님과 인사를 나누고, 문제를 맞히었다. 난 문제 중에서 1개를 맞혀서 사탕 1개를 받았다. 그다음엔 미아 수학을 배웠다. 그런데 나머지 내용은 컴퓨터를 다니면 배운다고 하셨다. 드디어 컴퓨터를 켰다. 우리는 토이를 했다. 토이는 장난감을 갖고 화면을 이상하게 만드는 것이다. 종류는 총, 망치, 스프링, 드릴, 로봇 등등이 있다. 나도 컴교실에 다녀야지. 재미있고 선물을 많이 받기 때문에.

김민기 어머니

새 학기가 시작되었다. 덩달아 나의 일상도 바빠지기 시작했다. 방학 동안 개학하기만 얼마나 기다렸는지……. 애들은 너무나도 빠르게 학교생활에 적응했다.

민기는 학교에서 받아 온 방과 후 교실에 열을 올리고 있다. 하고 싶은 건 왜 그리 많은지……. 지금도 많은 시간을 학원에서 보내고 있는데 더 보태기가 어렵다고 하니 풀이 죽어 찡찡거린다. 우리 아들뿐 아니라 대부분 학원 다니느라 오후에 놀이터에 아이들이 없다. 어쩌다 학교에서 일찍 끝나 학원 갈 때까지 시간이 있어도 같이 놀 아이들이 없단다. 어제도 울 아들 같이 놀 친구가 없다며 3반까지 끝나는 거 보고 친구가 있으면 놀고 오겠다더니 다 바쁘단다.

친구들이 방과 후 교실 하는 게 부러웠는지 오늘은 미아 수학 안내서를 가져와 설명을 어찌나 길~게, 여러 번 하던지 안 된다고 차마 할 수가 없어서 하라고 하긴 했는데 걱정이다. 타이트한 일과표. 중학생도 아닌데 7시까지 학원 순례다. 불쌍한 것. 그거 다 민기 네가 하고 싶다고 욕심 부린 거 알지? 엄마 원망 말기를……. 이왕 하기로 한 거 컴퓨터 제대로 배워서 게임이 전부였던 너의 컴세상이 다양하게 활용되는 컴퓨터 지식들로 인해 알차지기를 바란다. 파이팅~

★ 하고 싶은 게 많다는 건 좋은 일이지요. 정말 요즘 아이들은 그토록 바쁘게 여기저기 다니는 것도 익숙하고 그것이 평범한 일상이 되어 버렸어요. 특별할 것 없는. 그래도 겉으로 보기엔 잘 적응해 가는 듯해 보여 신기할 뿐. 속도 알차게 영글어 가는지, 힘들어하는 건 아닌지 잘 지켜봐야 할 것 같습니다.

강하늘

날씨: 아침에 빗방울이 뚝뚝

제빵을 했다

학교가 끝나고 하진이랑 제빵실에 갔다. 오랜만에 제빵 선생님을 봤다. 너무 반가웠다. 오늘은 쇠머리 찰떡을 만들었다. 하진이랑 같이 빵을 만들었다. 찹쌀 덩어리를 만지는 순간 너무 차가웠다. 밤도 넣고 호박, 콩도 넣었다. 그리고 떡을 만들기 위해 쪘다. 네모나게 만들었다. 다 만든 떡 반죽을 봉지에 넣고 빵끈으로 묶었다. 그리고 태권도도 끝나고 떡을 먹었더니 맛있었다. 다음 주 목요일이 빨리 됐으면 좋겠다.

강하늘 어머니

요즘 하늘이를 보면서 어쩜 이리도 내가 어렸을 때랑 똑같을까 생각한다. 누가 가르쳐 준 것도 아닌데, 내가 어렸을 때를 하늘이가 본 것도 아닌데, 너무도 닮아 똑같이 행동하는 걸 보면 너무도 신기하다. 우리 엄마 마음도 지금의 나 같았을까 생각이 든다.

요 며칠 구구단 외우는 걸로 하늘이와 난 신경전, 아니 전쟁을 벌였다. 분명 집에선 다 외웠는데 나머지를 했다고 울면서 전화가 왔다. 왜 우는지 물어보니, 창피하기도 하고 엄마한테 혼날까 봐 운다고 했다. "그래, 그럴 수 있지. 구구단 다시 외우면 되지." 괜찮다고 다독이고 첨부터 다시 시작. 다음 날 끝날 시간이 넘었는데도 하늘이에게선 연락이 없었다. '오늘도 나머지군.' 그렇게 생각 중 걸려 오는 전화, "엉엉엉, 엄마 나 또 나머지 했어." 치밀어 오르는 화를 누르고 "울지 말고 집으로 와. 괜찮아." 그럴 수 있다 있다 하면서도 얼굴 표정은 붉으락푸르락……. 하늘이와 난 또 열심히 외우고 또 외우고……. 내일이 안 왔으면 좋겠다고 하면서 잠이 드는 하늘이…….

어느덧 아침이 되어 학교 갈 시간, 깨워도 일어나지 않는 하늘이. 아침부터 속을 뒤집어 놓고, 급기야 학교를 안 간다고 투정을 부리는 게 아닌가. "아~ 이 일을 어찌할꼬?" 아침부터 전쟁을 치른 후 손을 꼭 붙잡고 학교 정문에서 들여보내며 걱정하지 말고 열심히 하라고 당부를 하고 집으로 돌아왔다. 학교를 마치고 웃으며 전화가 왔다. "엄마, 나 통과했어." 아이고, 내 딸 맞네. 이 여리고 소심한 우리 딸 어찌할까요?

✦ 하늘 어머니! 에고고, 우리 하늘이가 그랬군요. 좀 더 강하고 담대해지면 좋으련만, 그저 배시시 웃기만 할 뿐……. 큰 소리로 당당하게 자신의 얘기를 할 수 있으면 참 좋겠는데. 제가 그렇게 엄하거나 무서운 편이 아닌데 그저 선생님이란 존재 자체가 어려운가 봅니다. 제가 더 낮춰야겠습니다.

손연호

날씨: 저녁노을이 참 예뻐.
기계동굴 시체놀이

하얗고 큰 동굴기계에 누워 있었다. 간호사 선생님께서 내가 받는 검사를 기계동굴 속에서 하는 시체놀이라고 하셨다. 무섭지는 않았는데 움직이지 않고 정말 시체같이 움직이지 않는 게 힘들어서 한 번에 못 하고 두 번째에 자면서 검사를 하였다. 내가 한 검사 이름은 엠알아이이다.

손연호 어머니

연호 엄마의 병상 일기 두 번째

1시간 가깝게 걸리는 엠알아이 검사도 꽤 어려운 걸 알았다. 전혀 미동도 없어야 한다며 연호의 발을 붙들고 있으라 해서 함께 들어갔는데 15분 정도까지는 잘 버티어 주던 연호가 살짝살짝 움직이는 바람에 결국 그냥은 못 하고 자면서 하도록 하여 검사를 마쳤다. 잠시 잠깐도 가만 있지 못하는 연호에게 정말 미동도 없어야 하는 시체놀이는 영 아닌 거였다. 그런 연호를 보니 새삼스레 아빠를 똑 닮았다는 생각이 든다. 얼굴은 물론 성격까지, 걱정 많은 거며 잠시도 한 공간에 오래 있지 못하는 거며 잠버릇까지……. 그래도 날 닮은 것도 있을 거라 생각하며 바라보니 더 사랑스럽다. 열이 많아 오늘 퇴원 못 하게 되어서 실망하는 아이가 너무 안쓰럽다. 그래도 잘 견디어 주는 연호! 힘내고 건강하자.

9월 9일(금)
약 먹이는 걸로 고생해 보질 않았다

주은영

날씨: 비

목욕

오늘 목욕을 하였다. 큰언니랑 나랑 같이 하였다. 작은언니는 감기 걸려서 혼자서 해야 된다. 서로 등 밀어 주었다. 뺑뺑 밀어 주었다. 큰언니 먼저 나갔다. 아까 전에 우산 안 가지고 와서 비를 계속 맞는 소년을 하였다. 수건으로 닦고 나와서 밥 먹었다. 시원했다.

주은영 아버지

은영 아빠 할 말이 없습니다.

✤ 은영 아버지! 추석 연휴 잘 보내셨는지요. 은영인 2학기 학교생활도 열심히 잘하고 있어요. 받아쓰기는 미리 연습해서 그런지 그런대로 잘하는데 평소에 쓰는 일기나 공부 시간의 글은 맞춤법이 많이 틀리네요. 책을 많이 읽고 맞춤법 공부도 꾸준히 하면 좋겠습니다.

손연호 어머니

연호 엄마의 병상 일기 세 번째

어제 저녁을 먹고 소화가 안되어 고생을 했다. 연호 아빠가 늦은 시간인데도 까스활명수를 사 와서 병뚜껑을 딱 따는데 우리 연호의 말, "아우, 참 맛있겠다." 하며 침을 꼴깍 삼킨다. 병 바닥에 조금 남겨 주니까 행복한 얼굴로 받아먹으며 정말 맛있어한다.

연호는 갓난아이 때도 약 먹이는 걸로 고생해 보질 않았다. 잘 때도 약병만 입에 대 주면 쪽쪽 빨아 먹었다. 말을 하면서부터는 약이 먹고 싶어 조금 아파도 병원에 가자고 했었고 혹여 내가 쌍화탕이나 드링크류를 마실라치면 꼭 남겨 달라며 찰싹 달라붙고 했었다.

그래서 그런지 음료수를 사 마시게 될 때면 탄산음료는 아예 못 먹고 어른 취향의 음료를 고른다. '솔의 눈'이나 비타민 드링크류 같은 거……. 게다가 내 친구가 홍삼액을 사 주면서 잘 안 먹어도 강제로 먹여 보라 했었는데 너무 맛있게 잘 먹고 더 사 달라 해서 사 주기까지 했다. 공부하라 하거나 심부름 좀 하라 하면 듣는 둥 마는 둥이지만 홍삼 먹어라, 약 먹자 하면 행동이 재빠르다. 호호호.

병원 새벽은 늦잠을 잘 수 없게 분주하다. 며칠째 혼자 갖고 있는 모둠일기가 일찍 시작하는 아침 시간을 여유롭게 해 줘서 좋은데 다른 모둠원의 기회를 빼앗은 게 되어 너무 죄송하네요.

일찍 일어난 연호가 오늘은 열이 안 난다고 일기에 꼭 써 달라며 오늘 퇴원을 간절히 기다리는데 의사 선생님의 결정은 어떠실까?

※ 퇴원했어요. 오늘요.

✦ 연호 어머니! 병상에서 쓰신 귀한 글, 고맙습니다. 밝고 건강한 모습으로 학교 나온 연호 얼굴 보니 무척이나 반갑습니다. 훨씬 더 밝고 명랑해진 것 같아요. 자식이 아플 때 부모는 제일 힘들지요. 그 아픔을 대신해 줄 수만 있다면 얼마나 좋을까 하는 그런 마음이지요. 그나마 다행이네요(검사만 받아서). 검사 결과 아직은 안 나왔겠지만 반드시 좋은 결과 있으리라 믿어요. 이제 더는 병원 갈 일이 없으면 좋겠네요. 아들 검사받는 거 지켜보시면서 이렇게 마음을 내어 일기 써 주셔서 정말 감동입니다. 연호에게, 저에게 큰 힘이 됩니다.

✿ 연호는 괜찮을 거라고 믿어요. 연호 어머니, 항상 힘내세요. 홧팅! 때로는 어른보다 넓은 마음을 보여 주는 연호가 고맙네요. (경훈 엄마)

9월 11일(일)
오늘은 행복한 날

박달해

단양에서 하룻밤 잔 날

나는 어젯밤에 단양에 왔다. 그래서 어젯밤에 단양에 있는 콘도에서 잠을 잤다. 오늘도 하룻밤을 여기에서 보내고 집에 가는 것 같다. 그리고 수영장도 갔다. 수영장에서 보트도 탔다. 동생은 아직 키가 작아서 못 탔다. 그래서 동생이 삐쳤다. 보트를 타고 온천물에 들어갔다. 오늘은 행복한 날.

박달해 아버지

글씨도 잘 쓰지 못하는 나에게 일기를 쓰라 한다. 꼭 써야 한다고. 참 힘드네. 늘 일에 찌들어 앞으로만 가려 했지 되돌아서서 돌아온 길을 잘 보거나 생각해 보지 못했는데 오늘 이 시간만큼은 나를 돌아보게 하는 거 같다. 우리 달해, 하늘이가 어떻게 이렇게 많이 컸지. 늦은 시간에 집에 들어와 자고 있는 우리 아이들을 보면 깜짝깜짝 놀라곤 한다. 늘 바쁘다는 핑계로 잘 보살펴 주지 못했는데 말이다. 그래도 나의 힘의 원동력은 우리 아이들이다. 세심하게 챙겨 주지는 못하지만 늘 언제나 한자리에 서서 우리 아이들을 위해 아낌없이 주는 나무가 될 것이며, 아프지 않고 건강히 있으면 하는 바람이다.

아~ 힘들다. 모두 다 건강하세요.

✦ 어른이 되어 글 쓰는 일은 하지 않고 살다가 자식 때문에 몇 자 적는 일이 참 힘들지요? 일기를 쓰는 삶과 그렇지 않은 삶은 삶의 질이 다르다고 하네요. 어려서부터 습관 들이면 참 좋을 텐데 말입니다. 책을 읽고 글을 쓰고 삶을 돌아보는 그런 삶이면 하루하루 보람이 있지 않을까 싶네요. 누구든.

9월 13일(화)
다음에 꼭 쓸게, 미안……

유건

날씨: 지루함

앵그리버드

나는 오늘 아침에 일어났는데 아무도 없었다. 알고 보니 다 갔다. 그래서 남은 사람은 나, 엄마, 매형님(?), 이렇게였다. 그런데 매형님이 앵그리버드 게임 다운로드하는 법을 가르쳐 주셨다. 그래서 앵그리버드 게임을 재밌게 했다. 매형님, 감사합니다.

유건 어머니

건아, 다음에 꼭 쓸게. 미안…….

✤ 건이 어머니! 건이가 엄마 일기를 무척이나 기다려 왔어요. 건이가 2학기 들어 학교생활을 아주 잘하고 있어요. 밝고 적극적이에요. 칭찬해 주시구요, 다음에 부탁드릴게요.

권오현

날씨: 비가 조금 온다.

친척이 왔다

오늘은 친척이 와서, 아침 일찍 일어나서 친척을 마중 나갔다. 지혜 누나와 큰엄마가 오셨다. 그래서 마중을 나갔는데 누나는 존다. 빨리 일어나라고 했고 할머니 집에 갔다. 아빠가 4시에 영화를 보러 가자 했다. 영화 제목 '혹성 탈출'이다. 재미있게 보고 왔다.

권오현 아버지

나이가 들면서 시간이 참 빨리 흐른다는 생각이 든다. 오현이가 태어난 게 얼마 안 지난 것 같은데 벌써 초등학교 2학년이다. 추석이라고 부모님 집에서 며칠을 먹고 자고 했더니 몸은 좋아지는 느낌이다. 오현이가 일기를 써 달라고 몇 번 말했던 것 같은데 엄마한테 말하라고 계속 미루다가 오늘에야 일기를 쓴다.

오현이는 집에서 책도 많이 읽고 엄마 아빠 말도 잘 듣는 편인데 편식을 한다. 자기가 좋아하는 반찬이 없으면 밥을 먹는 둥 마는 둥이다. 골고루 먹지를 않아서 몸이 마른 것 같아 식습관을 고쳐 줘야지 하는데 잘 되지 않는다.

얼마 전 안철수 교수를 보면서 이런 생각을 했다. 안 교수 본인도 훌륭하고 존경스럽지만 그런 사고와 삶의 태도를 갖게 해 준 그분 부모님이 참 대단하신 분이라고. 그분들처럼은 아니더라도 아이들이 건전한 사고를 갖고 행동할 수 있는 환경을 만들어 주고 싶다는 생각을 한다. 시간이 지나면 오현이도 세상 속 어른이 되겠지만 지금의 순수함을 조금은 간직한 오현이가 되었으면 한다. 그리고 아빠는 우리 가족 모두를 많이 사랑한다는 것을 잊지 마…….

✦ 오현 아버지! 부모 노릇 하는 게 쉽지 않지요? 부모가 되기 위한 자격증 같은 것도 있고 교육이나 연수도 받으면 좀 덜할 텐데 말이지요. 정답이 없고 늘 시행착오의 연속이고 다른 부모들과 견주게 되고……. 좋은 부모가 되고 싶은 마음은 모두가 같은데 그 방법, 길이 또렷하지가 않네요.

9월 14일(수)
엄마를 많이 보아서 좋은 날

조휘수

날씨: 오늘은 아주 맑고 더웠다.
지지리 운도 없다

난 오늘 지지리 운도 없다. 어젯밤에 설사를 해서 밤에 늦게 자고 학교에 갈 때 무지 졸렸다. 학원에서도 무지 졸렸다. 집에 갈 때도 졸렸다. 그리고 종종 나쁜 일이 무지막지하게 일어났다. 나는 원래 운이 별로 좋지 않고 운에 따라서 나쁜 일과 좋은 일이 일어나는 게 평소에 많다. 전에 영어 학원에서도 무슨 물건인지 맞히는 게 있는데 그걸 할 때 '케익'을 마시는 것같이 표현해서 반 전원이 '물'이나 '주스'라고 말했다. 솔직히 영어 학원에서 만난 반 학생들 대부분이 운도 없었다.

가끔 나는 이처럼 악운을 달고 다니는 듯한 억울한 일을 당하는 하루가 있다. 설사할 때도 하필 낮이 아니라 새벽에 나왔다. 그리고 난 먹은 것도 별로 없었다. 왕짜증이다.

조휘수 어머니

늦게 퇴근했더니 휘수가 먼저 일기를 써 놓았네요. 왜 이렇게 일기에 부정적인 것만 늘어놓았는지, 긍정적인 생각을 갖도록 해야겠는데 어떻게 해야 하는 건지 모르겠네요. 밥 먹는 것도 느리고 매사에 좀 느긋한 휘수는 실내화 주머니를 잘 잊어버리고 온답니다. 올해 벌써 실내화를 3~4개는 산 것 같은데 1학기 때처럼 학교에 두고 다녔으면 하는 바람입니다. 휘수가 밖에서 어떤 행동을 하고 있는지 모둠일기를 통해서 새로이 알게 됐습니다. 남은 학기도 친구들과 계속 즐겁게 지냈으면 좋겠습니다. 일단 화목한 가정에서부터 시작이 되어야겠지요. 서로 이런 소통의 장을 통해서 우리 아이를 알고 친구들도 조금씩 알아 가게 되는 것 같아요.

★ 휘수 어머니! 휘수가 부정적인 것만 쓰는 게 아니라 자신에게 일어난 일을 솔직하게 쓰는 거예요. 건강한 것이지 나쁘게 볼 일은 아니에요. 다른 날 일기에는 유쾌하고 즐거운 일도 많답니다. 잘 잊어 먹는 건 학년이 올라가면서 좀 나아지지 않을까요? 믿고 기다려 주세요.

최유나

날씨: 아침은 조금 춥고 낮은 덥다.

모둠일기 쓰는 날

오늘 드디어 모둠일기 쓰는 날이 왔다. 얼마나 기다려도 내 차례가 안 되어서 내가 모둠일기 쓰는 날이라고 부르실 때부터 나는 뛸 듯이 기뻤다. 왜냐하면 매일 엄마가 일기 쓰라 잔소리에 다 썼냐고 확인까지, 난 너무 지겨웠다. 그래서 '이번엔 엄마가 좀 쓰고 내가 확인해야지!'라는 마음이 들었다. 근데 아깝게도 아빠가 써 주신다고 하셨다. 난 '아, 아까워.'라는 마음이 조금 들었다. 엄마는 쓰기를 귀찮아하기 때문이다. 왜 나한테는 그렇게 하라 그러면서 엄마는 안 할까?

또 좋은 점은 친구들의 일기를 읽을 수 있기 때문이기도 하다. 친구들이 어떻게 하는지 보고 내가 놀랄 정도로 자세히 쓴 것도 있었다. 그런 걸 보면 난 친구들이 부러워 보이기만 했다. 또 그런 방식으로 쓰고 내가 고칠 수도 있다. 난 이런 방법 때문에 모둠일기 쓰는 것이 좋다. 그런데 왜 어른들은 싫어할까? 우리한테는 하라고 하면서…….

✦ 그러게 말이야. 유나 말이 다 맞는데…….

최유나 아버지

날씨: 맑음
평창에 간 날

요번 추석은 너무 빨라서 밤꼬생이가 파래서 나무로 던지고 할 수도 없었다. 그래서 아이들이랑 알밤도 재미있게 보지도 못하고 주워 보지도 못하게 되어 조금 신이 나지 못하여 심심했다. 추석이 조금 더 늦었으면 좋았을 것이다.

✤ 맞아요. 저랑 같은 생각이네요. 저도 산을 좋아해서 가을이 되면 날마다 산에 가서 밤을 주워 왔거든요. 그래서 추석에 밤을 안 사고 하루하루 주워 온 밤으로 송편도 빚고 이웃에 나눠 주기도 했거든요. 물론 작년에 삼척 살 때 얘기예요. 올해는 밤도 아직 이르고 밤나무 많은 산을 알지도 못해요. 어디 알고 있으면 알려 주세요.

서민지

날씨: 아침에는 괜찮다가 낮에는 엄청 더운 날
엄마를 많이 보아서 좋은 날

난 오늘 학교를 갔다 왔는데 엄마가 아직도 자고 있었다. 그런데 난 생각을 했다. 엄마가 왜 피곤한지. 왜냐하면 아빠가 다리를 다쳤을 때 병원에서 12시까지 있었고 또 엄마가 일하러 3시 30분에 갔다. 끝나는데 10시 30분에 끝나서 피곤하신 거다. 그리고 또 우리 가족을 위해 아침밥, 점심밥, 저녁밥까지 차려 주시고 설거지도 해 주셔서 그런 거다.

그리고 아빠가 빨리 퇴원을 해서 기분이 좋다. 왜? 엄마를 많이 보고 아빠도 많이 보아서 기분이 좋다.

서민지 어머니

날씨: 찌는 듯한 막바지 더위
공주가 기분 좋아 엄마도 기분 좋은 날

엄마 공주 일기를 보니 엄마 기분이 좋아진다. 늦게까지 잠을 청하고 있었는데 엄마를 이렇게 이해해 주는 엄마 공주 민지한테 너무 고맙다. 울 민지가 어떻게 이런 생각까지 하며 있었는지 엄마는 몰랐던 것이 너무도 민지한테 챙피해. 공주야, 고마워! 엄마가 항상 민지가 걱정되고 그러지만 민지를 믿고 열심히 학교생활도 잘할 거라 굳게 믿고 있어. 맘 약하게 울지 말고, 알았지? 학교에서도 집에서 하는 것처럼 생활하면 좋겠어. 집에서만 까불지 말고요. 알았지, 민지?
맘 깊은 민지야. 엄마가 고맙고 사랑해.

✿ 민지 어머니! 민지가 엄마 아빠 생각을 참 많이 하네요. 기특한 딸입니다. 피곤해하는 엄마를 헤아리고 이해하려는 속 깊은 민지. 든든하시겠어요, 민지 덕분에.
✿ 민지가 생각이 많이 깊네요. 민지 어머니, 힘내세요. 민지는 부드러우면서도 강인한 아이가 될 거예요. (경훈 엄마)
✿ 생각 주머니가 많이 커 있는 민지 덕에 행복하고 든든하겠어요. (연호 엄마)

김지혜

고모

오늘 고모가 데리러 와서 나는 공부방 선생님한테 간다고 했다. 그래서 나는 얼른 고모랑 집에 갔다. 그리고 나는 밥을 먹고 운동은 많이 했다. 고모랑 놀고 나는 집에 가서 양치하고 잤다.

김지혜 어머니

아, 추석이구나. 우리 예쁜 지혜가 가고 싶다던 고모 집에 가서 맛있는 송편도 만들고 지혜랑 행복한 시간을 보내니 너무 행복하다. 하지만 내가 일을 하다 보니 지혜랑 많은 시간을 가지지 못해 지혜에게 항상 미안한 맘이 크다. 지혜야. 엄마가 항상 같이 있어 주지 못해 미안하고 우리 예쁜 지혜, 엄마가 많이 사랑한다.

✦ 지혜 어머니! 추석 명절 잘 보내셨나요? 한국의 명절이 이제 낯설지는 않으시죠? 지혜랑 행복한 시간 보내셨다니 저도 참 좋네요. 앞으로도 지혜와 많은 시간 같이하면서 행복한 시간 만들어 가세요.

9월 15일(목)
언제든 부르면 너한테 가지

<김경훈>

날씨: 자전거 타기 딱 좋은 날씨
나는 구구단을 다 못 외웠다

나는 구구단을 7단, 9단 빼고 다 외웠다. 다른 거는 다 쉬운데 7단은 조금난 외웠나. 머리가 복잡하다. 그리고 9단은 쉬운데 외워지지가 않는다. 이제부터는 7단, 9단을 외울 것이다.

<김경훈 어머니>

엄마가 있어야 잠을 자는 경훈

엄마가 옆에 있어야 자는 아들. 눈은 반만 뜨고 있으면서도 잠을 함께 자려 한다. 옆에 동생이 함께 자는데도 "엄마, 빨리 와. 얼른 자." 하며 눕기를 재촉하는 내 아들. 여름방학 동안 키도 쑥, 몸무게도 쑥 커진 내 아들이 나를 찾는다.

우리 아들, 엄마가 좋아지는 걸까? 매일 화만 낸다면서 싫어했었는데……. 불러 줘서 고마워. 네가 언제든지 부르면 엄마는 당연히 너한테로 가지.

자~ 그럼 우리 아들 곁으로 누워 볼까? 구구단을 외우면서 말야.

✤ 경훈이가 엄마가 곁에서 있어 주는 게 좋은가 보네요. 경훈이와 더 많은 사랑의 시간을 함께 보내려고 결단하시고 애쓰시는 모습 참으로 귀하게 여겨집니다. 눈 감아도 눈을 떠도 늘 내 울타리가 되어 주는 엄마가 있다는 것. 그것이 아이들에겐 가장 큰 행복이 아닐까 싶네요.

✿ 제 아들도 잘 때는 "엄마, 팔베개."와 "안아 줘."를 반복하다 잠이 들어요. 그러다 혼자 자면 내가 서운할지도……. (연호 엄마)

박민성

날씨: 맑고 더움
정전이 났다

오늘 합기도를 가려고 옷을 입고 합기도에 갔다. "어, 이상하다." 불이 켜져 있지 않았다. 근데 밑에 있던 편의점을 보니 "정전이 됐어요."라고 쪽지에 써졌다. 그리고 선무에 같이 다니는 형한테 물어봤다. 형이 5시 40분쯤 정전이 됐다고 했다.

형 따라 합기도 문을 열고 가 보니 사람들이 있었다. 그리고 좀 더 있다 6시 59분쯤 돼서야 불이 켜졌다. 나는 빛이 눈이 부셨다.

박민성 어머니

오늘도 역시나 모임이 있어 늦은 귀가. 제각기 할 일을 마무리해 놓고 잠들어 있는 아들과 딸을 보며 너무나 미안한 마음과 속상함이 밀려온다. 언제 들어오냐는 민성이의 독촉 전화에 먼저 잠들라는 시큰둥한 엄마의 목소리에 풀이 죽은 민성이의 대답. 미안하다는 말밖에 할 수가 없다. 엄마가 크게 반성한다!

어제는 퇴근 후 민성이가 조심스레 건넨 이야기에 좀 선생님께 서운했다. 오른쪽 허벅지에 피멍이 들어 있는 걸 보여 주며 "엄마, 수학 시간에 내가 잘못해서 그런 거예요! 다른 것도 잘못했어요."라며 제발 선생님께 아무 말 말라는 민성이의 말에 "니가 잘못했으면 혼나는 거지!" 했다. 친구들도 많이 혼났단다.

에궁~ 솔직한 심성으로 얼마나 놋했기에 피멍이 들 정도로 혼났는지 혼자 소설을 쓸 정도였다. 선생님께 전화도 드리고 싶었고 개구쟁이인 민성에게도 화가 났다. 한 해를 조용히 넘기지 않고 꼭 한 건씩 이야기가 생기니······.

잠든 민성이 다리를 보니 어제보다 많이 흐려져 있다. 맘이 많이 사그라졌다. 답답하셨을 선생님을 생각하면 이해가 안 되는 건 아니지만 그래도 방법을 다르게 하셨으면 하는 마음과 서운함. 도대체 이 녀석은 학교에서 얼마나 많은 사고를 치는 걸까? 친구들에게 방해를 주는 건지, 수업 시간을 어찌 보내는지······.

즐생(즐거운 생활)책이 없어졌다더니 찾기나 했는지 모르겠다. 챙겨 주지 못해 미안하고 이제 혼자 스스로 하라는 엄마 말에 고개를 끄덕이는 아들의 모습을 떠올리며 부디 잘 커 주었으면 하는 마음만 한가득 부푼다.

✦ 민성 어머니! 많이 속상하고 서운하셨군요. 전화하지 그러셨어요. 추석 연휴 마친 다음 날이라 아이들 대부분이 눈이 풀렸고 흐물거리고 집중을 못 하더라구요. 넋이 빠진 모습으로. 너무 기운도 없고 딴 세상에 가 있고 대답하는 아이들도 없고 해서 정신 차리라는 뜻으로 모두 자리에서 일어나서 공부했어요. 묻고 대답하고. 그래도 아이들 상태가 돌아오지 않아 이번엔 모두 책상 위에 올라앉아서 수업을 했어요. 좀 긴장을 할까 싶어서요. 그러면서 같은 내용을 되풀이하여 알려 주고 똑같은 질문을 서른 명 돌아가면서 물어봤어요. 그래도 그걸 대답 못 하는 아이들이 서넛 있었어요. 정말 충격이었어요. 아주 단순한 것이었으니까요. 완전히 정신이 딴 데 가 있는 거예요. 다시 맨 앞자리로 돌아와 첫 아이부터 다시, 또 다시……. 그러는 과정에 정신 차려 집중하라고 플라스틱 자로 무릎을 팡팡 쳤어요. 정답은 없지 싶어요. 모든 상황은 살아 있는 생물체니까요. 그 순간 답이라고 생각했던 것들이 되돌아보면 그렇지 못할 때가 많지요. 혼자 소설 쓰실 정도였다니……. 답답하거나 궁금한 일 있으면 언제든 말씀하세요. 직접 말씀하셨으면 다 들을 수 있었을 텐데……. 그나마 이렇게 글로나마 표현해 주셔서 고맙습니다. 늘 더 생각해 보겠습니다. 어려웠을 텐데…….

박지현

날씨: 여름이 또 왔나 보다.

문신 스티커

나는 오늘 동생 친구네 집에 갔다. 근데 정전이 나서 친구랑 문신 스티커를 하려 했는데 캄캄해서 안 보였다. 근데 불이 켜져서 할 수 있었다. 동생은 4개를 붙이고 난 2개만 붙이고 친구도 2개를 붙였다. 이런 거 처음 해서 몰랐는데 알려 주어서 했다. 재미있어서 집에서도 했다. 동생은 집에 와서 1개를 더 붙였다. 그래서 동생은 5개가 됐다.

엄마도 일기 써!

박지현 어머니

명절은 다들 잘 보내고들 오셨지요? 요즘 우리 딸이 공부를 재미있어 하는 것 같아 다행입니다. 1학기 때만 해도 "공부하기 싫어." 하더니만 요샌 놀면서 스트레스를 많이 푸는지 척척 잘하네요. 시키지 않아도 스스로 열심히 하는 우리 지현이를 보니깐 기분이 절로 좋네요. 고사리 같은 손으로 입으로, 동생도 가르쳐 준다고 옆에 앉혀 놓고 하는 걸 보면…….

우리 딸이 백일이 엊그제 같았는데~ 벌써 2학년 2학기에, 내년엔 어엿한 3학년이 된다고 하니.

요샌 아르바이트하느라 좀 늦게 오는데 집에서 혼자 절 기다린다고……. 우리 공주가 다 컸네~ 가끔, 아니 며칠 안 됐지만 지현이가 "엄마, 일 가지 말고 집에 있으면 안 돼?" 하고 투정 부려도 잠시뿐. 누나라고 엄마 갔다 오면 힘들다고 동생도 데리고 들어오고…….

사랑하는 우리 딸기 공주 지현아~ 건강하게 엄마한테 와 줘서, 예쁘게 자라 줘서 고마워. 소중하고 귀한 내 보물 덩어리 사랑해~ 공부는 하기 싫어도 기초는 꼭 지키고 알아야 하는 거 알지? 파이팅! 엄마, 아빠, 우리 공주 모두 열심히 하자.

✽ 지현이가 방학 때 쑥 커 버렸나 봐요. 몸도 마음도 눈에 띄게 보이진 않아도 몸짓, 말투, 태도에서 묻어나지요. 새롭게 시작한 일로 많이 힘드실 텐데 지현이가 그렇게 잘 알아서 해 나가고 있다니 정말 든든하시겠어요. 진짜 어느새 이렇게들 컸는지……. 가끔은 아이들이 크는 게 아까울 때가 있어요. 지금의 모습으로 오랫동안 함께 있고 싶은 마음입니다.

진우현

날씨: 맑고 더운 날
운 좋은 날

오후에 피아노 교실에 정전이 꺼졌다. 그런데 우리 집만 정전이 않 꺼졌다.

매일매일 우리 가족이 운이 좋았으면 좋겠다.

> 진우현 어머니

날씨: 정말 더웠어요.

우현이의 '앓'은 여전하네요.

추석 때 아이들을 데리고 서울 시댁에 다녀왔어요. 올라갈 때도 기차로, 내려올 때도 기차로……. 1박 2일이어서 피곤했지만 온 친척이 모일 수 있는 날이 일 년에 며칠 안 되니 파이팅하며 다녀왔죠.

할아버지 할머니는 얼마 전 선산 묘소에 벌초 갔을 때도 뵈었지만 그래도 정말 반가워하시더라고요. 친척들과 늦게까지 음식 만들고 아이들은 사촌끼리 신나게 놀고 용돈도 많이 받고, 애들에겐 완전 잔칫날이죠.

다음 날엔 창경궁에 들렀다 원주로 내려왔어요. 명절이라 사람들이 많고 외국인 관광객도 꽤 눈에 띄었답니다. 가족들 14명이 갔는데 이곳 저곳 돌아다니며 재미있는 광경도 보고 신비한 풍경도 보고 멋진 건축물도 구경했죠.

우현인 한번 왕이면 왕인데 왜 쫓겨나는 왕도 있냐며 궁금해하고 관직별로 설 수 있는 곳을 보며, "줄을 서시오!"라고 우스갯소리도 했어요.

큰아빠가 그래도 생일인데 케이크는 잘라야 된다고 케이크를 사 오셔서 축하 노래도 부르고 우현이가 케이크도 잘랐어요. 명절이랑 겹쳐 생일 못 찾아 먹을까 봐 걱정한 게 무색하게 케이크를 두 번이나 자르게 되어 정말 기분 좋은 생일이 되었던 것 같아요.

우현이에게 9월 한 달이 알차게 행복한 달이 되길, 우현 엄마는 항상 기도합니다. 전 우현이가 기억을 하든 못 하든 매 순간순간 행복했으면 좋겠어요. 그게 아이에게 해 줄 수 있는 최선인데, 우현이가 그렇게 느끼고 있는지 궁금하네요.

✤ 우현이는 정말 잔치였네요. 행복하고 풍성한 추석 연휴를 보내고 온 것 같아요. 생일 케익을 두 번이나 자르다니……. 명절이랑 생일이 겹쳐 있는 사람들은 생일 제대로 찾아 먹기 힘든 게 사실이에요. 제 남동생도 음력 8월 14일이거든요. 서울 가서 여기저기 나들이 잘하셨네요. 모처럼 친척들과 와자하게 웃고 떠들고 먹고 즐기는 시간. 다들 우현이네처럼 명절이 이렇게 넘치도록 풍요롭다면 좋겠어요.

9월 16일(금)
예전엔 참 잘 웃고 살았는데……

강민정

날씨: 따뜻한 날씨
레크리에이션을 했다

오늘 태권도장에서 레크리에이션이라는 게임을 했다. 그런데 우리 팀이 처음에 이겼다가 우리 팀이 마지막에 졌다. 그래서 다른 팀이 이겼다. 난 좀 속상했지만 다음에 또 할 때 이기면 되니까 괜찮다. 난 진짜로 우리 팀이 싸우고 다치고 울고 해서 관장님이 한 번 더 기회를 주신다고 그래서 우리 팀이 다 들어가서 아는 오빠랑 나밖에 없었고 다른 팀도 2명이 있었다. 그런데 아는 오빠가 져서 나밖에 남지 않아서 그냥 내가 밀었는데 갑자기 도망가서 다른 애를 했는데 그 애는 졌고 또 한 명도 졌다. 그래서 우리 팀이 이겨서 애들은 막 웃었다. 난 유건한테 칭찬을 받아서 좋았다. 난 다음에도 또 하고 싶다.

강민정 어머니

오늘은 민정이가 도장에서 힘을 합치면 이길 수 있는 법을 배웠구나. 민정아! 그렇단다. 서로 시기하지 않고 도우면 좋은 일이 생기는 거야. 이젠 민정이가 그걸 알겠지? 그리고 민정아! 엄마 아빠가 늦게 들어와서 혼자 있는 시간이 많은데 그래도 투정 부리지 않고 무던히 자기 일 다 하고 기다려 주는 것이 참 대견스럽단다. 엄만 항상 밝고 명랑한 민정이가 되어 주길 바라는데 잘 따라 주어서 고마워. 많이 사랑한단다. 민정아! 힘들더라도 알지? 아자! 아자! 파이팅!

★ 민정이가 태권도장 다니는 걸 아주 좋아하는 것 같아요. 일기에 태권도장에서 지내는 일들을 자주 쓰는 걸 보면요. 민정이는 속상하고 화나고 억울한 일을 자연스럽게 표현할 수 있으면 좋겠어요. 감정을 스스로 억제하고 드러내지 않고 감추는 일에 익숙해 있어요. 자연스럽게, 긍정의 감정이든 부정의 감정이든 건강하게 표현할 수 있으면 긴장감에서 자유로울 것 같거든요.

김근구

날씨: 더우면서 맑음
탈 인형극

탈 인형극을 했다. 이름은 '팥죽 할머니'다. 몇 명이 했냐면 6명이서 했다. 이름은 최은총, 한규민, 손연호, 김민기, 김유빈이랑 했다. 역할은

한규민: 팥죽 할머니, 손연호: 호랑이, 김유빈: 송곳, 김민기: 지게, 최은총: 알밤, 김근구: 멍석을 했다. 한 번 탈락하고 두 번째는 통과했다. 탈인형극은 재밌다.

김근구 어머니

날씨: 곡식들을 익히려 해님이 막바지로 힘쓰던 날

내 얼굴

그동안 찍었던 사진을 정리하다가 언제부턴가 굳어져 있는 내 얼굴을 발견하게 되었다. 당황스럽다. 아이들과 부딪히고 신랑과 부딪히며 이런저런 일들로 내 맘속이 어지러울 때 그 어지러운 맘들을 잘 다스리지 못해 내 얼굴이 굳어진 채로 여기저기 사진에 남아 있었다. 평소에 아이들에게 그런 얼굴로 함께했을 걸 생각하니 미안한 맘이 든다. 예전엔 참 잘 웃고 살았는데……. 이제부터는 의도적으로라도 더 많이 웃고 아이들의 이야기를 더 많이 들어 주고 더 많이 안아 주려 노력해야겠다. 그러다 보면 다음에는 나도 웃고 있는 모습의 사진들이 늘어나겠지? 아자! 아자! 힘내자!

✦ 근구 어머니! 맞아요. 나이 들수록 웃음을 잃어 가는 우리네 모습. 어린아이일수록 많이 웃는다고 그러지요? 세상에 찌들어 가고 순수한 마음을 잃어 가는 우리들을 자주 돌아보는 시간이 필요하지 싶어요. 진정한 참모습과 영성이 살아 있는 매 순간 성찰하는 삶이길 기원해 봅니다.

✿ 어른이 되어서 웃을 일은 아이가 거의 다 준다지요. 아이가 웃을 때 함

께 호탕하게 웃는 연습이 우리에겐 필요한가 봐요. (연호 엄마)

박가누

날씨: 해가 쨍쨍

레크리에이션

오늘 레크리에이션을 했다. 오늘 태권도에서 레크리에이션을 했다. 처음에는 우리 팀이 이겼다. 하지만 다음에는 졌다. 레크리에이션은 아주 재미있었다. 다음에도 레크리에이션을 했으면 좋겠다.

박가누 아버지

추석이 지났건만 늦더위에 전국이 들썩이고 있네요. 어제는 전국 각지에서 유례없는 정전 사태가 발생했고요.

선생님, 그리고 모둠 회원님들! 민족의 명절 추석은 잘 보내셨나요? 고마우신 분들께 제때 인사도 못 드리고 글로 대신합니다.

우리 가족은 평창에 계신 어머님께 갔어요. 추석 전날 장 보러 갔는데 5일장과 내내 내리는 비로 읍내가 많이 복잡하더라고요. 과천(한국마사회)에 있는 동생 내외도 왔고요. 딸만 둘인데(신비, 주하) 네 살 된 큰조카 신비가 어찌 그리 여우 짓을 하는지 우리 가족 입가에 미소가 그치지 않았어요. 지금도 눈에 선한 게 보고 싶네요. 추석날은 차례 지내고 큰외삼촌 댁에 인사를 드리고, 영월에 계신 가누 외할아버지 댁으로 향했어요.

고추 농사를 많이 지으시는데 탄저병으로 수확이 별로 없다고 하시네요. 처제들은 근무가 있어서 오지를 못하고 처남네만 왔어요. 우리 가누는 처조카들(승희, 승빈)과 노느라 정신이 없었고요. 나이 차가 별로 안 나서 아주 잘 지내지요.

추석 다음 날 점심을 먹고 동생네를 배웅하고, 처가에 와서 처남네를 다시 배웅하고, 우리도 원주로 왔어요. 본가 및 처가를 두 번씩 오가며 나름 뜻있는 추석을 보내려 했지만, 즐거움과 함께 아쉬움도 많이 남네요. 오늘보다, 올해보다 더 행복한 나날이 되었으면 합니다.

♣ 평창 다녀오셨군요. 평창은 왠지 정답게 느껴져요. 식구들 모두 한자리에 모여 뜻깊은 명절을 보냈군요. 영월도 여기저기 둘러볼 곳이 참 많은데……. 어르신들이 살고 계신 곳이 모두 시골에 있어서 좋네요. 아이들이 언제든 찾아가 뵐 수 있는 곳, 그곳이 한적한 곳이라 더 많은 추억을 만들 수 있지요.

9월 19일(월)
웬일이니 귀신이니 장난이니?

탁선아

날씨: 많이 비가 온다.
귀찮다

오늘은 왠지 일기 쓰기 싫다. 그리고 왠지 가방을 싸기 싫다. 오늘은 비 오고 춥다. 그래서 밖에 나가기가 싫다. 나가도 잠바 입고 나가야겠다. 겨울 때는 더 추울 텐데. 그리고 이제는 선풍기 말고 베란다가 더 시원하다. 더우면 베란다 문 열면 된다.

탁선아 아버지

9월 19일 원래 마시는 날

오랜만에 모둠회를 쓰네. 그동안은 술푼 얘기만 썼네. 술, 전문 용어로

'쫄'. 왜 쫄일까요? 숙제로 남겨 놓고 오늘은 딴 얘기를 써 볼까나.

연립 주택에 난간대 용접을 하러 갔다. 첫 집을 들어가니 날도 추운데 커피 한잔하란다. 난 쫄만 빨지 커피는 별론데. 해장 쫄로 바꿔 줬으면 좋으련만.

그래도 한잔했다. 한잔하니 속이 별로다. 둘째 집에서는 커피를 먹지 말아야겠다고 마음을 먹었다. 두 번째 집을 들어가니 어린 사내아이 둘이 울고불고 싸우고 난리가 났다. 주인아줌마가 아이들 때문에 나와 보지도 않는다. 나는 잘되었구나 하고 좋아했다. 드디어 일을 끝내고 나오려는데 주인아줌마가 우는 애들을 데리고 한 손에는 커피를 타 오셨네. 허걱. 애들이 싸워서 늦게 가져왔다면서 마시란다. 마셨다. 두 잔 커피를 마시니 속이 메스꺼웠다. 다음 집에서는 커피를 타지 말라고 부탁부터 해야겠다. 세 번째 집, 정말 절 같은 집이다. 너무 조용하다. 아무 소리도 안 나고 조용하다. 주인아줌마는 현관문만 조용히 열어 주고 말없이 방으로 들어갔다. 나도 조용히 난간대 용접을 하다 무심코 뒤를 돌아봤다. 웬일이니 귀신이니 장난이니? 내 뒤엔 커피가 한 잔 놓여 있었다. 나는 소용히 커피를 마시고 그 집을 빠져나왔다. 커피 석 잔을 마시고 나니 헛구역질이 나기 시작하니 쫄 석 잔 빨았으면 좋은데 네 번째 집부터는 진짜 먹지 말아야겠다고 맹세를 하고 네 번째 집으로 향했다.

그다음이 궁금하시죠. 일기장이 몇 장 안 남아서 이만 씁니다. 기회가 되면 나머지는 다음에. 모둠회 일기 땡.

한국에는 삼대 일기가 있다. 승정원 일기, 난중 일기, 모둠회 일기.

★ 아, 어째요, 이 일을! 그러게요. 가는 집마다 커피 대접을 받으셨군요. 커피 네 잔이라……. 정말 속이 메슥거리지요? 주무시는 데는 문제가 없

나요? 요즘은 집집마다 손님 접대에 커피가 빠지지 않으니 참으로 곤혹스럽지요? 아무튼 선아 아버지는 정말 글을 잘 쓰시네요. 글쟁이로 나가서도 성공하시겠어요. 선아에게도 재주 물려주세요. 살아 있는 글쓰기!

이수빈

날씨: 춥다.
받아쓰기

오늘 아침에 받아쓰기를 봤다. 유정이랑 첫 번째 땐 80점을 맞고 두 번째는 90점을 맞았다. 난 기대가 됐다. 받아쓰기를 보고 난 후 기대가 됐다. 근데 100점이었다. 너무 기분이 좋았다.

이수빈 어머니

오늘도 역시 수빈 아빠는 일기를 쓸 시간이 없네요.
어제까지만 해도 이상 기온으로 여름 같더니, 오늘은 완연한 가을이네요. 우리들 몸이 여름에서 가을로 넘어가는 시점에서는 적응하는 데 힘이 드는지 여기저기 피곤하고 아프네요. 주변에서 감기에 걸려 고생하는 사람들도 많이 있고요. 울 수빈이도 코감기에 걸렸는지 훌쩍이네요. 내일 상황 봐서 병원에 갈지 결정해야겠네요.
우리 2학년 1반 학부모님과 선생님도 감기 조심하시고, 울 아이들도 건강하게 공부했으면 하고 바랍니다.

✤ 그러게요. 하루 사이에 어찌나 날씨 변화가 큰지……. 가을이 길었으면 좋겠는데 서둘러 겨울이 올까 염려스러워요. 이 좋은 가을날, 우리 2학년 1반 모든 가족들이 넉넉하고 여유 있는 시간 보냈으면 좋겠어요.

김한준

날씨: 추움

감기

오늘은 내가 감기를 걸렸다. 명절에 감기를 계속 하니까 목이 아프다. 목이 아파도 계속 감기 하니까 참았다. 참고 있으면 목 간질간질해서 기침을 한다. 밥 먹을 때도 놀 때도 감기가 콜록콜록하니까 아빠랑 같이 병원으로 가서 엉덩이 주사 맞고 약을 먹었다. 오늘은 감기 걸렸다.

✤ 한준아, 어떡하니. 그렇게 오래 아파서 걱정이다. 얼른 나아서 한준이 밝고 명랑한 모습 보여 줘!

김한준 아버지

오늘은 9월 19일 월요일입니다. 선생님께서 문자를 보냈어요. 제가 문자를 받았어요. 진짜 미안해요. 아들 한준이, 며칠 너무 아팠어요. 여러분 부모님, 죄송합니다. 저 때문에 일기 못 보내서. 일기 못 썼어요.
여러분, 추석 명절 잘 지냈어요? 제가 한국에 와서 처음 명절 쉬었어요. 제가 온 지 3년 차입니다. 지난 2년은 일했어요. 돈을 버니까 시간이 없었어요. 올해 추석은 쉬었어요. 한국 전통 음식도 먹고 송편 만드는 법도 배웠어요. 너무너무 재미있었어요. 친척들 모임 했어요. 친척들 한국에 와서 돈을 벌다가 한 해 두 번 만나요. 평일은 일해요. 아! 한 해 두 번 만나도 좋아요. 얼굴도 보고 이야기도 해요. 친척들, 또 중국에서 온 사람들 돈 많이 버세요. 건강하세요. 돈을 많이 벌고 행복하게 사세요.

선생님과 여러분 모두 추석 잘 지냈어요? 세월 좋아요. 모두 잘 살고 행복하게 사세요. - 한준 아빠 김호화

✤ 아! 처음으로 추석 명절을 제대로 보내셨군요. 모든 게 다 신기하고 재미있었나 보네요. 다행입니다. 한국엔 명절을 부담스러워하는 사람들이 많거든요. 한준 아빠네는 오래도록 명절을 즐기시길 바랍니다. 친척들 만나 맛난 것 먹고 반가워하고 서로 따스한 정을 나누는 기쁨의 시간이 오래오래 지속되길 빌어 봅니다.

채유정

날씨: 흐리다.
언니랑 놀았다, 애들하고

오늘 언니랑 밥 먹고 언니네 집에 가서 숨바꼭질을 했다. 그래서 술래를 정했는데 내가 술래다. 그래서 "꼭꼭 숨어라, 머리카락 보인다." 하고 찾았다. 다인이 언니는 찾았고 "애들은 숨었을까?" "못 찾겠다."라고 말했다. 화장실에 있었다. 이제 집에 갔다.

> 채유정 어머니

날씨: 흐리고 비
영양제

'비타민'이라는 프로그램에서 여러 가지 비타민 성분과 기능에 대해 설명을 하는 것을 듣고 있었다. 그중에서도 마그네슘에 대한 설명을 하고 있는데 작은딸이 엄마도 마그네슘을 먹어야 한다면서 말을 하는데 내가 작은딸한테 "왜 엄마가 마그네슘을 먹어야 하는데!" 하니까 "엄마가 언니한테 화내잖아." 하고 말을 하는데 가슴이 뜨끔했다. 아이들한테도 엄마 모습이 좀 그래 보였는지 그렇게 말을 하는데 내 자신이 좀 부끄럽다. 작은딸 말대로 챙겨 먹고 화내는 모습을 보여 주지 말아야겠다.

✦ 〈비타민〉에 마그네슘이 부족하면 화를 낸다는 내용이 나왔나요? 아이, 그럼 나도 마그네슘 부족인가? 그렇지요. 아이들이 말할 때 뜨끔할 때가 있지요. 그래서 아이들이 어른의 거울이라고 하나 봅니다. 좋은 모습 보여지도록 노력해야겠어요.

✿ 웃는 비타민을 만들어 볼까요? 우리 집 제약 회사에서요. (연호 엄마)

'모둠회 일기'의 주인공, 선아 아버지

　모둠일기 쓰면서 우리 반 학부모 가운데 스타가 탄생했어요. 선아가 아버지의 참모습을 모르고 처음엔 엄마더러 글을 쓰게 했거든요. 엄마가 일기 제대로 안 써 줬다고 선아가 울면서 학교 왔지 싶어요.

　그다음 주부터 반전이 일어났어요. 선아 아버지가 크고 활달한 글씨체로 공책 가득 글을 써 보내셨어요. 아, 어찌나 재미있고 시원스럽던지요. 정말 많이 웃었어요.

　"아, 선아야. 아빠 글 정말 참 재미있다. 너무 잘 쓰시는데?"

　선아는 아주 기분이 좋아졌어요. 조용히 제 할 일만 하던 선아 얼굴에 웃음꽃이 활짝 피었어요. 이제부터 아빠한테만 일기 쓰게 할 거라고 단단히 마음먹었나 봐요.

　선아 엄마는 들판에서 나물도 캐고 작게 농사도 지으면서 거둔 것들을 장에 내다 팔아요. 선아 준비물이나 미처 챙기지 못한 교과서 같은 것들을 갖다 주러 학교에 오시곤 했어요. 작은 일에도 전화해 주시고 선아를 아끼는 마음이 느껴졌어요.

　그런데 선아 일기를 보면서 선아가 아빠를 더 좋아하는 걸 알게 되었어요. 참 자상한 분 같았어요. 퇴근길에 딸내미들 먹을 것 사들고 집으로 들어서면 두 딸이 총알같이 나와 반기는 모습들이 눈에 그려졌거든요. 선아 아빠는 용접 일을 하러 여기저기 다니세요. 일은 있을 때도 있고 없을 때도 있고……. 그래도 참으로 낙천적으로 사시는 분 같았어요. 비 오는 날엔 이웃들과 어울려 막걸리 한잔에 음식을 같이 나누며 하하호호 웃으며 즐겁게 지내시더라구요.

선아 아빠의 일기가 거듭되면서 팬들이 늘어나기 시작했어요. 모둠일기를 마무리하고 문집 한 권으로 엮어 집으로 보냈을 때 부모님들이 다 보셨지요. 저를 만나는 부모님들마다 선아 아버지 글이 너무 재미있었다고, 한번 보고 싶다고 하셨어요. 저 역시 선아 어머니는 뵈었지만 아버지는 뵌 적이 없었거든요. 마지막 부모님 모임 하는 날 어렵게 모셨어요. (어찌나 빼시는지, 팬들이 기다린다고 제발 얼굴 좀 보여 달라고 했어요.) 선아 아버지가 가장 무서워하는, 함부로 할 수 없는 사람, 무조건 지는 사람이 세상에 딱 한 사람 있대요. 그게 누구일까요? 막내딸 선아라네요.

별말 없이 조용하던 선아가 참으로 밝고 씩씩하게 변했어요. 아빠 엄마의 힘이 아니었나 싶어요. 선아는 아빠를 자랑스럽게 여기고 있다는 걸 깨달았어요. 선아 엄마도 남편의 글을 보며 웃음이 빵 터졌대요. 남편의 숨겨져 있던 새로운 모습을 보았나 봐요.

선아네는 열심히 살아가면서도 느긋함과 웃음과 정겨움을 잃지 않는 가정이에요. 모자 꾹 눌러쓴, 장난기 있어 뵈는 선아 아빠를 보니 더더욱 그런 생각이 들었어요.

9월 20일(화)
엄마가 염색을 했다

> 손연호

날씨: 낮에는 세상에 있는 아이스크림을 다 먹어도 엄청 더울 거 같아.

기분 좋은 하루

   오늘은 왠지는 모르겠지만 기분이 좋다. 내 친한 친구가 외발자전거를 같이 타게 돼서 그런가. 아니면 학원에 안 가고 병원에 가서 그런가 모르겠다. 왜 기분이 좋지. 엄마가 일이 끝나고 일을 안 가서 그런가 모르겠지만 계속 기분이 좋았으면 좋겠다.

> 손연호 어머니

날씨: 파란 도화지에 흰색 물감이 가득 번진 듯한 하늘

꼭 필요한 다이어트

키 작은 내가 굴러다니게 되었다. 심각성을 옷을 입을 때마다 느낀다. 걷기도 하고 뒷산에도 몇 번 가고 훌라후프도 하고……. 그런데 딱 되어지지 않는 하나는 먹는 것! 이 저주받은 입맛은 어쩌냐. 정말 내 입에 안 맛있는 게 없구나. 당뇨가 있는 내겐 꼭 필요한 다이어트! 의사 선생님에게도 "체중 늘리지 마세요."가 다달이 듣는 말이다. 요즘엔 몸이 안으로 밖으로 자꾸 부어서 식사량도 줄었지만 다이어트가 되지는 않는다. 이제 시작했으니 걷는 것만이라도 거르지 말고 해야겠다. 오늘 저녁 무렵 운동장으로 걸어가는데 노을이 정말 예뻤다. 보고 있으니까 기분이 나아졌다.

※ 연호 걱정 많이 해 주셔서 감사해요. 방광이 기능을 좀 상실해서 약을 계속(거의 평생) 먹어야 된다네요. 약 좋아하는 연호라 힘들지는 않겠어요.

★ 저주받은 입맛? 흐흐……. 축복받은 입맛이죠. 저도 때때로 그러거든요. 대체 왜 나는 맛없는 게 없냐구……. 그럼 엄마가 말씀하셨어요. 먹고 싶은 거 있을 때가 좋은 거라고. 나중엔 먹고 싶은 게 없다고, 나이 들면 맛이 다 없다고…….

김민기

컴교실 두 번째 날

오늘은 컴교실 두 번째 날이다. 한데 선생님이 좀 이상했다. 원래 화요일엔 1시 50분까지 가야 되는데 4교시를 하고 와도 별말 안 했다. 오늘은 다른 반 애들이 5교시여서 1시 45분까지 게임을 했다. 게임은 재미있었지만, 너무 지루했다. 담 화요일엔 우리도 5교시를 했으면 좋겠다.

> 김민기 어머니

다시 일상으로 돌아온 첫날

그동안 폐렴으로 입원한 우리 딸과 함께 힘겨운 일주일을 병원에서 보내고 어제 퇴원하여 다시 평화로운 내 보금자리에서 아침을 맞았다. 병원의 좁다란 간이침대에서 쪼그려 자야 했던 그 불편한 시간이 언제였는지도 모르게 허리 펴고 평안히 얼마나 달게 잤던지 아침에도 몸이 개운하다. 역시 집이 최고지.

한가롭게 아침나절을 보내고 동네 언니와 맛난 점심도 먹고 쌀쌀하지만 청명한 가을 날씨에 둘이서 거리를 쏘다니다 보니 예외 없이 울 아들 내미께서 전화를 하신다. "엄마 집에 있어?" "그럼." 얼른 전화를 끊고 부리나케 집으로……. 그동안 엄마 없이 일주일 동안 빈집에 들어왔을 아들 생각에 쏜살같이 먼저 집에 도착했다. 이제는 혼자서도 포도도 씻어 접시에 받쳐 쟁반까지 챙겨 간식 먹을 준비 하고 있다. 이러니 엄마가 걱정 없이 믿고 집도 비우고 그러지. 기특도 하여라. 누나 아프다고 누나에게 뭐든 양보하고 갖은 구박과 누나의 투정에도 오빠처럼 듬직히 행동하는 민기를 보니 어느새 훌쩍 커 버린 청년이 옆에 있는 것 같아 든든하기만 하다.

갑자기 찾아온 가을에 무엇보다 애들 건강부터 챙겨야겠다. 뭐든 잘 먹는 민기야! 걱정은 안 한다만 민기는 깨끗이만 씻으면 감기 걱정 없음

이야. 항상 손 씻기를 깜박하는 민기에게 오늘부터 세심한(?) 청결 교육 들어가야겠다. 애들아~ 제발 아프지 말아 줘~

✦ 부러워요. 평일 낮에 시내를 쏘다닐 수 있다는 거. 특히 요즘처럼 아름다운 가을날……. 건물 안에서 정해진 틀 안에서 시간을 보내는 직장인들, 일탈을 꿈꾸네요. 민기 어머니, 누릴 수 있을 때 맘껏 누리세요.

한규민

날씨: 살랑살랑 바람이 불어요.

엄마가 염색을 했다

오늘은 엄마가 염색을 했는데 너무 이상했다. 나는 그냥 머리가 좋은데 왜 염색을 하는지는 모르겠다. 그런데 엄마는 염색을 했는데 왜 감기가 걸렸을까 참 이상하다.

✦ 엄마 머리 색깔이 뭐니?

한규민 어머니

아침 저녁 기온이 쌀쌀해졌다. 지난주에는 큰아이가 감기에 걸리더니 어제부턴 내가 시작이다. 목감기가 심하게 걸린 것 같다. 규민인 아직이니까 조심시켜야겠다. 규민이에게 엄마 일기 패스한다고 했다가 엄청 혼났다. 절대 안 된다며 나에게 화를 낸다. 몸이 아파 건너뛰려 했는데……. 녀석 땜에 그것도 맘대로 안 된다. 결혼식이 끝나야만 좀 편안해지려나……. 머리가 몽롱해서 더 쓸 수가 없구나. 에이취!

쌤! 아침저녁 쌀쌀한데 감기 조심하시구요. 앞으로도 잘 부탁드립니다.

✤ 머리 염색하셨다면서요. 어떤 모습일까 궁금해요. 요즘 계절이 바뀌는 때라 아이들이 감기에 많이 걸리네요. 어른도 예외는 아니구요. 몸 잘 챙기세요. 규민이한테까진 감기 전염 안 되겠죠?

주은영

날씨: 바람이 쌩쌩
도서관

오늘 학교 끝나고 도서관에서 책 반납하고 엄마품 멘토링 아줌마를 기다렸다. 책을 계속 읽다 보니까 시간이 흘러갔다. 엄마품 멘토링을 같이 하는 민지가 왔다. 좀 있다가 아줌마가 왔다. 또 종이에다가 아줌마가 어디로 오는 건지 알려 주었다. 월부터 금까지 뭐 하는지 우리가 말해서 아줌마가 종이에 적었다. 집에 갔다. 끝!

✤ 엄마품 멘토링, 이제 잘 다니면 되겠다. 그치?

정수진

날씨: 비가 올 듯 말 듯 흐릿흐릿, 바람이 쌔~앵

'오늘이' 그림 그리기

어제 '오늘이' 그림 다 못 그린 것을 오늘 남아서 했다. 아침에 와서 사인펜으로 연필 자국을 없앴다. 사인펜으로 연필 선을 찍찍 따라 그리면서 말이다. 엄청 많이 했다. 사인펜으로 그리고 그다음엔 연필 선을 지웠다. 또 그다음 색연필로 그 색깔에 맞게 색칠했다. 그래야지만 이쁘다(나에게는 그게 이뻐 보인다). 아침에 그거 하고, 놀기 시간에 10분 그거 하고, 밥 먹고 했다. 그런데도 다 못 해서 15~20분 정도 하진이랑 남아서 오늘이 그림을 그렸다. 손목이 아팠다. 그래도 열심히 집중하며 했다. 근데 거의 하진이랑 떠들면서 했다. 그래서인지 시간이 빨리 가는 것 같다. 12시 반에서 1시로 금세 시간이 뚝딱! 시간이 빨리 가는 것 같다. 그래도 끝까지 최선을 다해서 했더니 금방 끝냈다. 와우! 정말 기쁘다.

선생님, 저희 아빠 모둠일기 패스하신대요~

✱ 바쁘신가 보네. 그래, 그럴 때도 있지……. 그래도 수진인 일기 빠뜨리는 날 없잖아. 어른들이 부럽지?

9월 23일(금)
바람아, 가지 마라!

김경훈

날씨: 물을 마셔도 목이 더 마른 것 같다.
요한이 따라

오늘 학교 끝나자마자 요한이를 따라 금강문구에 갔다. 요한이가 앵그리버드 장난감을 사 줬다. 그리고 예쁜 문구에 가서 2000원 상품권을 뽑으려고 했다가 다 꽝이었다. 요한이는 어디든지 갈 수 있나 보다.

김경훈 어머니

날씨: 햇볕은 따스하지만 바람이 몸에 확 들어와 춥다.
경훈이가 늦게 오네

오후 1시 30분인데 경훈이가 안 온다. 곧장 집에 오는 아이인데 친구 집에 갔으면 전화라도 하는데 안 온다. 2시 다 되어서 들어오는 경훈이는 앵그리버드 장난감을 친구가 주었다며 자랑하며 들어온다. 축구 하고 친구랑 가 보지 않았던 문구사까지 가서 장난감을 산 것이다. 학교에서 횡단보도를 하나 더 건너가면 있는 곳이다. 멀지는 않지만 잘 안 보내는 곳인데 친구 따라 강남이 아닌 금강문구에 다녀오다니……. 걱정이 되긴 했지만 이젠 저 혼자서도 잘 다니는구나. 엄마의 품에서 100미터 정도 떨어나간 느낌이 든다. 너무 품에서만 크게 했나 보다. 집 안에서는 엄마를 불러 대며 이거저거 해 달라고 하는데 집 밖에서의 경훈이는 모습이 어떠한지 생각하지 못했다. 엄마의 눈으로만 아이를 바라보았다. 이제야 엄마의 말을 귀찮아하는 이유를 알았다. 오색별에게 도움을 받았다. 크게 키우고 싶다고 해 놓고 오로지 엄마의 시각으로만 바라보았으니 경훈이는 얼마나 속이 터졌을까. 미안, 아들. 너무 사랑한다. 엄마를 용서해 다오.

✤ 오색별이 뭐예요? 아, 모둠일기를 통해서……. 아이들은 어른의 축소판이 아니라 완성된 그 나름의 인격체라는 것, 그리고 믿고 기다려 주는 일이 어른의 역할이죠. 어른이 아이에게 돌려줘야 할 건 사랑과 존중이라고 야누슈 코르착이란 교육학자가 말씀하셨어요.

김유민

날씨: 어떡해, 이렇게 추울 수가!
한지

오늘 할아버지가 한지 커튼을 사 오셨다. 해바라기꽃이 그려져 있는 커튼이다. 그것을 보니 한지로도 여러 물건을 만들 수 있구나~ 나도 한지로 여러 가지 물건을 만들어 보고 싶다. 나는 만드는 걸 좋아해서 뭐든지 만들고 싶다. 그래서 글쓰기 다음 주 시간에 한지공원에 가서 한지로 만들기도 하고 다 만든 건 가져가고 싶다. 그러면 너무너무 좋겠다. 어쨌든 한지로 만지고 붙이고 자르고 만들고 싶다.

김유민 이모

오늘도 어김없이 학교에 갔다가 야자하고 독서실에 다녀왔다. 이제 고3도 얼마 남지 않았다. 48일이면 대학이 결정되는데 너무나 걱정이다. 이럴 줄 알았으면 차라리 원여고 오지 말고 치악에 가서 내신으로 대학에 갈 걸 그랬나 보다. 100일 남았던 때가 엊그제 같은데 벌써 48일이라니! 시간 참 빨리도 간다.

집에 돌아와 보니 유민이, 유빈이가 와 있었다. 어렸을 때 놀아 주고 업어 줬는데 벌써 이렇게 무럭무럭 커서 숙제도 혼자서 잘하는 아이들이 됐다. 가끔 너무 의젓해서 기특할 때도 있다. 좀 더 아이들에게 잘 놀아 주고 잘 대해 주고 싶은데 바쁜 고3인지라 보는 것도 요즘은 빠듯하다. 저번 주에 유민, 유빈이와 약속한 리락쿠마 스티커를 사 왔는데 너무 늦은 시간이라 지금 모두 자고 있다. 얼른 일어나서 내가 사 온 스티커를 보고 기뻐하는 유민, 유빈이를 볼 수 있었음 좋겠다. 물론 그것도 내가 내일 독서실 가기 전에 스티커를 줄 수 있어야 하겠지만 말이다.

요즘은 항상 앞으로 내게 다가올 미래를 꿈꾸며 하루하루를 버틴다.

어른들 말씀이 공부할 때가 제일 편할 때라고 하시고 나도 그것에 일정 부분 동의하지만 공부도 그리 쉬운 것만은 아닌 것 같다. 자기 자신과의 싸움이기도 하니까 말이다. "공부가 제일 쉬웠어요."라고 씌어져 있는 내 책상 위의 이 책은 정말 밉상이 아닐 수 없다. 비록 매일매일 공부를 하면서 보내고 미래를 바라보며 버티긴 하지만.

이렇게 유민이, 유빈이와 우리 가족과 언제까지나 행복하게 지낼 수 있으면 좋겠다. 이미 과거의 나는 지나가 버렸고 미래의 나는 아직 알 수 없지만 현재의 나만큼은 내 마음대로 내 생각대로 만들고 가꿀 수 있으므로 현재에 충실해야겠다는 생각이 든다. 아직 몇 달이나 남은 올 한 해를 행복하게 보내기 위해서 앞으로는 딸로서의 역할, 이모로서의 역할, 동생으로서의 역할에 충실하고 나 자신에게 한 점 부끄럼이 없는 내가 되도록 노력해야겠다. 그러기 위해선 얼른 자고 내일도 열심히 공부해야겠지? 그러므로 모둠일기는 이제 여기서 마쳐야겠다.

PS: 졸린 와중에 써서 글씨도 엉망이고 내용도 뭐가 뭔지 모르겠어요. 죄송해요. 우리 유민이, 유빈이 잘 보살펴 주셔서 항상 감사드리고 앞으로도 따뜻한 관심과 사랑 부탁드려요.

✚ 와! 유민, 유빈 이모가 아주 속 깊은, 꽉 찬 어른이네. 제 앞가림뿐 아니라 조카들을 향한 사랑과 관심도 대단하네요. 소중한 고3 이모 글, 잘 읽었어요. 공부하느라 많이 힘들 텐데······. 희망을 품고 열심히 잘해 나가길 빌어요.

조휘수

날씨: 바람아, 가지 마!
혹시 바람이 가는 건가?

바람이 간 것 같다. 바람이 불지 않는다. 혹시 바람이 가는 것일까? 가면 뜨겁고 더워서 밖에만 나가면 목욕을 해야 할 텐데…….
"바람아 가지 마라, 바람아 가지 마라, 바람아 가지 마라!"

박달해

날씨: 밤에는 춥고 아침에는 더운 날
횡성

나는 피아노를 치다가 피아노 학원에서 나왔다. 횡성을 가기 때문이다. 난 횡성에 와서 청소를 했다. 너무 힘들었다. 그런데도 꾹 참았다. 나는 청소하다가 왜 힘이 안 드는지 모르겠다. 나는 유리창 닦기, 비닐 떼기를 했다. 처음에는 기분이 좋았지만 지금은 힘들어만진다.

9월 25일(일)
차라리 내가 아프고 말지

박달해 어머니

　이번 주말은 정말 정신없이 보낸 거 같다. 오늘 친정아버지가 아파트로 이사를 하셔서 금요일 날 달해랑 같이 횡성 와서 청소를 했다. 처음에는 일 끝내고 혼자 올까 하다가 학원 끝나고 집에 혼자 와 있을 달해 생각도 나고, 같이 시간을 보내고 싶은 마음도 들었기에 데리고 갔었다. 청소하면서 한 번도 힘들다고 말도 안 하고 열심히 해 준 달해에게 고마운 마음이 들어 토요일 날은 같이 즐거운 시간을 보내야겠다고 생각한 찰나에 달해 아빠가 홍천 단호박축제를 가자길래 너무 잘됐다 싶어서 따라나섰다. 물론 애들도 너무 좋아했다. 홍천 가는 길에 하늘을 바라보니 정말 구름 한 점 없는 파란 하늘이었다. 단호박축제 구경하고 저녁에는 구미에서 하는 전어축제도 구경했다. 어린이 바이킹을 태워 주는데 가운데 자리에 앉아도 달해는 무섭다고 울어서 도중에 세워서 내렸다. 구미에서 지인 집에서 하룻밤 자고 오늘은 서울로 향했다. 쇼핑센터 가서 아이들 옷도 사고 청과물 시장도 가고 돌아오는 길엔 횡성 가서 저녁도 먹고, 오늘은 참 바쁘게 보낸 거 같다. 아이들이 신나하면 그걸로 된 거다. 벌써 12시가 되어 간다. 아이들은 오자마자 뻗어 버리고 달해는 공책을 덩그러니 놔두면서 꼭 쓰고 자랜다. 나두 이제 그만 쓰고 자야겠다.

★ 이틀간 아주 알찬 여행을 했네요. 이 좋은 가을날, 무조건 밖으로 나가야 해요. 자연의 아름다운 선물을 마음껏 누리고 감사하기 위해서지요. 보고 들으며 달해도 더 넉넉해지고 단단해졌겠어요.

조휘수

날씨: 바람이 정말 갔다.

로미오와 줄리엣

《로미오와 줄리엣》을 읽었다. 이런 책들은 정말 아름다운 책이다. 읽으면 읽을수록 읽고 싶다. 너무 흥미롭다. 그리고 무엇보다도 감동적이다! 난 그래서 이런 책들을 좋아한다.

조휘수 어머니

뜨거운 가을 햇살 아래 과실과 곡식들도 익어 가고 아이들도 무럭무럭 익어 가는 것 같습니다. 등산과 여행 하기에 좋은 계절이 다가와 몸살이 납니다. 독서하기에도 좋고 무언가를 새로 시작하기에도 너무너무 좋은 날씨네요. 휘수에게도 작은 기적이 또 일어났습니다. 저번 주에 《해저 2만 리》라는 조금 두꺼운 책을 이틀 만에 독파했습니다. 필(feel)이 꽂혔는지 그 책에 집중해 밤늦게까지 읽다가 잠이 들었습니다.

휘수가 이제는 친구와 만남의 약속까지 하고 아주 웃깁니다. 아이지만 하나의 인격체이기에 그 약속을 지킬 수 있도록 도와주었습니다. 어제 휘수와 가누네 집에 놀러 갔는데 그곳에서 휘수의 또 다른 모습을 발견했습니다. 친구들과 잘 못 어울리고 소심한 줄 알았는데 정반대더군요. 서슴없이 말하고, 선생님 말씀처럼 능청스럽고 아주 당돌해 보이기도 하고, 어떻게 보면 버릇없는 것 같기도 하고, 유머러스한 면도 보였습니다. 학기 초와는 달리 아주 많이 성격이 열려 있더군요. 휘수가 이 글을 읽고 마음 다칠 수도 있겠다는 걱정도 살짝 드네요. 아무튼 휘수가 학교 선생님, 학원 선생님, 친구의 부모님, 친구들에게도 사랑받고 있다는 느낌이 드는 한 주간이었습니다. "2학년 1반 파이팅!"

✤ 휘수의 능청스러움은 정말 우리 모두를 웃음 도가니로 빠뜨립니다. 가을날이 너무 아름다워 실내에 있기엔 몸살이 날 지경일 때가 많네요. 이 넉넉하고 푸르른 계절을 맞아 자연에게든 사람에게든 감사의 마음을 품고 생활해야겠어요.

강하늘 어머니

요사이 반갑지 않은 손님이 찾아와 우리 가족을 괴롭히고 있다. 그 손님은 바로 감기. 한동안 내가 아파서 병원을 다니고 그다음은 신랑이, 지금은 우리 딸 하늘이가 감기와 싸우고 있다. 며칠째 열이 오르락내리락, 내 심장 박동 수도 오르락내리락. 아이가 아프면 손에 일이 안 잡혀 아무 것도 할 수가 없다. 모든 엄마들이 다 그렇겠지. 차라리 내가 아프고 말지. 에구구, 불쌍한 것. 주말인데 쉬지도 못하고 일하는 신랑. 아이가 아플 때면 더 생각이 난다. 아빠의 빈자리가 더 커지는 것 같다. 보고 싶다.

날씨는 좋은데 우린 집에서 이틀 내내 이불 속에서 지내야만 했다. 우리 하늘이, 이제 아프지 말고 담 주엔 가을을 느껴 보자. 우리 모두 감기 조심합시다.

✤ 그러게요. 오늘도 콜록이네요. 빨리 떨쳐 버리고 이 아름다운 가을에 식구들끼리 나들이 다녀오셔야지요. 우리 반에도 오늘 둘이나 학교를 못 왔네요. 은영인 폐렴으로 입원까지 했어요. 정말 몸 잘 챙기고 잘 쉬고 잘 먹어서 건강해져야겠어요. 하늘이, 감기 뚝!

9월 26일(월)
웬만해선 휴가를 쓸 수 없다

권오현

날씨: 아주 덥다.
친구와 놀다가

오늘은 민성이와 근구가 놀러 왔다. 왔는데 박민성이 절친을 하자고 했다. 그런데 민성이가 커서 거지가 되면 돈을 보내 달라고 했다. 크크크크. 우리 아빠와 큰아빠가 일하는 회사에서 1년을 다니면 1억 4천8백만 원을 번다. 나랑 절친한 사람은 돈을 보내 줄 거다.

권오현 어머니

한 달 동안 열심히 태권도 연습을 하고 주일 새벽 6시에 일어나 태권도 시합에 나가 은메달을 따 온 오현이가 대견하다. 누가 시키지 않아도 하고 싶은 욕구에, 본인이 스스로 대회에 나가겠다고 맘을 먹고 열심히 하는 모습에 기특하기만 하다. 어리다고만 생각했던 아이가 스스로 자기의 일을 찾아서 하는 모습이 예쁘기만 하다. 늘 엄마는 잔소리만 한다고 하는 오현이. 그러나 때때로 그저 지켜보아야만 하는 때도 있어야 된다는 것을 알았다. 어떠한 일을 하기 전에 늘 미리 앞서 이야기를 반복하는 내가 오현이한테 미안한 맘이 든다. 이번 일을 계기로 아이 스스로 찾아서 할 수 있도록 기다려 주는 여유 있는 맘을 가져 보기로 한다.

"이거 해라, 저거 해라."가 아닌 아이 스스로 하고 싶은 일을 찾아서 노력하고 몰두할 수 있도록 내가 좀 더 기다려 주는 엄마가 되어야 할 것 같다.

★ 오현이가 메달 딴 거 학교에 가져왔더라구요. 일기장에도 썼구요. 그러면서 자기를 깔보지 말라네요. 어찌나 우습던지……. 매우 자랑스러워하는 마음이 느껴졌어요.

서민지

날씨: 더우면서도 시원한 날~
주산을 배우니 즐거운 날~

난 오늘 주산을 배우러 미술실로 갔다. 그런데 주산을 배우니 수학이 빨라져서 기분이 좋다. 그리고 내가 주판과 주산책을 꺼내니 선생님이 바로 와서 보수 뺄셈 -4를 배우고 그다음 장도 다 한 다음 내가 문제를 풀었다. 그런데 난 긴장이 되었다. 왜냐하면 몇 개 틀리면 또 써야 되고 다 맞으면 안 써도 돼서 그랬다. 그리고 주산이 다 끝나고 난 마음속으로 이랬다. '주산을 배우니 암산도 구구단도 바로 배울 수 있구나.' 라고 했다. 그러고선 난 집에 신나게 갔다.

서민지 어머니

날씨: 너무 덥다. 여름 날씨처럼.
민지가 주산에 흥미를……

엄마는 오늘 특별한 일이 없어서 민지한테 감사한 마음을 전하고 싶네. 처음에는 주산을 하기 싫다고 해서 조금 다니다가 가기 싫어지지는 않을까 하고 걱정을 했는데 천만다행이다. 어느 날부턴가 백 점을 맞고 그랬다고 자랑을 하면서 주산에 흥미를 갖고 재미있어하는 민지 모습에 엄마는 너무도 다행이었지. 그리고 민지한테 고맙고 주산이 수학에 많은 도움이 된다는 걸 민지가 깨달은 것 같아서 오늘 엄마 기분은 짱이었다.

울 예쁜 민지. 엄마가 매일 '몬순이'라고 하지만 세상에서 제일 예뻐하는 거 알지, 민지야? 글구 사랑해. 오늘도 학교 수업 잘 받고 선생님 말씀 잘 듣고 끝나고 보자.

★ 주산 배우기 시작했나 봐요. 흥미가 생기고 긍정의 마음을 갖게 되어 다행입니다. 예전엔 많이들 했는데……. 무슨 일이든 자신이 재미있어 해야 오래 즐기며 하는 법. 민지의 성적에 좋은 영향을 끼치겠네요.

> 임하진

날씨: 발이 너무 시럽다. 햇살은 쨍쨍 비추지만 바람은 쉬어 가지도 않고 쌩쌩 분다. 너무 춥다.

운 좋은 날

오늘 서진이 건강 검진 받으러 갔다 나오면서 건강 검진 끝나고 선생님이 연세치과에 가라고 해서 갔다. 그다음 내려가면서 우리가 "햄버거 사 줘."라고 말했다. 그래서 엄마가 사 줬다. 불고기 햄버거 3개.

근데 그 롯데리아에서 서진이가 장난감을 엄청 많이 가져왔다. 그래서 엄마가 "그거 우리 꺼 아니야. 우린 2개 시켰어."라고 말했다. 근데 서진이가 "이거 저 사람이 주었는데." 알고 보니 교회에서 성준이 오빠의 아빠였다. 그래서 서진이한테 장난감을 1개씩 다 주셨다.

바비인형 2개 언니 꺼 1개랑 내 꺼 1개, 손오공 장난감, 사오정 장난감, 원숭이 장난감, 부엌놀이 세트, 헬로코코몽 우주선…….

오늘은 햄버거도 먹고 장난감도 많이 생기고 운이 정말 좋다.

> 임하진 어머니

이번 주는 선생님들의 학회 일정으로 오랜만에 휴가를 쓸 수 있게 되었다. 쓸 수 있는 휴가가 아무리 많고 개인적 사정이 있어도 환자는 많고 인력은 부족하기에 웬만해선 휴가란 걸 쓸 수 없다.

일하다 가끔 창밖을 내다보면 푸른 나뭇잎 사이로 새어 나오는 햇살이 따사로와 보여 소풍 가고 싶고, 빗방울이 바닥에 부딪혀 톡톡 터지는 모습이 재밌어 우산 쓰고 장화 신고 어린 시절처럼 고인 빗물에 첨벙거리고 싶고, 어쩌다 올려다본 맑은 하늘의 구름이 그림처럼 예뻐 문득 이 세상에 태어나 이렇게 아름다운 세상을 볼 수 있게 해 주심을 감사드린다.

그러면서도 이런 기분은 잠시뿐 또다시 환자에게 집중하며 남은 하루를 보낸다. 그래서 이런 휴가는 정말 귀한 시간이다.

맘 같아서는 이럴 때 아름다운 세상을 여행하고 싶지만 아직은 나의 세 아이들이 어리기에……

그래도 그동안 보지 못한 책들도 보고 아이들과 좀 더 여유롭게 생활할 수 있으니 나름 괜찮다.

✦ 아, 하진 어머니! 얼마나 힘드실까요? 자유롭게 훨훨 날아오르고 싶지요? 그 마음 이해해요. 요즘처럼 아름다운 가을날, 모든 것에 감사의 마음이 저절로 일어나지요. 날개를 달아 드리고 싶네요.

최유나

날씨: 아침은 딱 가을이고 낮은 한여름이다.

모둠일기의 마지막

선생님께서 오늘이 모둠일기 마지막이라고 하셨다. 난 기분이 좋지 않았다. 왜냐하면 엄마의 잔소리가 내 것으로 돌아오기 때문이었다. 그런데 모둠일기가 마지막이면 나는 엄마의 일기 쓰라는 잔소리를 듣게 된다. 난 끝나는 게 싫다. 그래도 엄마는 안 써서 좋다고 하신다. 일기를 안 쓰는 건 우리도 좋다. 엄마가 이런 내 마음을 모른다. 엄마도 쓰기 싫으면 나한테 그러지 말지 왜 그럴까? 난 잔소리 때문에 모둠일기 끝나는 게 싫다.

'아~ 모둠일기야, 가지 말으렴.'

최유나 어머니

유나야. 엄마는 일기 쓰는 것 한국말로 써야 되니까 엄마가 하고 말하고 싶은 것 전부 쓸 수 없어요. 그래서 좀 피해하는 거예요.

그리고 유나가 일기 쓰는 것, 유나 숙제야. 숙제하는 것은 당연한 일이야. 잔소리도 안 해요.

매일매일 "엄마, 일기 무엇 쓸까?" 하면서 30분이나 아무것도 안 쓰고 동생하고 놀면서 "나 생각하고 있어."라고 하지 마요. 해야 되는 일은 빨리 해서 놀아요.

선생님! 이렇게 일기를 만들으셔서 감사합니다. 일기를 통해서 유나하고 얘기하는 것 너무 좋아요.

✦ 유나도 엄마가 일기 쓰는 거 아주 좋은가 봐요. 유나는 계속 써야 하고 엄마는 이제 안 써도 된다는 게 좀 억울한가 봐요. 힘들어하면서도 늘 열심히 하는 유나가 기특하지요? 모둠일기 아니더라도 가족일기장 마련해서 가족일기 한번 써 보시는 것도 괜찮아요.

진우현

날씨: 추운 날

이모 숙제를 9시 5분까지 한 날

오후 2시에 이모가 내 준 숙제를 했다. 그런데 숙제가 많았다. 쉽지만 많아서 9시 5분에 끝났다. 또 수민이 이모가 와서 5분 안에 해야 됐다. 졸렸다.

★ 우현아. 잊지 말고 모둠일기 챙기렴.

9월 27일(화)
넌 친절하고 멋진 아이란다

진우현 어머니

날씨: 간만에 더웠어요.

우현이가 어제 모둠일기를 안 꺼내 놓고 자서 제가 몰랐네요. 죄송합니다.

아까 학원에서 오는 길에 한지축제 전야제 불꽃놀이가 터지는 걸 봤어요. 작년 한지축제 때 아이들이랑 체험한 게 엊그제 같은데 벌써 1년이에요. 이번 주는 일본에서 아빠가 오시는 주예요. 그래서 주문진에 가서 1박 2일을 보내기로 했어요. 마침 주문진 오징어축제도 있고 해서 간만에 나들이하네요. 오랜만에 콧바람 쐬고 맛있는 것도 많이 먹고 잘 놀다 올게요! 너무 기대돼요!

✯ 우현 아빠가 오신다구요. 가족 여행 준비하셨네요. 즐거운 가족 나들이 하고 오세요. 행복 가득한!

> 유건

    오늘은 태권도가 끝나고 집에 가는 길에 요한이가 같이 오랜만에 딱지 몇 판만 하자고 했다. 근데 나는 딱지가 없어서 못 한다고 했는데 요한이가 딱지 1개를 준다고 했다. 그래서 1개로 시합했는데 내가 한 16개 정도 땄다. 그래서 계속하려는데 요한이 부모님이 오셔서 갔다. 어쨌든 오늘은 재미있었다.

> 유건 어머니

    오늘은 추석 지내고 처음 쉬는 날이다. 요즘 몸이 많이 피곤하다. 하루 종일 아무것도 안 하고 빈둥거리며 집에 있었다. 저녁에는 친구들 모임이다. 건이 저녁 먹이고 친구들이랑 저녁 먹으며 수다 떨고 있는데 건이한테 전화가 왔다. 오늘 모둠일기를 쓰는 날이라고 했다. 나는 건이한테 화를 냈다. 일찍 끝내고 들어가야 했다. 하지만 늦게야 집에 들어와 쓰려니 너무 졸리기도 하고 피곤하다. 건아, 다음부터 미리 말해야 한다. 내일 또 일을 하려면 지금이라도 자야 한다.

    ✤ 늘 힘들고 피곤한 우리 건이 어머니! 그래도 오늘 건이 얼굴이 환하고 밝아요. 어머니가 쓰신 일기 가지고 나오면서 아주 당당하게, 여유 있게 말하네요. "선생님! 오늘 엄마가 일기 써 주셨어요."

최은총

날씨: 덥고 맑다.
어디에 자꾸 정신 팔려 모둠일기를 늦게 썼다

오늘 모르고 놀아 갖고 모둠일기가 있는데 그걸 새까맣게 잊고 저녁에 모둠일기가 생각나서 저녁에 써야 하는데 자꾸 티브이 보는 방송에 정신이 팔렸다. 그래 갖고 모둠일기에 집중해서 썼다.

최은총 어머니

여름방학하면 은총이가 가고 싶은 바닷가를 가기로 약속한 엄마가 너한테 미안하다. 못 가게 돼서……. 올여름에 집안일이 너무 많은 데다 이사도 해서 엄마는 출근도 해야 되고 시간을 낼 수가 없었어. 너는 지금도 바닷가는 언제 갈 것이냐고, 누구누구는 아빠랑 어디어디 다녀왔다면서 "나는 왜 아빠가 없어!" 하며 울고 있을 때 너한테 야단도 많이 치고 듣기 싫은 소리도 많이 해서 미안해.
　아빠 없이 이 세상에 태어나서 이름을 목사님께서 사랑받는 은총이라고 지어 주셨다. 더 많은 사랑으로 너하고 누나를 키워야 하는데 엄마는 그러지 못한 것 같다. 누나 사춘기 왜 이렇게 오래가는지 모르겠다. 빨리 지나갔으면 좋겠다. 날카롭고 예민해서 은총이하고 많이 싸운다. 밖에 나가면 꽤 착한 은총이가 집에서 누나한테는 한마디도 안 집니다. 쉬는 날이면 "엄마, 우리 어디 좀 가자." 하는 네가 미울 때가 많았다. 엄마는 좀 쉬고 싶은데……. 그러나 지금 생각하면 너한테 고맙다. 외로울 새도, 멍하게 있을 새도 없어서…….

엄마는 은총이 공부가 제일 걱정돼. 책도 보기 싫어하고 집에 와서 먼저 놀고 일기나 숙제를 자기 전에 하는 은총이가 앞으로는 집에 와서 숙제 먼저 하고 놀다 오면 좋겠다. 1학기 때 구몬을 시작해서 두 달도 안 돼 하기 싫다고 포기했고, 무엇을 배워도 오래 못 가는 은총이, 다 엄마 잘못 같아. 끝까지 시켜야 하는데. 학원이나 구몬 공부 다시 시작해야 되겠다. 그리고 10월 중으로 엄마, 누나, 은총이 1박 2일 바닷가 가기로 엄마가 꼭 약속 지킬게. 은총이를 많이많이 사랑해 주세요.

✱ 은총 어머니! 은총 어머니가 처해 있는 상황이 마음에 그려집니다. 저녁에 자주 은총이랑 운동 삼아 나들이 가는 게 은총이를 위한 작은 배려라는 것. 그래도 이제는 친구들이랑 어울려야 하는데……. 다행이에요, 이사해서. 가까운 곳에 어울릴 수 있는 동무들이 많아서요. 많이 힘드시겠지만 지금껏 해 오셨듯 힘내서 잘 지내시길 빕니다.

박민성

날씨: 더움
치사한 엄마

오늘 내가 축제에 갔는데 엄마가 물건을 사는 것을 보고 내가 먹을 것을 사 달라고 했다. 나는 지퍼를 사 달랬다. 근데 엄마는 비싸서 안 된다고 했다. 그래서 난 호떡을 샀다.

나는 기분이 나빴다. 엄마는 가족이 쓰는 것을 산다고 그래도 엄마만 사용하는 것이다. 그래서 나는 너무 짜증났다.

박민성 어머니

어머나! 민성이의 일기를 읽으면서 나 또한 민성이가 많이 치사하다고 느꼈다. 도대체 지퍼가 뭐란 말인가?

늦은 저녁 감영제 전야제로 폭죽을 터뜨리기에 야시장이 열린 것을 보고 눈요기 삼아 민성이를 데리고 나갔다. 도착한 후에야 '요 녀석을 괜히 데리고 왔구나' 밀려오는 후회……. 설탕을 녹여 모양을 크게 찍는 뽑기를 사 달라며 떼쓰기 시작~ 풍선 놀이, 바이킹, 화살 던지기 등 수없이 많은 유흥거리에 혹해서 나를 옭아매기 시작했다.

나 또한 천냥하우스에 들러 눈을 즐겁게 하고 비누곽(2500원) 하나를 샀다. 도자기 컵도 이쁘길래 물컵 삼아 사려고 했지만 민성이가 불만을 품고 나에게 쓸데없는 것 왜 사냐며 시비를 걸었다. 참 나~ "엄마 개인 것이 아니라 우리 가족이 쓰려는 물건이잖아!" 했더니 다 핑계란다. 그냥 컵을 내려놓았다. 덕분에 하나에 2000원 하는 컵을 안 사니 8000원이 지갑에서 멈췄다. 뭐 그리 급한 것은 아니었지만 순간 민성이에게 화가 나고 한 대 쥐어박고 싶은 마음이 뭉게뭉게 피어올랐다. 생전 사 달라고 떼쓰지 않던 녀석이 먼지에 풀풀~ 휘감겨 있는 물건들을 보면서 욕심을 부리다니…….

어른들이 모여서 흥청거리는 모습을 괜시리 보여 준 것 같아 후회도 밀려오고 나 또한 흥에 못 이겨 지름신이 동하여 이것저것 저지른 것만 같았던 기분! 민성이의 삐침에 한 바퀴만 돌고 컴백 홈. 생각하니 나는 정말 치사한 엄마였나 보다. 그래도 민성아! 사 달랄 걸 떼써야지~ 근데, 지퍼가 뭐였니? 하도 사 달란 게 많아서 뭐가 뭔지 모르겠다! 얄미운 아들~ 너두 치사 빤스다! 흥!

✦ 원주에는 참 이것저것 둘러볼 행사가 자주 열리는데 저는 거의 하나도 모르고 지냅니다. 아이들 일기를 보고 정보를 얻네요. 날도 좋은데 저녁에 아이들과 함께 나들이 다녀 보고 싶은데, 시간 내기가 쉽지 않네요.

김근구

날씨: 아침엔 춥고 점심엔 덥고 저녁, 밤에는 춥다.
학교 공개수업

학교 공개수업을 했다. 교감 선생님이랑 교장 선생님, 수석 선생님이 오셔서 보셨다. 2교시 쓰기 시간에 했다. 책에 있는 내용을 보고 알아맞히기를 했다. 맨 처음엔 선생님이 문제를 내셨다. 그다음에 휘수, 유나 등이 내용을 했다. 진우현도 했다. 우현이는 맞힐 수 있었다. 답은 '장화 신은 고양이'다. 공개수업은 재미있다.

김근구 어머니

날씨: 반팔을 입고 낮 동안의 활동이 즐겁던 날
친구와 놀고 싶은 근구

요즘 근구를 지켜보면서 주변에 자주 어울려 놀 친구가 없어 마음이 아프다. 동네 있던 유일한 친구가 학원을 가 버렸다.

개인 주택에서 산 지 5년. 주변엔 연세가 지긋하신 할머니 할아버지들이 대부분이다. 친구들과 놀고 싶어 하는 근구는 늘 누나랑 놀게 된다. 누나들이 학원을 가고 나면 나랑 놀아 달라고 애원하는 근구. 그나마 태권도 도장에서 또래와 형들과 어울려 다행이다 싶으면서도 걱정을 내려 놓을 수 없다. 조금은 소심한 모습을 보며 또래들과의 사회성이 떨어지는 듯해 걱정스럽다. 주말이면 어디에 친구들이 있을까 하며 고민만 하고 놀이터도 작은누나와 함께가 아니면 가지 않는 아이. 내가 친구 관계 폭이 좁아서 그런 걸까? 근구는 많은 친구를 가졌으면 하는 바람이 생긴다. 모가 난 아이가 아니니 점점 나아지겠지~ 좀 더 기다려 보자. 근구 나름대로 잘해 나갈 거라 믿으며.

사랑하는 아들 근구야. 좀 더 목소리는 크고 또렷하게~ 어깨는 쫙 펴고 자신감을 가지렴. 넌 참 친절하고 멋진 아이란다. 사랑한다. 파이팅!

★ 요즘은 친구도 부모가 만들어 주고 신경 써야 할 정도로 아이들 삶이 팍팍해졌어요. 자신 있고 당당하고 무엇이든 스스로 알아서 하고 친구 관계도 좋은 아이로 키우는 게 모든 부모들의 바람이겠지요. 친구를 집에 자주 초대하는 방법이 좋지 싶어요.

9월 28일(수)
사랑합니다, 선생님

> 박가누

너구리 라면

오늘 저녁에 너구리 라면을 먹었다. 김치도 같이 먹었다. 오랜만에 먹어서 맛있었다. 그리고 라면 1봉지를 다 먹었다. 너구리 라면은 아주 맛있었다.

> 박가누 아버지

날씨: 맑음

학기 초 치악초등학교 2학년 1반에서 어린이와 학부모, 선생님이 같이 시작한 모둠일기 쓰기도 가을 추수와 더불어 거의 무르익어 마무리가 되어 가고 있는 듯하다. 통상적인 일기는 학생과 선생님의 대화인 것에 비해, 모둠일기는 대화의 상대를 몇 단계 뛰어넘어 자식과 부모, 부모와 선생님, 학부형과 학부형의 대화의 장을 열어 주는 진보된 표현으로 우리들의 일상과 생각을 많이 서로 공유할 수 있게 된 계기가 되었다.

선생님의 삶의 지혜가 묻어 나오는 표현 교육의 철학관, 가누 친구들의 순수한 동심과 관심사, 그리고 학부모님들의 자식에 대한 사랑과 미래에 대한 근심 등을 마음으로 느낄 수 있었고 또한 그분들의 관심과 사랑을 너무나도 듬뿍 받았다.

한 주 한 주 모둠일기를 통한 가누의 학교생활로 부모님들을 한 분 한 분씩 알아 가는 재미도 쏠쏠했다. 얼마 전엔 휘수 어머님께서 늦둥이 2세 축하 겸 케이크를 보내 주셔서 감사한 마음을 품고 있었으나 기회가 없었는데 드디어 지난 토요일에 휘수랑 우리 집에 오셔서 커피 한잔과 다과로 도란도란 삶의 이야기를 나누는 소중한 기회를 얻었다. 같은 모둠으로 사전에 일기를 통해 서로의 생각을 알고 있었기에 많은 말씀들이 공감이 되었다. 그리고 휘수 형이 중학생이라고 들었기에 연세가 있으실 것이라 생각했는데, 캐주얼한 복장에 피부도 고우시고 생각했던 것보다 젊으셔서 깜짝 놀랐다. 학부모님들 중에 와이프가 제일 예쁜 줄 알았는데…….

사실 매주 모둠일기를 써야 한다는 것에 은근히 신경이 많이 쓰였다. 우리 차례가 오면 가급적 회식 자리를 안 잡으려고 노력했고, 또 강릉에서 올라와 어영부영하다 보면 10시가 훌쩍 넘어가고, 쓸 소재는 마땅히 떠오르지 않고, 다음 날 출근하려면 아침 일찍 일어나야 하고……. 그래서 생각해 낸 꼼수가 있었는데, 차례가 돌아올 즈음 미리 다음에 쓸 소재를 생각해서 메모를 하고 구상을 잡아 놓는 것인데, 이 방법도 그리 신통한 해법은 아닌 듯했다. 가령 가족의 행복에 대해 줄줄이 이야기의 줄거리를 잡아 놓았는데 저번처럼 가누 녀석이 학교에서 친구를 괴롭혔다는 등의 글(모둠일기 내용 중에……)을 읽으면 '가족의 행복'이라는 주제는 다 날아가 버린다. 그러면 고민한다. 자식 교육의 어려움으로 주제 삼아 다시 쓰자니 피곤하고 시간이 짧다. 아니면 가식적인 마음으로 그냥 생각했던 그대로 쓰자니 마음이 쉬이 움직여 주질 않는다. 하지만 애교 섞인 불만에 종지부를 찍게 된 일이 있었는데, 우리 모둠은 아니지만 같은 반에 쌍둥이 아버님이 계시는데 그분은 매주 두 번의 일기를 쓰셨다 하신다. 와우, 격주로 돌아가며 쓴 우리 부부는 정말 행복했구나…….

우리들의 인생사가 크고 작음의 차이는 있겠지만 희로애락으로 어우러져 거의 비슷한 삶을 살고 있다고 본다. 시련이 없으면 그 속에서 피어난 아름다운 열매의 단맛도 느끼지 못하리라 생각한다. 삶이 버거울 때도 분명 있고 슬럼프도 있지만 밝은 내일을 보고 열심히 살며, 또한 그 속에서 행복을 찾아야 한다고 본다. 가족의 사랑은 그 힘듦을 이겨 낼 수 있는 원동력이 될 것이다.

그렇기에 모둠일기를 마감하며 우리 선생님을 비롯한 가누 반 가족 여러분의 건강을 두 손 모아 기도드린다. 나도 이 기회에 담배를 끊어야 할 텐데…….

"나무는 꽃을 버려야 열매를 얻고, 물은 강을 버려야 바다에 이를 수 있다."

박가누 어머니

오랜만에 비가 오네요. 이 비가 그치고 나면 날씨가 더 추워지겠죠?

가누 아빠가 출근하면서 이번이 모둠일기의 마지막이니 한마디라도 적으라네요. 아무래도 전공 선택이 잘못된 듯싶을 정도로 모둠일기를 즐기는 가누 아빠예요. 이번이 마지막이라 생각하니 무척 아쉽네요. 좋은 선생님 덕에 이런 기회가 있어서 굉장히 좋은 추억이 되었답니다. 감사드려요. (꾸벅)

중간고사를 치르고 나면 2학년 기간이 얼마 남지 않았네요. 이제 날씨가 추워지니 제 출산 일도 멀지 않았네요. 가누를 한번 키워 봤으니까 두 번째는 좀 더 업그레이드되어 더 잘할 수 있겠죠?

2학년 1반 부모님들, 친구들, 모두 감기 조심하시고 가정에 항상 행복한 일만 가득하길 빌어요.

✤ 가누 부모님께. 정말 누구보다 적극 참여해 주셨어요. 모둠일기든 학급 일이든. 저를 믿고 아이들을 같이 끌어안으려는 마음이 제겐 큰 힘이 되었어요. 고맙습니다. 소중한 인연, 오래 간직하겠습니다.

채유정

날씨: 맑음
갑자기 배가 아프다

오늘 운동하고 급식 밥 먹었는데 갑자기 배가 슬슬 계속 아프다.

그냥 밥 먹으니까 안 아퍼진다. 그래도 좀 아프다. 배가 엄청 아퍼서 참고 먹고 교실에서도 아팠다. 머리도 아팠다. 토할 정도로 아프고 머리도 어지럽고 찡할 정도로 아프다. 어지러워 죽겠어.

채유정 어머니

날씨: 행복한 날씨
기특한 유정이

요즘 제가 몸이 많이 아파 일어나서 살림살이를 못 할 정도로 아파 아빠가 출근하기 전에 청소를 하고 갔는데, 설거지나 빨래 정리를 못하는 유정이가 "엄마, 제가 설거지할게요." 하면서 설거지를 20분 정도 하는데 "유정아, 그만해. 엄마가 나중에 할게." 하니까 "아니야, 엄마. 내가 다 했어." 하면서 뒷정리를 하는 모습을 보니까 역시 엄마한테는 딸이 있어야 한다는 것을 절실히 느끼네요. 평상시에는 엄마 말 잘 안 듣고 하는데 엄마가 아프니까 동생 목욕, 잠자리도 봐주고 하는데 역시 언니구나 하는 생각을 하네요. 엄마가 겉으로 표현을 많이 안 했어. 그렇지? 엄마가 우리 유정을 많이많이 사랑한다.

✤ 아유, 유정이가 정말 기특하네요. 요즘 환절기라 어른이든 아이들이든 아픈 사람이 많네요. 얼른 몸 가뿐히 일어나시길 바라요. 동생늘까지 챙기는 유정이 든든하시겠어요. 겉으로 표현 많이 하세요. 고맙다고, 사랑한다고.

박지현

날씨: 좋은 날씨!
졸려~

오늘은 계속 졸리다. 왜 그럴까? 계속 졸립다. 내가 늦게 잠을 잔 게 아니다. 빨리 자도 계속 졸립다. 학교에서 너무 졸리어서 하품만 한다. 근데 왜! 하품도 나면 잠이 올까? 계속 하품만 한다. 너무너무 잠이 온다. 일찍 자고 일찍 일어나려고 노력을 해도 안된다. 그래서 졸리어서 찡찡이처럼 찡찡거리다가 일기가 생각이 나서 쓰고 있었던 것이다. 근데 일기거리가 생각이 안 나서 이렇게 짧은 것이다. 휴~ 휴~ 머리에 온통 '잠' 생각뿐이다. 아, 잠 와. '이제 일기 그만 쓰고 자야지.' 하고 잘 준비를 하고 있다.

박지현 어머니

안녕하세요. 지현이 엄마입니다. 어젠 지현이가 밤늦게 일기를 쓰고 "엄마, 오늘이 마지막이래, 그러니깐 꼭 써야 돼." 하더라고요. 이 소리를 들으니깐 아~ 벌써 끝나는 거야? 아쉽기도 하고 시원섭섭해지네요. 가끔 일기를 가져오지 않으면 "지현아, 오늘은 왜 안 가져왔어? 순서가 아직 멀었어?" 하고 물어보곤 했는데…….

선생님, 학교 총회 때 아르바이트가 잡혀서 가 보질 못했는데 아쉬워요. 선생님도 찾아뵙고, 요즘 우리 지현이에 대해 상담도 좀 하고 학교생활이나 공부는 흥미 있어 하는지, 많이 물어보고 싶었는데…….

오늘은 아침에 일어나 밥 올려 놓고 쓰고 있습니다. 아이들이 정신없이 자고 있는 시간이기에 저는 정신없이 써 내려가고 있네요. 선생님과 지현이가 정들어서 너무 좋아하는데 벌써 2학기가 지나가고 있으니……. 저도 선생님과 너무 좋았는데, 아쉽습니다.

이렇게 좋은 선생님을 내년에는 우리 꼬맹이 아들과 또 인연을 맺었으면 좋겠습니다. 사랑합니다, 선생님~

★ 지현 어머니! 저도 2학기가 되면 문득문득 아이들과 헤어짐을 생각하곤 합니다. 세월이 어찌나 빠른지요. 그동안 모둠일기 꼬박꼬박 써 주셔서 고마웠어요. 부모님들도 수고하셨고 더 많은 수고를 하는 우리 아이들. 늘 어른들이 곁에서 힘이 되어 줘야겠지요.

강민정

날씨: 따뜻한 날씨
패션쇼 연습을 봤다

오늘 학교 글쓰기 할 때 한지문화제를 갔는데 거기에서 패션쇼 연습을 하고 있었다. 우리는 그것을 봤는데 정말 신기했다. 왜냐하면 옷이 다 한지로 만들었기 때문이다. 너무 예뻤다. 그리고 선생님이 사진을 정말 많이 찍으셨다. 그래서 사진 찍은 것도 보고 재미있었다. 오늘 여기서 저녁 7시에 패션쇼를 한다고 하셨다. 그래서 난 가고 싶었지만 숙제와 일기를 써야 돼서 못 갔다. 그래도 나는 괜찮다. 오늘 정말 재미있었기 때문이다. 그리고 난 오늘 한지 뜨기도 하려고 했는데 못 하고 와서 좀 섭섭했다. 그렇지만 재미있어서 좋았다. 또 가고 싶다. 다음에 엄마 아빠와 가야겠다.

"선생님! 아이스크림 사 주셔서 고맙습니다."

강민정 아버지

오늘 민정이가 한지문화제 구경을 다녀온 모양이구나. 참 신기했겠구나. 민정이가 생각날지 모르겠는데 민정이 어렸을 때 아빠하고 엄마하고 민정이를 등 카트에 태워서 한지문화제를 구경하러 갔단다. 그때도 어린 민정이가 아주 신기한 듯이 관심을 가졌단다. 그리고 한지 옷이 이뻤던 거야, 패션쇼하는 언니들이 이뻤던 거야? 아빠는 그게 궁금한데…….

올해는 아빠 엄마가 바빠서 한지 체험을 못 하게 될 것 같은데……. 민정이가 이해해 주기를 바라고, 다음에 꼭 같이 가자꾸나. 민정이, 파이팅. 선생님~ 항상 아이들에게 정과 신경을 써 주셔서 감사합니다. 환절기 감기 유의하십시오.

✦ 와! 민정이 글씨 보세요. 이제 띄어쓰기, 맞춤법 확실하네요. 처음엔 띄어쓰기 안돼서 많이 힘들어했는데, 이렇게 아이들은 배우면서 커 가네요. 민정이네 식구도 나날이 좋은 일만 가득하고 행복한 삶 누리세요.

김지혜

날씨: 추웠다.
한지문화제

오늘 나는 한지문화제를 갔다. 근데 엄마가 어디 갔는지 몰라서 나는 그냥 찾아다녔는데 못 찾아서 전화로 해 봤는데 안 받아서 나는 놀고 있었는데 엄마가 와서 나는 더 놀았다. 재미있었다. 근데 노래가 나와서 나는 들으러 갔는데 노래를 불러서 나는 봤다. 엄청 재미있었다. 또 했으면 좋겠다.

김지혜 어머니

가게에서 점심으로 아구찜을 맛있게 먹었다. 맛있는 음식을 먹으니 지혜 생각이 나서 마음이 아팠다. 피곤하더라도 퇴근 후에 지혜에게 맛있는 음식을 만들어 주어야겠다. 지혜랑 지혜 아빠랑 우리 가족 행복한 시간도 자주 갖도록 해야겠다.

★ 저녁에 지혜랑 한지문화제 가셨군요. 엄마랑 함께 가서 지혜가 더 좋았겠어요. 지혜 어머니도 그렇지요? 밖에서 맛있는 거 먹으면 식구들이 떠올라 미안해지고……. 이게 엄마들 마음인가 봐요. 맛있는 음식 만들어 함께 먹고 오순도순 행복하게 사는 것이 모든 사람의 작은 소망이지 싶어요.

9월 29일(목)
나뭇잎에 이슬이 있다

원태호

날씨: 비와 바람이 불어서 아주 춥다.
깜짝 놀랐다

오늘은 공부방에서 우리 누나가 저번에 화장실에서 내가 나올 때 놀라게 한 복수를 할려고 신발과 우산을 숨길려 할 때 누가 들어왔다. 예진이 누나인 줄 알았는데 이 공부방에 다니는 예은이 누나였다. 예진이 누나인 줄 알고 정말 심장이 콩알만 해졌다.

그리고 내 물건을 다 숨기고 문 뒤에 숨어서 기다렸다가 누가 들어올 때 소리를 지르면서 나왔는데 예진이 누나 친구 예슬이 누나여서 또 깜짝 놀랐다. 그리고 우리 예진이 누나가 들어와서 심장이 두근거리는 것이 멈추지 않았다. 오늘은 정말 많이 놀랐다.

> 원태호 어머니

모둠일기를 아빠에게 쓰라고 하려고 미리 생각했는데 타이밍을 놓쳤다. 사실은 나보다 신랑이 일기를 더 잘 쓰는 걸 이제야 알았다. 총각 때 일기를 쓰고 있었다. 그래서 내가 훔쳐본 기억도 난다. 그동안 잊고 살았는데 일기를 쓰면서 기억이 되살아났다. 그땐 아마도 나 아닌 다른 아가씨를 좋아했는데 거절당해서 무척 실망했던 내용도 있었던 것 같다.

선생님께서 일기 쓰는 기회를 만들어 주셔서 정말 감사했습니다. 우리 태호도 아빠처럼 성인이 되어서도 일기를 쓰는 것도 괜찮을 것 같은데 태호는 일기 쓰는 걸 제일 싫어해서 잘 모르겠네요.

> 탁선아

날씨: 비가 엄청 많이 옴
모둠일기 마지막 날

오늘은 모둠일기 마지막 날이다. 11월도 거의 안 남았다. 오늘만 쓰니까 왠지 아쉽다. 아빠가 모둠일기를 재밌게 쓰셨으면 좋겠다.

> 탁선아 아버지

9월 29일 목이 찰 때까지 마시는 날

오늘이 모둠회 끝이란다. 우리 선돌이만 한글도 모르는 게 착잡하다.

일기 쓸 맘이 사라지는구나. 대기만성이라 하는데……. 광고의 한 구절처럼 건강하기만 해라. 핵교생활 잘하고, 꿈과 희망을 잃지 말고.

손연호

날씨: 엄청난 비바람
모둠일기 마지막

내가 모둠일기 쓰는 게 오늘 마지막이다. 내일 경훈이가 쓰고 모둠일기는 끝난다. 나는 누가 내 일기를 보는 게 싫었는데 나한테는 조금 좋기도 하다. 아니면 좋은 건가 안 좋은 건가 모르겠다. 그러니까 오늘은 모둠일기가 좋지도 않고 싫지도 않으니까 모둠일기를 나중에 또 쓰게 될까?

손연호 어머니

날씨: 기온을 뚝 떨어뜨릴 비가 하루 종일
밤 줍기

지난 토요일에 가족끼리 충주시에서 열리는 밤 줍기 행사에 다녀왔다. 작은집 식구들과 부모님까지도……. 정말 즐거운 하루였고 소득(밤)도 제법이었다. 너무 신나고 재미있게 줍고 놀아선지 돌아올 때나 다 와서도 피곤하지 않았다. 어디를 놀러 가면 항상 아이 위주였는데 이곳에선 남녀노소가 다 즐거웠다. 연호 할머니께선 근 50년 만에 밤을 주워 보신다 하셨고 늘 병원 생활 하시는 연호 할아버지께서도 모처럼의 나들이를 맘껏 즐기신 것 같고 밤도 제일 많이 주우셨다. 특히 연호의 활약이 컸다. 밤나무가 그다지 크지 않아 나무에 올라가서 나뭇가지를 흔들면서 탄성과 함께 알밤과 밤송이를 아래로 떨구어 준다. 돌아오는 길에 너무 좋아하는 나를 보며 남편이 참 흐뭇하게 웃는다. 벌써 다 먹었는데 1년을 어떻게 기다리나? 내년에도 꼭 다시 가야겠다.

이수빈

날씨: 춥고 비가 많이 옴

이슬

나뭇잎에 이슬이 있다
꽃잎에도 이슬이 있다
이슬은 아름답다
비 오는 날엔 벌레가 별로
없는 것 같다

9월 30일(금)
몇 번을 썼다 지웠다 하지만

이수빈 어머니

    오늘 쓰는 모둠일기가 마지막이라고 하니 조금 아쉬우면서 섭섭하기도 하네요. 9월의 마지막 날에 쓰는 일기라 더욱 센티(?)해지네요.

    그동안 일기를 쓰면서 수빈이에 대한 상담 겸 선생님과 대화를 나누는 느낌이어서, 일기에 대한 부담감은 있었지만 그래도 좋았습니다. 더불어 다른 부모님들도 같은 고민을 하고, 행복해하셔서 동질감도 느껴져 좋았습니다. 그래서 그런지 만나 뵙지 못한 학부모님들이 가까워진 듯하네요. 선생님 덕분에 좋은 경험을 하게 되어 감사합니다. 모둠일기는 오늘이 끝이지만, 좋은 기회가 또 있다면 우리 2학년 1반 친구들과 부모님들이 함께 공유할 수 있는 사건(?)이 또 있기를 바랍니다.

    선생님, 그동안 고생 많이 하셨고요. 앞으로도 행복하고 건강하세요.

김한준

날씨: 맑음
한지문화제 갔었다

오늘 또 문화제에 갔다. 거기에서 친구들 만났다. 친구 만났는데 자꾸 일어서서 다시 아빠 자리로 갔다. 힙합도 봤다. 아리랑도 즐겁게 봤는데 내가 무대 올라갔다. 무대 올라가서 씨디를 탔다. 오늘은 좋다.

김한준 아버지

오늘은 9월 30일 금요일이에요. 시간이 빨리 지나갔어요. 무덥던 더위도 물러가고 어느새 가을이 성큼 다가왔어요. 머나먼 길을 떠나 제2의 고향 원주시에 온 지 3년 되었어요. 3년을 회고해 보니 3년의 온갖 행복과 풍상, 고초를 겪었어요. 현재는 좋아졌어요.

오늘 저녁도 한지문화제에 갔어요. 중국에 있을 때 제가 흑용강성 목단강시 목령형 있었어요. 제가 살고 있는 지구는 중국에서 제일 동북쪽이에요. 그래서 공연을 어린이 때 못 봤어요. 그런데 한국에 와서 음악공연도 보고 뉴 패션쇼도 봤어요. 한지문화제가 열린 날, 아가씨들 최신 유행하는 옷을 입고 공연했어요. 어제는 마술하고 댄스 봤어요. 오늘 저녁에 노래를 들었어요. 마술사가 마술을 부리다 없는 사실을 꾸며 냈어요. 총각들 신나게 춤을 추고 가수들이 음률에 맞게 노래를 불러요. 공연은 공짜예요. 이렇게 하면 원주 시청이 돈을 많이 썼어요. 시민들 기분을 좋게 만들고 좋은 저녁이 되었어요. 보는 것 많고 배운 것도 많습니다.

원주 시민들이 매일 웃으면 좋겠어요. 대한민국의 사람들이 모두 매일 웃으며 일을 하기를 기원해요. 한국에 있는 중국 사람들이 돈을 많이 벌고 있었어요. 중국, 대한민국이 절친한 친구 사이가 되었으면 좋겠어요. 중국과 대한민국이 부강하기를 원해요.

한준 아빠 김호화

9월 30일 초서

김경훈

날씨: 바람이 많이 불었다.

그림

오늘 학교에서 비닐 같은 종이에 책을 대고 그리라고 하셨다. 그런데 나는 막 그렸는데 잘 그렸다. 종이를 3장이나 썼다. 다음에 또 할 수 있을까?

김경훈 어머니

날씨: 햇빛만 따스하네.

모둠일기

경훈이가 오늘이 마지막이라고 하는 모둠일기. 아이들과 또 아이들의 가족들, 선생님과 함께 이야기하는 듯 즐겁고 좋았던 시간이었다. 팀별로 공개되는 일기였지만 다정하고 진솔한 옆 짝꿍 같은 느낌을 받았다.

글과 함께 마음도 주고받았다. 솔직히 만나서 즐겁게 소통할 수 있는 기회가 생겼으면 한다. 이 일기를 쓰는 시간은 도란도란 모여 군고구마 먹어 가며 나누는 정겨운 시간처럼 느껴진다. 몇 번을 썼다 지웠다 하지만 그것도 재미있다.

이 일기를 쓰게 해 주신 주순영 선생님께 감사드리고 2학년 1반 친구들과 가족 분들 모두모두 행복하실 거예요. 홧팅!

모둠일기 문집을 읽고 나서 학부모님들이 쓴 글

✿ 우리 나라 3대 일기 중 하나인 모둠일기를 읽느라 새벽 1시가 다 되었네요. 전문가가 아닌 아마추어의 살아 있는 글이 너무 재미있습니다. 하지만 전문가의 기질이 보이는 두 아빠의 글은 넘넘 재미있고 감동적이었습니다. 새로운 장르의 개그를 발견하는 듯했습니다. 선아 아빠의 건강이 내심 걱정도 되는군요. 선아 아빠는 어떻게 생기셨는지 궁금하기도 합니다. 제가 쓴 글도 제본되어 책으로 보니 세상 참 오래 살고 볼 일입니다. 우현 어머니가 작년 여름에 겪었던 고민도 공감이 갑니다. 저도 비슷한 고민을 했거든요. 하지만 그런 사실이 속상하고 자존심도 상하고 해서 드러내지 않았는데 우현 어머니의 글을 보니 우현이도 보고 싶군요. 우리 휘수랑 비슷한 심성을 가진 것 같습니다. 사회생활을 하다 보니 남에게 좋은 성격이고 본인에게는 참 불리하더군요. 하지만 타고난 본성이 잘 바뀌어지진 않는 것 같아요. 가누의 동생은 이쁘게 잘 크고 있겠지요?

학부모들을 피곤하게 해 주신 주순영 선생님! 이런 결실을 맺게 해 주셔서 감사합니다. 아직은 저학년이라 공부보다는 아이들의 인성을 먼저 생각하는 주관이 뚜렷하신 선생님의 교육관에 찬사를 보냅니다.

(휘수 엄마)

✿ 참 좋으신 선생님과 헤어질 때라니 너무 아쉽네요. 선생님이란 늘 어려운 대상이었는데 올해는 그렇지 않았어요. 그것이 아마도 모둠일기 덕이 아니겠는지요? 가을이 지나고 겨울이 또 거의 다 지나도록 잠시 잊고 있던 그 여름의 여유를 오늘 다시금 느낍니다. 정말 감사해요. 아주 늦은 나이까지도 기억할 좋은 추억거리를 주셨어요. 혹여 3학년 때 다시 만날 수 있을까 하는 바람도 아주 많이 갖습니다. 개구쟁이 녀석들을 예쁜 꽃으로 봐 주시며 일 년을 함께 살아 주신 선생님, 감사합니다. (연호 엄마)

✿ 집에만 있는데도 날씨가 추운지 더운지 한눈에 알 수 있네요. 가누 녀석 덕이지요. 한파라는데 외투도 입지 않고 친구들과 매일 축구를 하니 입술이 파랗게 질려 온답니다.

오늘은 3학년 때 공부하게 될 교과서를 가지고 왔는데 깜짝 놀랐어요. 무슨 책이 그리도 많은지……. 괜히 무겁다고 엄살 부리는 줄 알았는데 말이죠. 새 학기가 기대되네요.

3학년 아니, 그 이후에 만나 뵐 선생님들과도 주순영 선생님과의 인연처럼 특별한 만남이 기다리고 있겠죠? 모둠일기 덕에 많은 감정을 경험했답니다. 한가족이지만 속속들이 알 수 없었던 것들을 조금은 이해하고 다른 눈으로 볼 수 있는 여유가 생겼어요. 한 해 동안 감사했어요. 다시 만나 아쉬움을 달래고 싶네요. (가누 엄마)

✿ 아이들 문집을 받아 보고 참 감동이었어요. 아이들에 대한 선생님의 애정이 묻어나네요. 문집을 보니 방학 내내 참 많이 힘드셨겠어요. 애 많이 쓰셨어요. 일 년 내내 아이들에게 변함없는 사랑 주신 것도 고맙습니다.

모둠일기를 쓰면서 마음속에 있는 불안감이 많이 해소되었어요. 아이들 옆에서 지켜보며 적당히 끌어 주는 것이 나만의 어려움이 아닌 걸 알았거든요. 좋은 제안이었어요. 다음에도 또 해 보고 싶네요. 그리고 모둠일기의 주인공들 얼굴도 보는 자리 만드는 것 대찬성입니다. 항상 고맙습니다. (근구 엄마)

✿ 선생님이 저희 딸과 함께한 지 벌써 일 년이 되었다는 게 믿기지 않을만큼 선생님을 사랑하고 존경하고 편안했는데 시간이 금방 지났네요. 문집이랑 모둠일기를 이렇게 정말 책으로 만나다니요. 하하하~ 너무너무 수고하셨어요. 그러면서 저희 딸에 대한 마음도 알고 어머님들과 아버님들이 사는 일상도 엿보고 너무 좋습니다. 마지막이라는 게 싫을 정도예요. 한 해 동안 저희 이쁜 딸 돌봐 주시느라 너무 감사합니다. 사랑합니다, 선생님~ (지현 엄마)

✿ 선생님의 식지 않는 열정으로 드디어 책 한 권이 만들어졌네요. 그동안의 숨은 노고에 감사드리며 값진 선물 주셔서 고맙습니다. 모둠일기를 쓸 때만 해도 수진이 모둠 부모님들의 글쓰기만 볼 수 있었는데 이렇게 한 권의 책으로 엮고 나니 반 전체의 글쓰기를 볼 수 있게 되어 또 다른 새로움이 느껴져서 한번 펼친 책에서 눈을 뗄 수 없네요.
선생님께서 일일이 정리하시고 옮겨 적으시느라 애 많이 쓰셨겠다는 것뿐만 아니라 댓글 하나하나 적으시면서 느꼈을 기쁨 또한 컸으리란 것도 짐작이 갑니다. 글쓰기로 부모님과 아이들이 하나 됨을 느끼며 그 따스함이 오랫동안 남아 있을 것 같습니다. 무엇보다 수진이가 선생님의 글쓰기 가르침 덕분에 일기, 시 가리지 않고 표현할 수 있는 자신감을 얻은 듯하여 큰 수확을 얻은 기분입니다. 참 좋으신 선생님으로 기억되게 해 주셔서 감사드립니다. (수진 엄마)

✿ 먼저 주순영 선생님께 깊은 감사를 드립니다. 처음 모둠일기를 쓸 때는 어색하고 쑥스러웠는데 이렇게 책으로 나오니까 조금 더 잘 쓰지 못한 게 아쉽네요. 아주 좋은 추억거리를 태호하고 저한테 주신 것을 감사드립니다. 소중하게 간직하겠습니다. (태호 아빠)

✿ 은총이가 좋은 선생님 만나서 글쓰기 실력이 많이 늘었어요. 아이들 문집, 모둠일기 문집 만드시느라 고생하셨습니다. 아이와 부모님한테 너무나도 소중한 선물 주셔서 감사합니다. (은총 엄마)

✿ 한 학년 올라가기 전에 같은 반 부모님들을 꼭 한번 만나고 싶었는데 이래저래 시간에 쪼들리다 보니 아직 얼굴 한번 못 본 게 아쉽네요. 문집 보면서 글쓴이를 보고 싶다는 생각이 여러 번 났지만 저 역시 직장 맘이라 책으로나마 만나 왔네요. 문집, 수고 많으셨어요. (달해 엄마)

✿ 한 해 동안 아이들을 저희 부모들과 같은 맘으로 이끌어 주셔서 감사합니다. 방학 동안 쉬지 않고 이렇게 좋은 선물 주셔서 행복했던 추억들을 되돌아보게 해 주셨네요. 읽으면서 다시 한번 웃었습니다. 다음에 만나는 아이들과도 "화이팅!" 힘내시고 행복하세요. (하진 엄마)

✿ 1년 동안 선생님을 만나서 아이들과 이런 경험도 해 보고 서로 교감할 수 있게 해 주셔서 감사했습니다. 민정이가 선생님을 만난 것은 큰

행운이라고 생각합니다. 지금은 선생님과 편한 사이가 되어서 좋지만 시간이 지나고 나면 좀 서먹해지겠지요. 그래도 그때도 지금과 같이 편한 사이가 되었으면 합니다. 선생님, 존경하고 사랑합니다. 저는 1년 동안 배운 것이 많았습니다. 바쁘더라도 가끔 민정이와 일기도 쓰면서 서로의 생각을 얘기해 볼까 합니다. 감사합니다. (민정 엄마)

❀ 주순영 선생님! 한 해 동안 열정과 사랑으로 이끌어 주심도 모자라 이렇게 멋진 선물까지 준비해 주시고 정말 뭐라 감사드려야 할까요? 선생님 덕분에 최소한 아이들이 학교에 가 있는 시간만이라도 맘 편하게 일할 수 있었음을 아시는지요? 다시 한번 진심으로 고개 숙여 감사드립니다. (유민, 유빈 아빠)

❀ 민성이가 부모님 모둠일기 책을 건네 주는 순간, 단숨에 읽어 보았어요. 저 또한 학수고대하였기에 많이 설레었어요. 2-1 반 부모님 글솜씨들이 어찌나 좋으신지……. 살포시 웃음도 짓게 되고 맘도 찡한 글들을 보면서 여러 가지 생각이 떠오르게 되더라구요. 지면상이 아니라 얼굴을 마주하고 서로의 이야기를 들어 보고 싶네요. 책으로 만들어 내기까지 많은 고생 하셨네요. 너무나 감사하고 그저 죄송한 마음입니다. 아주 행복한 모둠일기 시간이었네요. 고맙습니다. 좋은 추억을 남기게 해 주셔서……. (민성 엄마)

맺음말
아이와 부모의 아픔이 만나는 길, '삶을 가꾸는 글쓰기'

"자기만이 가지고 있는 생각, 잣대는 끝내 사람에서 얻을 수밖에 없다. 물론 책을 읽거나 강의를 듣는 것은 참고가 되겠지만 그것은 어디까지나 자기 삶을 키워 나가는 데 참고로 삼아야 하는 것이지 그것만 따라가려고 하고 거기에 기대어서는 그만 자기 것을 잃어버린다. 삶, 그것만이 사람을 사람 되게 하고, 자기를 자기 자신으로 되게 하는 길이다. 이래서 사람을 가꾸는 글쓰기는 아이들을 참되게 키우는 교육이 될 뿐만 아니라 어른들에게도 다시 더없이 소중한 것임을 알아 둘 필요가 있다." -이오덕

기술이나 방법을 말하는 '글쓰기'가 아니다. 보기 좋고 그럴싸한, 뭔가 있어 보이게 꾸며 쓰는 '글짓기'는 더더욱 아니다. 이오덕 선생님은 우리 겨레 말로 정직하고 가난하게 살아가는 아이들의 삶을 지켜 주고 깨어 있는 교사로 살아가기 위해 '삶을 가꾸는 글쓰기' 교육 운동을 이 땅에 뿌리 내렸다. 올곧은 삶이 먼저이고 정직하고 깨끗한 글이 그 삶을 받쳐 준다. 삶을 가꾸는 글쓰기는 누구나 할 수 있는 일이고 또한 필요한 일이다. 마음을 낸다면 쉽고 간단하기까지 하다.

돌이켜보면 지금껏 내 삶을 단단하게 지켜 준 것이 '글쓰기'의 힘이었다. 내 삶에 몰아닥친 시련들 앞에서 얼마나 떨었던가. 긴장과 공포의 어

둠 속에서, 폭풍우가 휩쓸고 간 새벽녘에 나는 편지를 쓰고 일기를 썼다. 얼마 전, 고통의 긴 터널 한가운데에 있을 때 썼던 수많은 편지와 일기들을 인쇄하여 읽어 보았다. 뜨거운 눈물이 흘러나왔다. 처음엔 소리 없이 눈물이 볼을 타고 흘러내리다가 마침내 꺼이꺼이, 바닥에 드러누워 울었다. 한참을 소리 내어 울고 나니 시원했다. 아, 내가 이렇게 아파했구나. 내가 이렇게 힘들었구나.

무엇으로도 어쩌지 못하던 내 안의 일들을 글로 쓰면서 나를 살펴보았다. 모임에 나가서는 내 모습을 말로, 글로 꺼내 놓으며 위로받았다. 부끄럽거나 창피하게 여기진 않았다. 살아 보려는 발버둥, 고통에서 벗어나려는 건강한 몸부림이 아니었나 싶다.

나에게 내어 준 진정한 마음들이, 아낌없는 위로와 격려의 말들이 있었기에 힘을 내었고, 그 힘을 우리 반 아이들에게, 둘레의 벗들에게 나누어 줄 수 있었다. 교실에서 상처 깊은 아이들을 만나는 건 내게 두려운 일이 아니었다. 아이들 삶에는 '도망'이란 건 없다고, 하이타니 겐지로가 이야기했다. 도망, 탈출구가 없는 막막한 현실의 장벽 앞에 선 아이들과 내가 할 수 있는 일은 언제나 '삶을 가꾸는 글쓰기'였다. 정직한 글쓰기, 솔직한 글쓰기, 나를 들여다보는 글쓰기는 내 삶과 아이들의 삶을 일으켜 세워 주는 힘이었다.

그 힘을 경험했기에 나는 부모님들과도 글쓰기를 했다. 아이들의 아픔과 상처는 부모님과 단단히 이어져 있다. 서로를 이해하기 위해선 같은 길 위에서 만나야 했다. 쉽지 않지만 그리 어려운 일도 아니었다. 고단하고 바쁜 일상을 사는 부모님들이 살아가면서 글을 쓰는 일은 거의 없다. 자기 자신을 비추어 보는 글을 쓰는 일도, 아이들이나 선생님에게 글을 쓰는 일도 거의 없다. 하지만 가 보지 않은 길이라고 길이 없다고 말할 순 없다.

지난해, 15년 전에 근무했던 원주 치악초등학교로 발령이 났다. 15년 전에도 나는 치악초등학교에서 부모님들과 아이들과 모둠일기를 썼고, 지난해 다시 와서도 글쓰기를 함께 했다. 2학년 1반 아이들과 부모님들은 가 보지 않은 길을 같이 나서자고 조심스레 제안했을 때 서로에 대한 믿음으로 함께 해 나갔다. 그저 고마운 마음뿐이었다. 여럿이 같이 간다면 그 길에 대한 두려움은 없다. 서로가 서로에게 힘이 될 테니까. 그 길 위에서 만나 쓴 글들을 엮어 책으로 내게 되었다. 새로운 글들을 받아 읽으며 아이들과 부모님들의 삶에 한 걸음씩 다가감을 느낄 때 참으로 행복했다.

나는 오늘도 꿈꾼다.
아이들과 부모님들과 교사가 함께 행복한 교실을!

주순영 선생님 반 학부모 모둠일기
엄마 아빠랑 함께 쓴 일기

2012년 8월 15일 초판 1쇄 펴냄

글쓴이 치악초등학교 2학년 1반 아이와 부모님
엮은이 주순영

편집 김로미, 김소영, 김현정, 양선화, 유문숙, 이경희, 조성우 | **디자인** 권석연 | **제작** 심준엽
영업 김가연, 박꽃님, 백봉현, 양병희, 윤정하, 이옥한, 조병범, 최민용 | **홍보** 김누리
콘텐츠 사업 위희진 | **경영 지원** 안명선, 유이분, 전범준, 한선희
제판 (주)한국커뮤니케이션 | **인쇄** 미르인쇄 | **제본** 대흥제책

펴낸이 윤구병 | **펴낸 곳** (주)도서출판 보리 | **출판 등록** 1991년 8월 6일 제9-279호
주소 (413-756) 경기도 파주시 직지길 492
전화 (031)955-3535 | **전송** (031)950-9501
누리집 www.boribook.com | **전자우편** bori@boribook.com

ⓒ 주순영, 2012

이 책의 내용을 쓰고자 할 때는, 저작권자와 출판사의 허락을 받아야 합니다.
잘못된 책은 바꾸어 드립니다.

보리는 나무 한 그루를 베어 낼 가치가 있는지 생각하며 책을 만듭니다.
값 13,000원   ISBN 978-89-8428-758-7   03370

이 책의 국립중앙도서관 출판시도서목록(CIP)은 e-CIP 홈페이지(http://www.nl.go.kr/ecip)와
국가자료공동목록시스템(http://www.nl.go.kr/kolisnet)에서 이용하실 수 있습니다.
(CIP 제어번호: CIP2012003474)